KB103027

마음아 행복하니?

인생이 바뀌는 심리치유 이야기

# 마음아
# 행복하니?

**이승현** 지음

침묵의 향기

| 목차 |

## 2부_ 치유로 가는 길

머리말

스물여덟 살이었던 어느 가을의 문턱에서 나는 한 손에 소주를 가득 들고 어스름한 저녁을 맞으며 산 속으로 깊이깊이 걸어가고 있었다. 나는 그날 죽음을 결심하고 내 방의 책상 위에 눈물이 얼룩진 나만의 일기장을 펼쳐 놓고, 홀로 고생하신 어머니와 몸이 아픈 여동생에게 편지를 남겨 두었다. 산으로 깊이 들어갈수록 힘들게 살아온 지난날의 기억들이 하나둘씩 머리와 가슴을 스쳐 가며 눈물이 흘렀다. 아무도 없는 곳에서 그냥 조용히 사라지리라……

그때까지만 해도 나에게 인생이란 고통과 괴로움과 무거움의 연속이었다. 아주 어릴 적부터 술에 취해 어머니를 때리거나 소리치는 아버지를 두려움으로 지켜보면서 강해지고 책임감 있게 살리라 결심했던 나, 무능한 아버지를 대신하여 일찍부터 시장의 노점 장사, 채소 장사, 공장, 공사판, 파출부 등등 안 해 본 일이 없으신 어머님에 대한 의무감과 죄책감, 그리고 어릴 때부터 몸이 아파 고생했지만 누구에게도 보살핌을 받을 수 없었던 여동생에 대한 미안함……

나는 법대를 다니며 사법시험에 합격하여 어머님의 힘들었던 모든 고생에 보답하고 성공하여 주위 사람들이 보기에 누구보다도 떳떳한 인생을 살리라 결심했었다. 군대를 제대한 후에는 대학 도서관을 새벽부터 저녁까지 매일 오가며 열심히 공부하여 내가 원하는 목표를 꼭 성취하려는 결심으로 달려왔다. 하지만 언제부터인지 모르게 나의 인생은 겉도는 느낌이 들었다. 더 높이 올라가려 나의 심장을 더욱 차갑게 만들수록 공부는 집중되지 않았고, 생각이 많아지고 인생과 삶에 대한 불안과 갈등은 늘어만 갔다. 차갑게 유지하던 심장에 조금씩 균열이 일어나기 시작했다. 아무리 억누르려고 하여도 어느 틈엔가 나의 모든 삶을 잠식하는 내면의 어둠과 혼란은 나를 깊은 방황 속으로 밀어 넣었다. 점점 공부는 뒷전으로 밀리고 철학과 종교 서적을 읽으며 내가 나아가야 할 목표와 현실로부터 그렇게 멀어지기 시작했다.

그러던 어느 날 우연히 명상을 접하면서 나는 지금껏 살아온 내 삶의 방향과 결심들을 모두 뒤로하고, 내가 이 삶을 왜 살아야만 하는지에 대한 의문과 삶이 무엇인지에 대한 진실을 알고자 결심했다. 하지만 어머님과 동생과 주변 사람들에게 이런 나의 결심과 마음의 갈등에 대해 알렸을 때, 나의 마음을 이해하는 사람은 아무도 없었다. 어머님의 실망과 당혹감, 동생의 무시와 외면, 주변 사람들의 차디찬 시선, 그리고 그 당시 결혼을 약속한 여자친구의 반대와 설득……. 나는 현실과 이상 속에서 방황하며 고통 받고 있었다. 삶의 진실을 알고자 하는 꿈과 열망은 가슴속에서 나를 새로움으로 이끌려고 했지만, 현실의 무거운 습관과 굴레들은 나를 쉽게 허용하지 않았다.

거의 2년이라는 시간을 현실과 이상 사이에서 방황하면서 나는 많은 것을 잃어 갔다. 학교 성적은 점점 떨어져 갔고, 어머님의 기대감은 실망으로 변했으며, 동생과 주위 친구들, 친척들은 나를 이상한 생각에 빠진 정신 못 차리는 사람으로 인식하기 시작했고, 결혼을 약속했던 애인은 실망하고 떠나갔다. 당시 나 또한 현실로 빨리 돌아와 지난날과 같이 남들에게 인정받으며 잘 살려고 발버둥을 쳤지만, 마음에 생긴 조그마한 균열과 빈틈은 나를 집어삼키고 나로 하여금 현실로부터 더욱 멀어지게 했다.

나는 갈등과 괴로운 현실을 잊고자 아침에 가방을 든 채 집을 나서서 저녁 늦게까지 학교 주변의 만화방을 배회하며 하루하루를 버티면서 거의 6개월을 폐인처럼 지냈다. 만화방에서 만화책에 빠져 있는 동안에는 아무 생각 없이 현실을 잊어버려 괜찮았지만, 저녁에 만화방을 나서서 집으로 돌아올 때면 이런 나 자신이 너무나 무기력하고 초라하고 한심하고 바보 같아 견딜 수가 없었다. 나는 어찌해 볼 수 없는 인생의 막장에 몰린 듯한 느낌과 절망감에 휩싸였다. 밤늦게 집에 들어가면, 삶의 힘겨움과 고단함에 지쳐 자고 있는 어머님과 아픈 몸을 이끌고 일을 나가는 여동생에 대한 미안함과 죄책감에 나는 나 자신이 너무나 싫고 미웠다. 몰래 방으로 들어가 잠자리에 누울 때면 지금 자는 이 잠이 영원히 계속되어 제발 아침이 돌아오지 않기를 수없이 기도했다. 하지만 다시금 눈을 뜨고 맞이하는 아침은 나에겐 고통 그 자체였다.

자괴감과 무력감에 시달리던 9월의 어느 날, 나는 공부하던 법서와 법전과 문제집을 모두 헌책방에 팔아 버리고 대신에 그 돈

으로 술을 한가득 사서 아무도 모르는 곳에 가서 죽으리라 결심
했다. 산 속 깊은 곳에서 날은 어두워졌고, 나는 주변의 어느 무
덤가에서 술을 마시기 시작했다. 술을 다 마시면 준비해 간 농약
을 먹고 죽으려 했다. 술을 먹을수록 지난날들이 주마등처럼 지
나가며 눈물이 흘렀다. 그동안 고생만 하면서 아들 하나 잘되길
기대했던 어머님에 대한 죄책감이 밀려왔고, 왜 나의 인생은 이
런 고통과 외로움의 연속이어야만 하는지 신이 원망스러웠다. 갑
자기 나는 나의 인생을 이렇게 만든 신을 용서할 수가 없었다. 나
는 소리치기 시작했다. 하나님을 욕하고, 신을 저주하며, 현실의
절망감에 빠진 나를 미워했다. 술기운에 고래고래 소리 지르고
울면서 나는 외쳤다.

"하나님, 도대체 나에게 무엇을 원하기에 이런 시련과 고통을
주시는 겁니까?"

한참을 울면서 소리치던 나에게 문득 저 멀리 아득한 곳에서
어떤 목소리가 들려왔다. 그 소리는 내 가슴 깊은 곳에서 들리기
도 하고 머리 위쪽에서도 들리는 듯했다. 하지만 술에 취한 나에
게 목소리는 처음에는 웅웅거리는 것 같았다. 점차 나는 소리가
들리는 곳을 향해서 원망하며 따지기 시작했다.

나　　도대체 나에게 원하시는 것이 무엇입니까?
목소리　원하는 것 없다.

나　　왜 나에게 이런 고통과 시련을 주시나요?
목소리　나는 사랑밖에 준 것이 없다.

나　　　나에게 바라시는 것이 무엇입니까?

목소리　단지 네가 행복했으면 좋겠다.


나　　　내가 무엇을 하기를 바라나요?

목소리　어떤 것을 해도 괜찮다.

　　　　그리고 아무것도 안 해도 괜찮다.


나　　　당신은 진정 어디에 있나요?

목소리　네가 슬퍼했을 때 나 또한 슬퍼했으며

　　　　네가 즐거울 때 나 또한 즐거웠다.

　　　　나는 한 번도 너를 떠난 적이 없었다.


　목소리를 들으며 나의 가슴에는 무언가 알 수 없는 편안함과 따뜻함이 느껴졌다. 내면의 깊은 곳에서 알 수 없는 눈물이 강처럼 흘러 온몸을 적셔 갔다. 눈을 뜨고 하늘을 보니 어느덧 하늘은 새벽의 여명을 맞이하고 있었다. 갑자기 가슴에서 감사함이 솟아났다. 그동안의 고통과 힘듦이 모두 실재가 아니라 아득한 먼 과거의 일처럼 느껴졌다. 의미 없고 텅 비어 있던 나의 가슴에는 생명에 대한 사랑과 감사함으로 가득 찼다. 산을 내려오며 저수지를 보는데 저수지 안에 하늘이 담겨 있고, 구름이 담겨 있고, 산이 담겨 있고, 나무가 담겨 있고, 만물이 담겨 있었다. 바람이 인사를 하고, 산이 웃고, 태양이 반겨 주는 듯했다.

　그 이후 나는 다른 사람들이 원하는 삶이 아니라 나의 가슴이 원하는 삶을 살 것을 결심했다. 진리를 묻는 사람들에게 소크라 테스는 "너 자신을 알라."고 했다. 나의 경험을 통해서 나는 이 말을 "너는 오직 유일한 너이기에, 너 자신을 현재의 모습 있는 그대로 받아들이는 마음이 바로 진실로 자신을 사랑하고 아는 마음이다."라고 이해하게 되었다.

지난날 나는 현재의 '이 모습'에 만족할 수 없어서 다른 사람이 가진 '저 모습'이 되고 싶었고, 현재의 내 상태가 싫고 불만족스러워서 만족되는 '저곳'으로 달려가고 싶었다. '현재의 나'는 언제나 부족하고 마음에 들지 않았기에 나는 언제나 더 멋지고, 능력 있고, 인정받는 당당한 '미래의 나'를 꿈꾸었고, 그렇게 되고자 노력했다. 그랬기에 내 삶은 언제나 갈등과 투쟁의 연속이었으며, 달려가야 할 목표와 성취를 위해 쉴 수가 없었다. 나는 내 인생의 감시자였고, 나를 옥죄고 판단하는 심판관이었으며, 더 많은 노력과 의지를 요구하는 감독관이었다. 언제나 목표를 계획하고 수정하며 달려가야 했고, 그렇게 하지 못하는 나 자신의 게으름과 나약함을 용서할 수가 없었다.

나는 세상이 원하고 인정하는 그런 성공한 인생을 살고 싶었다. 나는 능력 있고, 자신감 있고, 자신을 잘 표현하며, 당당하고 멋지게 사는 사람들이 부러웠다. 나는 무지개가 되고 싶었고, 특별한 사람이 되고 싶었다. 나는 책에서 읽은 영웅의 삶과 위대한 사람을 꿈꾸었고, 사회가 나에게 가르쳐 준 인정받는 사람이 되고 싶었다. 나는 '현재의 부족한 나'가 아니라 '더욱 고상하고 위엄 있고 멋진 나'가 되려고 노력했다.

하지만 현실에서 그렇게 더 열심히 노력하고 나를 채찍질할수록 나의 무지개는 언제나 저쪽에, 그리고 목표가 달성되는 미래의 어느 날에 있었기에 삶은 지치고 힘들었다. 이렇게 미래의 성취에 대한 압박감은 나로 하여금 '현재의 나'가 아닌 '다른 무엇'이 되도록 투쟁하게 했다. 나는 욕망의 불꽃을 좇는 나방과 같이 스스로 타죽는 줄도 모른 채 불타는 화염의 주위를 맴돌았다.

나는 일찍부터 어딘가에 있을 꿈과 행복의 무지개를 찾는 소년이 되어 저 멀리 보일 듯 잡힐 듯 하는 성공과 성취의 신기루를 찾아서 앞으로만 달렸다. 하지만 조금만 더 손을 뻗고 조금만 더 열심히 달려가면 잡을 수 있을 것만 같았던 꿈과 희망의 무지개는 나의 가슴에 언제나 타는 목마름과 갈증만을 안겨 주었다. 그리스 신화에 나오는 시지프스가 애써 산의 정상으로 밀어 올리면 다시금 바닥으로 떨어지는 바위를 계속해서 산 위로 밀어 올려야 하는 신의 형벌을 받았듯이, 나의 지난날은 끝나지 않을 반복된 고통과 틀 안에 갇혀 쫓기는 영혼이었다.

나는 나를 이해하고 받아들이려 하지 않고, 내가 받아들이지 못하는 모습과 단점들을 바꾸어 '특별하고 새로운 나'가 되기를 원했다. 나는 나를 돋보이려 노력했으며 다른 사람들이 가진 능력과 장점들로 나를 포장하여 멋진 껍데기와 가면을 쓰고서 특별한 대우를 받고 싶었다.

하지만 나는 평범했다. 나 스스로 남들이 가진 삶을 흉내 내고 따라가려 할수록 나의 마음은 더욱 초라해져 갔고, 내 것이 아닌 남들이 가진 정보와 지식으로 나를 포장할수록 나의 삶은 광대와 같이 우스꽝스러워져 갔다. 나는 나 자신에게 진실하지 못했고, 마음의 어느 한 구석에 언제나 얇은 막을 치고서 사람들에게 다가갔다. 이 막에 포장된 나는 멋지고, 강하고, 착하고, 아는 척하는 모습이었다. 나는 내 안의 어둠이 싫었고, 내가 가진 욕망들을 들킬까 봐 두려워 숨기려 했다. 나는 진실해야 할 곳에선 자신과 타인을 속이고, 진실이 필요하지 않은 곳에서는 마치 세상의 누구보다 진실하고 선한 척 우쭐거렸다.

이런 나를 인정하고 받아들이기는 쉽지 않았다. 나는 남들에게 맞추어 가던 이 모든 몸짓과 무언가 되려고 했던 노력들을 모두 정지하고 나 자신에게로 돌아와 나를 있는 그대로 탐구하기 시작했다. 나의 행동과 동기를 관찰하고, 나의 감정과 욕망들을 있는 그대로 탐구하며, 내가 가진 이상과 신념들의 허상과 환상을 탐구했다. 이처럼 나를 탐구하고 이해하는 데는 심리 공부와 명상 수행이 많은 도움이 되었다.

나는 내가 어떤 꽃인지 진심으로 알고 싶었다. 남들과 비교하지 않고 오직 나만의 꽃을 피우고 싶었다. 그리고 같은 꽃이라도 내가 지닌 고유의 색깔을 찾고 싶었다. 나는 내가 평범하다는 것을 받아들였다. 평범함을 받아들이고 인정하게 되자 평범함이 바로 나의 가장 큰 장점이 되었다. 나는 평범했기에 그동안 많은 선생들의 가르침을 수용할 수 있었고, 내 것을 내세우는 특별함이 없었기에 열린 마음으로 이것저것들을 배울 수 있었다. 평범 속에는 가장 큰 수용이 있었다. 노력과 추구로 '다른 무엇'이 되는 것이 아니라 '지금의 나'를 있는 그대로 '나'라고 수용하고 받아들일 때 마음의 갈등과 분열이 끝나게 됨을 알게 되었다.

우리는 자신 안에서 인생의 진실을 찾기보다는 외부에서 주어진 수많은 신념과 이상들을 내면화시켜 마치 그것들을 따라야만 잘사는 것인 양 쉽게 최면당한다. 이런 신념과 이상들은 대부분 자신과 대중들의 욕망을 투영한 것에 지나지 않지만, 우리는 그것에 최면되어 끝없이 목표를 추구한다. 그리고 이런 투쟁과 추구를 그만두면 생존에서 패배하거나 퇴출되어 실패자가 될지도 모른다는 두려움에 불안해한다. 하지만 사회가 만든 이런 획일화된 교육과 최면은 우리로 하여금 자신이 누구인지를 잊어버리게 만들고 내면에는 공허감과 고립감을 키우게 한다.

어쩌면 외면이 근사해 보일수록 그만큼 내면은 빈곤하고 공허한지도 모른다. 이런 내면의 공허감과 빈곤은 성취와 '되려는' 욕망들이 채워 줄 수 없다. 성경에 "좁은 문으로 들어가라. 멸망으로 이끄는 문은 넓고 그 길이 널찍하여 그리로 들어가는 사람들이 많다. 하지만 생명으로 이끄는 문은 너무나도 좁고 험해서 그곳을 찾아오는 사람이 별로 없다."라는 구절이 있다. 인생의 진실과 행복을 찾으려는 사람은 자신만의 길을 걸을 용기와 담대함이 필요하다.

치유의 길은 외부가 아니라 내면을 향한 길이다. 인생의 참 행복은 자신을 이해하는 지혜가 주는 선물이며, '현재의 나'를 이 모습 이대로 받아들일 때 비로소 만나게 되는 기쁨이다. 만족과 욕망을 좇는 문은 쉽고 편하여 그 문이 넓고 널찍하다. 우리는 그곳에서 잠깐의 심리적 안정과 만족을 찾을지는 모르나, 자신에 대한 진실과 사랑을 향한 감각은 무뎌지고 무감각해지기 쉽다. 어쩌면 사람들은 내면의 진실을 직면하여 치유되고 자유로워지기보다는 불안과 두려움에 동요되지 않는 무감각을 원하거나, 종교나 신앙, 믿음, 쇼핑, 술, 스포츠, 게임, 도박, 지식, 섹스 등에 중독당하거나 최면당하기를 원하는지도 모른다.

상담의 현장에서 만난 많은 사람들의 갈등과 고통들은 형식적으로는 외부 관계나 주변의 영향 때문인 것 같지만, 실제로 문제의 내면으로 들어가 보면 대부분 스스로를 받아들이지 못하는 자기분열과 자기부정인 경우가 많다. 자기 내면의 열등감과 두려움을 보지 않으려 외부에 방어막을 치면서 강박으로 힘들어하는 사람들, 스스로의 감정을 참거나 억압하여 내면의 분노를 자신에게 돌려 우울증으로 고통 받는 사람들, 자신의 현재를 문제시하여 늘 완벽하려 했지만 뜻대로 되지 않아 현실을 회피하여 대인기피로 힘들어하는 사람들, 어릴 적 상처의 아픔과 슬픔이 만든 외로움과 공허감을 보지 않으려 술과 관계와 신앙과 다이어트에 중독된 사람들…… 이 모두는 과거와 현재의 자신을 인정하거나 받아들일 수 없어 스스로를 잊어버리거나 나 아닌 다른 사람이 되고 싶어 갈등하던 지난날 내 모습들이기도 하다.

나는 내 안의 작은아이를 보았다. 사랑받지 못해서 혼자 외롭게 고개 숙이고 있던 아이, 아무도 보호해 주지 않았기에 두려움과 걱정으로 스스로를 지켜야만 했던 아이, 그 약함과 여린 자신을 상처받지 않으려 외부의 형식과 틀이라는 두터운 가면 뒤에 숨어야만 했던 아이…….
가끔씩 위축되고, 눈치 보며, 아파하고, 외로워하는 그 아이의 영혼이 현실에서 솟아 올라올 때면 모든 것은 엉망이 되어 버리고 어찌해야 할지 알지 못한 채 나는 과거의 테두리에 갇혀 버리곤 했다. 힘없고 나약하기만 했던 내 인생의 어린아이가 싫었기에 나는 빨리 힘 있는 어른이 되고 싶었다. 그러나 어린 시절의 나 자신에 대한 명확한 이해와 받아들임이 없이 단순히 문제를 해결하려는 마음은 삶에 더 큰 혼란과 고통을 만들었고 문제를 더욱 복잡하게 만들었다.

현실에서 정신적, 심리적으로 고통과 문제가 생기면 우리는 그것을 직면하기보다는 방어하거나 회피하려는 경향이 있다. 하지만 문제는 온전히 받아들일 때까지 반복된다. 문제는 직접 직면하여 받아들이고 수용할 때 비로소 해결을 시작할 수 있다. 지혜로운 사람은 작은 고통의 경험으로도 문제 자체를 회피하지 않고 자신을 이해하고 받아들인다. 하지만 무지한 사람들은 고통이 가중되어 코너에 몰려 도망칠 곳이 없어질 때까지 문제를 회피하면서 고통의 경험을 반복한다.

인생의 좁은 문이란 그 누구의 길도 아닌 자신만의 길을 가는 것이다. 아무도 나와 같은 사람은 없기에 나의 인생은 누구를 흉내 내거나 따라가는 것이 아니라, 아무도 개척하지 않은 자신만의 길을 걷는 것이다. 그 길은 자신을 있는 그대로 받아들이는 길이다. 스스로 자신에게 내건 조건들을 모두 걷어 내고, 외부적으로 무엇이 되려는 마음과 이루고자 하는 모든 마음이 쉴 수 있는 그곳에 진실로 자유로움과 행복이 있음을 나는 내 삶의 경험을 통해 확신한다. 이런 나의 경험과 이해는 상담의 현장에서 사람들이 지닌 고통의 문제를 이해하거나 해결하는 밑바탕이 되었다.

사랑은 자기사랑과 자기이해에서 출발해야 한다. "네 이웃을 네 몸과 같이 사랑하라."는 예수의 말씀은 너의 감정과 욕구를 무시하고 상대를 사랑하라는 말이 아니다. 이는 상대를 사랑하려 할 때 네 몸을 사랑하는 만큼 상대를 사랑하라고 하셨으니, 자신을 사랑하지 못하는 사람은 상대 또한 사랑할 수 없다는 말씀이며, 너를 사랑하듯이 남을 사랑하라는 말일 것이다.

이 책의 내용은 실제 상담의 현장에서 자신을 받아들이지 못하여 현실적, 심리적, 신체적으로 고통을 겪었던 사람들이 어떻게 자기이해를 통해 자기사랑으로 나아갔는지에 대한 이야기들이다. 고통은 어쩌면 저항의 무게인지도 모른다. 스스로 받아들이지 못하는 만큼 저항감은 커지고 삶의 무게는 그만큼 무거워진다. 내면의 두려움과 상처가 만든 기준의 벽들은 그만큼 마음을 고립되게 한다. 열린 마음으로 스스로를 조건 없이 수용하는 마음은 자기이해를 키워 준다.

책에 나오는 사례들과 내용들은 실제 상담한 사람들의 경험들을 그들의 동의를 얻어 실은 것도 있지만 대부분은 여러 사람들의 경험과 내용들을 조금씩 각색하여 실었다. 고통의 문제를 안고 나를 찾아온 사람들로 인해서 나는 내 안의 문제와 어둠들을 더욱 겸손하고 자세하게 들여다볼 수 있었다. 나를 믿고 상담에 응해 주고 아픔들을 용기 있게 드러내 준 모든 내담자님들에게 감사드린다.

침묵의 향기 출판사와의 인연은 나에게 세상을 향한 문을 여는 새로운 가능성과 기회를 주었다. 김윤 사장님의 은혜에 언제나 감사드리고 싶다. 나에게 침묵은 외부적으로는 소리가 없지만 내면 의식에 가장 큰 외침으로 들릴 때가 있다. 침묵 속에 퍼지는 향기는 드러난 냄새는 없지만 세상을 보이지 않게 향기로 드리운다.

사랑과 신뢰로 인생의 가장 큰 버팀목이 되어 준 아내와 아들에게 감사한다.
힘든 병마와 싸우면서도 밝은 지혜의 빛을 나누어 준 여동생에게 감사한다.
나와 인연된 모든 이에게 자비와 사랑을……

# 1부
# 상담 이야기

처음 원장님께서 해 주신, 상담과 교육을 통해서
나의 삶이 크게 바뀔 것이라는 말씀이 잊혀지지 않았다.
정말 그렇게 되었고 나는 약 3개월 동안
열심히 나를 위해 매달리고 공부했다.
어느 순간 나는 많이 바뀌어 있었다.

# 들꽃님의 상담 이야기

## 첫 번째 상담

27살의 그녀는 심리 상담은 처음이라고 하면서 많이 불안해했다. 직장에서 잠깐 시간 내어 방문했다고 하면서, 나와 마주한 자리에 앉을 때 책상에서 1미터 이상 멀리 떨어져 앉았다. 상담을 통해서 해결하고 싶은 문제를 물었을 때 그녀는 신경성 위염과 대인관계의 불편을 얘기하면서 4년 이상을 사람들과 어울리지 못했다고 했다. 위장병이 심해 신물이 올라올 때면 몸에서 냄새가 나는 것 같아, 사람들과 잘 지내고 싶지만 그들이 싫어할까 봐 잘 어울리지 못한다고 했다.

그녀는 위장병을 고치려고 대학병원에서 위내시경 검사를 했지만 이상이 없었고, 장기적으로 위장약을 복용했지만 차도가 없다고 했다. 그래서 한의원에서 한약과 침, 부황으로 장기간 치료

했지만, 사람이 많은 버스를 타거나 직장에서 한 소리를 들으면 속이 답답해지고 신물이 올라오면서 위경련이 일어난다고 했다. 그래서 직장 생활을 오래 하지 못하고 쉬었다가 다시 하기를 반복하면서 번 돈의 대부분을 약값과 치료비로 다 썼다고 했다. 심지어 굿도 해 보고, 절에서 빙의 치료도 해 보았지만 효과가 없어, 마지막으로 혹시 심리치료가 도움이 되지 않을까 해서 상담을 신청했다고 했다.

몸에 드러난 증상들은 대부분 내면의 마음과 심리적 상태를 드러낸다. 몸은 마음을 표현하기 때문에 몸 자체가 병든다기보다는 마음의 불편함을 몸이 표현한다고 할 수 있다. 질병은 마음의 조화가 무너진 것을 표현하며, 증상은 마음의 균형을 회복하라는 신호이다. 그러기에 병드는 것은 몸이 아니라 마음이다. 만일 우리가 몸의 질병과 고통을 싫어하고 없애려 하는 대신에 증상에 귀를 기울이고 그것이 하려는 얘기를 들을 수만 있다면, 질병과 증상은 몸과 마음의 부조화를 치유해 주는 스승이 되어 우리를 행복으로 안내한다. 치유는 삶의 문제나 드러난 증상을 싫어하고 저항하는 대신, 스스로 왜곡하고 부정하는 마음을 자각하여 부족한 것을 채워 주려 할 때 일어난다.

위는 기능적으로 외부의 물질을 받아들이고 소화를 돕는 반면, 심리적으로는 외부 상황에 대한 수용과 감정적 갈등에 대한 소화를 표현한다. 그런 면에서 본다면 위장병은 외부 상황의 갈등과 문제들을 소화하지 못하고 받아들이려 하지 않음을 표현한다. 위장병 환자들은 자기 내면의 공격 성향과 분노의 감정들을(신물-위산) 마음속에서 꾹 참거나 드러내지 못해 스스로를(위벽) 공격한다. 이들에게 심리적으로 필요한 것은 자신의 감정을 올바로 인식하고 갈등을 주의 깊게 처리하면서 외부 상황들을 의식적으로 소화하는 법을 배우는 것이다.

## 심리적 고통을 이해하는 마음가짐

심리적 고통으로 힘들어하는 사람들을 상담하면서 느낀 점은, 사람들은 자신이 가진 심리적인 문제와 고통의 정확한 이유와 원인을 알려고 하지 않는다는 것이다. 사람들은 현재 힘들어하는 심리적인 불편과 고통이 단순히 없어지기만을 바라는 경우가 많다. 이런 태도는 상담센터를 찾아오기까지 많은 시행착오를 겪게 한다. 예를 들어 우울증이나 불면증, 대인공포증이나 강박증과 같은 심리적 문제를 가진 사람들은 정작 자기 마음의 고통을 책임지거나 이해하기보다는 다른 누군가가 그들의 문제를 해결해 주기를 바라는 경우가 많다. 그래서 때로는 종교나 기(氣) 치료, 무속인, 다양한 능력자들이 그들의 문제를 해결해 주길 바라면서 시간과 돈을 투자하고 그들에게 의존하기도 한다. 하지만 심리적인 문제는 문제 자체를 직면하거나 이해하지 못할 경우에는 계속 반복되며, 저항하고 거부할수록 삶은 더욱 꼬이고 힘들어진다.

심리적 고통을 만드는 신경증의 주된 원인들은 대부분 마음에 있는데, 마음은 그대로 놓아둔 채 약물이나 기운으로 문제를 해결하려는 태도는 결국 처음에는 약간 좋아진 듯하나 시간이 지나면 원래대로 돌아가기 마련이다. 신경증의 고통과 심리적인 문제는 스스로 자신의 삶을 돌아보고 무엇이 잘못되었는지를 이해하라는 신호이다. 문제와 고통의 중심에는 언제나 감정의 부조화나 집착된 자의식, 왜곡된 가치관이나 이미지, 또는 잘못된 마음의 습관이 있는 경우가 대부분이다.

치유는 자기의 내면으로 돌아가 진실을 직면하는 데서 시작해야 한다. 스스로 문제의 핵심을 직면하지 않고 자신을 합리화하거나 문제를 회피하는 것은 고통을 연장시키고 문제를 더욱 확대시킬 뿐이다. 고통은 우리에게 스스로 정직해지고 진실해지기를 요구한다. 상담은 내면의 진실을 만나고 스스로를 책임지는 마음을 키워서 자신을 사랑하는 길이 되어야 한다. 그렇지 않고 누군가가 자신의 마음을 고치거나 바꾸어 줄 것이라는 기대감은 자기 삶에 대한 책임을 회피하게 하여 삶을 더욱 혼란스럽게 만든다.

들꽃님과 첫날 상담을 진행한 뒤 그녀가 살아온 삶에서 힘들고 어려웠던 경험들을 적어 보라고 했다. 왜냐하면 현재의 어려움과 고통은 대부분 지나온 과거의 부정적인 경험과 상처받은 기억들이 모여서 현재에 문제와 질병을 형성하는 경우가 많기 때문이다. 그러기에 현재의 고통을 이해하려면 먼저 그 사람이 살아온 과거 경험에 대한 이해가 선행되어야만 한다.

### 들꽃님의 이야기

어린 시절 나의 가족은 엄마, 아빠, 외할머니, 나, 이렇게 살았다. 외할머니는 시골에서 나를 몇 해 길러 주시다가 대구로 올라와 따로 방을 얻어 사셨고, 낮에 나를 돌봐 주면서 저녁에는 나를 데리고 함께 잤다. 아빠는 가족을 돌보지 않고 자주 외도를 했으며 엄마와 많이 다투었다. 엄마는 생계유지를 위해 공장에서 일했고, 외할머니는 부업을 했다. 아빠에 대한 기억은, 일은 잘 하지 않고 동네슈퍼나 집에서 막걸리를 마시거나 동네 사람들과 고스톱을 자주 쳤던 기억이 난다. 4~5살 무렵에는 아빠가 나에게 막걸리를 마시게 하여 술에 취하게 한 적이 있고, 한번은 내가 많이 우는 울보라서 쓰레기통에 나를 버려 퇴근한 엄마가 꺼내 주었다고 한다.

그러다가 부모님 사이가 벌어져 별거를 하게 되면서 나는 외할머니와 살았다. 외할머니와 단칸방에 단둘이 살면서 어느 날 전기밥솥 때문에 팔에 화상을 크게 입게 되었는데, 어른들에게는 말하지 않고 이웃집에 놀러갔더니 친구 엄마가 약을 바르고 치료해 주었다. 이때 나는 엄마와 외할머니께서 화상 입은 것을 알게 되면 야단맞을까 봐 무서워 얘기할 수가 없었다.

초등학교 들어갈 때쯤 엄마는 길에서 노점을 했다. 하교할 때 엄마는 가끔 나를 보고 바나나나 먹을 것을 권했지만 옆에 있는 친구들 때문에 모른 척 했고 그런 엄마가 너무 부끄러웠다. 하루는 길을 가는데 아빠의 차에 어떤 예쁜 아줌마가 웃으면서 함께 타고 있는 것을 보았다. 나는 아빠 차를 타 본 적이 거의 없다. 엄마에게 이 사실을 말했는데 엄마는 그 후 정신분열증으로 2번이나 병원에 입원을 했다. 어렴풋이 굿하는 곳에 따라간 기억도 난다. 엄마는 정신분열증으로 병원에 입원하고, 아빠는 가출을 해 버리고, 외할머니께서 나를 돌봐 주었다.

그 후 이불에 한 번씩 실수도 하고 정서적으로 많이 불안했다. 학교에 갔다 오면 집 청소하고, 양말 빨고, 아무도 없는 어두운 집에서 혼자 숙제를 했다. 아무도 반겨 주는 이 없었고, 어느 때 열쇠를 잃어버리기라도 하면 외할머니가 올 때까지 집에 들어가지도 못했다. 운동회 때는 엄마가 아프기 전에 한두 번 정도 오셨고 그 후에는 거의 아무도 오지 않았다. 그때 통지표에서 발표할 때 목소리가 작고 다소 이기적인 아이라는 문구를 보고 충격을 받았던 기억이 난다.

여름휴가 때 옆집 아이들이 즐겁게 피서를 가는데, 나는 한 번도 피서를 가 본 적이 없어서 내가 너무 부럽게 쳐다보자 옆집 아줌마가 함께 데려가서 놀다 온 기억이 난다. 초등학교 고학년이 되어서는 매일매일 학교 추리닝만 입으니 친구들이 옷이 없다고 놀리고, 잘 씻지도 않고 다녀 냄새가 난다며 남자아이들이 소문을 내고 괴롭혔다. 주인집 딸아이는 내가 자기 집에 얹혀사는 아이라고 학교에 소문을 내서 나는 가난한 거지 아이로 소문이 났다. 하루는 주인집 딸아이 생일이 되어 친구들을 초대하여 파티를 하는데 친구들이 내가 사는 집을 보고 싶다며 우리 집을 보려 했다. 나는 내가 사는 환경이 부끄러워서 집을 보여 주기 싫어 울기까지 했다.

사춘기가 되면서 가슴이 나오기 시작했는데, 옆집 아저씨는 나를 예쁘다며 무릎에 앉히고 가슴을 만지곤 했다. 나는 싫었지만 누구에게도 말을 못하고 어쩔 줄 몰랐으며, 그 아저씨가 무서워서 피하거나 도망 다녔다. 그 전에도 친구들과 동네에서 노는데 다른 동네 아저씨에게 성추행을 당한 일도 있었다. 중학교에 진학할 때는 일부러 동네에서 가장 멀리 떨어진 학교에 진학했다. 우리 엄마에 대해 아이들이 알까 봐 두려웠고, 주인집 딸아이가 나를 괴롭혀 같은 학교에 다니기 싫었다. 엄마가 아프고 속상해서인지 외할머니께서는 가끔 "ㄱ씨네 종자들은 꼴도 보기 싫다." "아빠한테 가라. 아빠 닮아 게으르다." 등등 아픈 말을 했고, 엄마로부터는 가끔 "너를 임신했을 때 아빠가 너를 지우려는 것을 내가 병원 앞까지 갔다가 몇 번 고민해서 너를 낳았다."는 말을 들었다.

이웃 공장 삼촌들이 사춘기인 내가 가슴이 나오자 어쩔 수 없는 여자라며 놀렸다. 나는 늘 가슴을 가리고 다녔고 가슴이 커지는 것이 부끄러웠다. 중학교는 초등학교보다 재미있었다. 항상 인기 많은 친구들과 어울리면서 나도 덩달아 인기가 많아져 친구들이 나를 좋아해 주었다. 나는 항상 많은 사람들에게 사랑받는 사람이 되게 해 달라고 기도했다. 친구들과 잘 지내 얼마간 행복했다. 그러다 중2 올라갈 무렵에 외할머니가 암에 걸려서 병원에 입원했는데, 어른들과 연락이 되질 않아 혼자 병원과 학교를 오가며 간호를 3~4일 정도 하다 엄마가 와서 나는 혼자 집에서 학교를 다녔다.

외할머니는 3달 후 돌아가셨다. 외할머니가 돌아가셔도 아빠는 연락이 되질 않아 오지 않았다. 외할머니가 돌아가시고 혼자 집에서 지내는데, 이웃집 아저씨가 나에게 전화를 걸어 가슴이 나왔냐는 둥 초경은 시작했냐는 둥 여러 가지로 성희롱을 했다. 그 집 아줌마가 나에게 잘해 주셨는데 그 후로는 그쪽이 꼴도 보기 싫었다. 외할머니께서 돌아가시고 엄마랑 같이 지내면서 좀 낯설고 어색해서 마음을 붙이기가 힘들었다. 외할머니가 보고 싶어 무덤으로 달려가고 싶었다. 엄마는 신경외과에서 수술을 받아야 하는데 주위에 친척도 없고 아빠도 연락이 되질 않아 내가 대신 사인을 했다. 그런데 간호사가 어른 보호자가 없으니 날 무시하고 괄시했다.

한번은 중학교 친구들이 집에 놀러왔는데 우리 집은 바퀴벌레와 쥐가 나오는 집이었다. 친구들이 집이 더럽고 냄새난다며 뒤에서 욕을 했다. 나는 그때부터 집을 열심히 치웠지만 엄마는 집을 치우지도 않고 신경도 쓰지 않았다. 중3 때 고등학교 진학을 위해 선생님께서 부모님을 모시고 오라 했지만 난 부모님이 오지 않았다. 중학교 때 하루 전화 요금이 많이 나오자 이웃들이 와서 나를 막 혼냈다. 나는 그들의 자식도 아닌데 왜 혼내는지, 나를 지켜 주지 못하는 부모님이 원망스러웠고, 가정을 버린 아빠가 밉고 싫었다. 학창 시절 아침마다 도시락을 내 손으로 직접 싸서 들고 다녔다. 학교에서 가정방문을 해서 선생님이 오셨는데 선생님은 집을 보고 놀라시는 듯 했다. 다음 날부터 날 보는 선생님의 눈빛이 달라 보였다. 선생님과 긴 거리감이 느껴졌다. 창피하고 부끄러웠다.

고2가 되던 해 어느 한 친구와 싸웠다. 그 다음 날 친구는 먼저 학교에 가서 친구들에게 내 욕과 험담을 하여 나는 친구들과 밥도 같이 먹지도 못하고 왕따가 되었다. 그래서 나는 학교 가기가 싫었다. 친구에게 이모가 돌아가셔서 학교에 못 간다고 거짓말을 한 뒤 학교에 나가지 않고 일하는 다른 친구에게 놀러가니, 친구가 한 며칠 가출을 하라고 했다. 이때 가출을 하면서 집에 계속 들어가지 않고 친구 집에 얹혀 있다가 학교를 그만두게 되었다. 그 뒤 그 친구와 같이 지냈는데 친구는 나를 이용해 억지로 남자를 만나게 하고, 일을 못하면 내 핑계를 대면서 내가 번 돈을 자기 맘대로 쓰려 하고, 불리한 상황에서 나를 방패막이로 이용하려 했다.

20살 무렵 남자친구를 만났는데 남친은 하는 일마다 잘되지 않고 사기를 당하고 카드빚에 힘든 상황이라 경제적으로 나에게 많은 도움을 요구했다. 남친은 나와 싸울 때면 폭력적이었고 목까지 졸랐다. 나는 소심해서 꾹 참다가 한꺼번에 폭발했고, 잘살지 못하는 모습을 친구들에게 보여 줄 때마다 창피했다. 남친과 헤어진 후 건강이 극도로 나빠져서 경제 활동도 제대로 하지 못했는데, 그때쯤 아빠가 간경화와 합병증으로 아픈 몸을 이끌고 집으로 들어왔다. 아빠가 오면서 경제적으로는 약간 넉넉해져 집도 사 주고, 하고 싶은 것도 하라고 했지만, 난 낯설고 어색했다. 아빠는 오래 살지 못하고 몇 달 후 돌아가셨다. 장례식에 아빠와 같이 살던 아줌마가 왔다. 난 엄마가 불쌍해서 더 소리 내어 울었다. 어떻게 화를 내야 할지도 모르겠고 그 여자를 오게 한 친척들도 미웠다. 장례를 치르고 아빠의 사망 신고를 하면서 아빠는 엄마와 재혼을 했다는 사실을 알게 되었다. 한 번 결혼한 일이 있었는데 엄마를 속이고 결혼을 한 것 같았다. 괜히 엄마에게 사실을 말하면 좋지 않을 것 같아서 혼자만 알기로 했다.

그 후 PC방에서 알바를 하다가 위염과 역류성 식도염, 인후염들이 발병해서 치료를 받는데 속에서 나쁜 냄새가 올라왔다. 위장병이 심해 병원 치료를 받으면서 2교대 휴대폰공장에 취직을 했는데, 신물이 올라오고 소화 장애가 심각해 3개월 만에 위산 역류와 몸에서 나쁜 냄새가 난다고 사람들이 수군거려 얼마 버티지 못하고 회사를 그만두었다. 집에서 쉬면서 한의원에서 약을 지어먹으면서 위장병이 조금 좋아졌다. 이때부터 한약과 신약에 의존했지만 증상은 자주 재발하였고 약이 없을 때는 불안했다.

또다시 남자친구를 사귀면서 그에게 모든 걸 믿고 의지하려는 마음이 강했던 나는 남자친구에게 우리 집의 사정에 대해 모든 걸 말해 주자 그는 나와 가족을 무시하고 괄시했다. 그런 이유로 자주 다투고 헤어지는 이유가 되기도 했다. 남자친구는 나와 헤어지고도 우리 집에 전화해 나와 가족을 괴롭혔고 집착이 심했다. 나는 또다시 병이 재발하면서 사람들과 잘 어울리지 못하고 거리감이 생겼다. 위장병이 심해져서 사람들과 밥도 같이 먹지 못했다.

내 몸이 좋지 않고 아프고 힘든 나날이 계속되자 친구의 소개로 절에 다니기 시작했다. 주지는 내 병을 깨끗이 고쳐 주겠노라 호언장담했고, 나에게 천도제 비용을 내고 한약을 짓고 개명을 하라면서 나를 좋아한다는 둥 혼란스럽게 하면서 돈을 가로챘다. 나는 그에게 진심으로 나의 아픔을 털어놓았지만, 그는 나에게 돈과 성관계까지 요구하여 그 절에 다니기를 그만두었다. 그 후 집에서 지내며 라섹 수술도 하고 고등학교 검정고시를 준비했다. 공부한다는 핑계로 계속 밖에도 나가지 않고 집에서 사람들과 연락도 피하며 지냈다. 낮에는 집에만 있고 거의 밤에만 잠깐 바람을 쐬었다. 집밖을 나가는 것이 무서웠다. 은둔형 외톨이가 된 나는 내가 집에 있다는 사실을 이웃에게 감추고 싶어 초인종을 눌러도 문을 열지 않고 인기척이 없는 척하며 지냈다.

엄마는 이런 내가 답답했는지 계속 잔소리를 했고 빨리 일하기를 바랐다. 나는 미안한 마음에 집안 살림을 하면서 공부를 했다. 엄마는 딸이 돈을 벌지 않고 집에만 있다며 엄마가 다니는 교회 사람들과 이웃 사람들에게 내 욕을 했고, 나는 수치스럽고 창피한 마음에 얼굴을 들고 다닐 수가 없었다. 그러면서 더욱 사람들과 마주하기 힘이 들었다.

직장에 취직을 하면 또다시 신경성 위염 때문에 일을 오래 하지 못했고, 그러다가 다른 절을 알게 되어 명상을 배우면서 조금씩 나아져 현재의 직장을 다니고 있다. 한동안 위염이 덜했는데 일을 시작하고 긴장하기 시작하자 위염이 다시 재발했다. 엄마는 한동안 일을 하지 못하여 생활비와 집안일을 나에게 의지했다. 나도 집에서 쉬고 싶은데 엄마는 집에 있으면서도 청소나 집안 살림을 하려 하지 않았다. 엄마와는 서로 아프다는 이유로 자주 다투곤 한다. 나는 매일 엄마에게 잔소리를 심하게 한다. 어릴 때부터 나는 뒷전이었고 내가 아무리 노력해도 엄마는 나에게 관심을 가져 주지 않았다. 이제 모든 응어리를 풀고 잘살아 보고 싶다.

# 두 번째 상담

## 내 안의 아이 만나기

　지난 삶을 적으면서 나는 내 안에 있는 힘없고 약하고 불쌍하고, 사랑받기 위해 노력해 온 나를 보았다. 남들에게 손가락질 안 받고 좋은 사람이라는 소리를 듣고 싶어서 실수하는 나를 편히 봐줄 수 없었고 그런 나를 인정하기도 힘들었다.

　상담 때 원장님의 안내로 몸과 마음의 긴장을 내리고 위장의 느낌을 타고 들어가면서 가슴의 답답함과 신물의 느낌 뒤에 있는 나를 이미지화했다. 가슴속에서 갑자기, 어린 시절 불 꺼진 방에 혼자 쓸쓸하게 고개 숙이고 있는 한 아이가 보였다. 유치원 전후의 모습이었다. 처음에는 어떻게 해 주어야 할지 몰랐다. 그 아이는 우울, 분노, 원망, 열등감, 슬픔으로 입을 꽉 다문 채 앉아 있었다. 아이를 보는데 눈물이 계속 났다.

　내가 "이제 괜찮아. 아프지 않아. 나쁜 꿈을 꾼 것뿐이야. 좋았던 기억도 있잖니? 이제 함께 가자."라고 했지만 아이는 들은 척도 하지 않았다. 가슴의 아이를 그 슬픔 속에서 꺼내 주려고 설득했지만 전혀 움직이려 하지 않았다. 나를 쳐다보려고도 하지 않았다. 원장님이 불쌍하고 애처로운 어린아이를 그냥 안아 주고 울어 주면 된다고 했다. 하지만 나는 그 아이를 어둡고 추운 불 꺼진 그 방에서 빨리 데리고 나오고만 싶었다. 내 가슴 안에 이렇게 불쌍하고 슬픈 내가 있었다니……. 지금껏 살아오면서 이렇게 나를 위해 심하게 울어 본 적은 아마 한 번도 없었던 것 같다.

집에 와서도 계속 내 안의 아이에 대한 생각이 마음속에서 맴돌았다. 점심 때는 또 약에 취해 잘까 봐 죽을 끓였다. 가만히 생각해 보면 나는 죽을 참 많이도 먹었는데, 엄마는 나를 위해 한 번도 죽을 끓여 준 적이 없다. 난 엄마가 아플 때 죽도 끓이고 뭐든 많이 해 준 것 같은데……. 서운한 마음에 엄마에게 말하니 "내가 왜 네 죽을 끓이니? 네 죽은 네가 끓여야지." 한다. 본전도 못 찾았다.

낮에 TV를 보는데, 어릴 적 사랑받지 못한 엄마가 자기 딸을 사랑하기 위해서 자신을 치유해 가는 과정을 그린 내용이었다. 그녀의 엄마도 할머니에게 사랑받지 못했다고 한다. 아! 이처럼 상처받은 마음은 세대를 이어서 유전되는 것인가? 그녀는 캥거루가 자기 새끼를 주머니에 넣고 다니는 것을 보기 위해 딸과 함께 호주로 여행을 갔다. 나도 호주에 꼭 가고 싶다. 현실도피? 여기 한국에 있으면 안 될 것 같아서……. 성형하고 이름 바꾸고 다른 사람처럼 살고 싶은 마음이 컸다. 과거의 날 알아보는 사람들이 싫다. 내일은 출근해서 원장님의 권유대로 직장을 쉴 작정이다. 직장만 생각하면 괜한 걱정과 스트레스가 밀려온다.


나를 위한 삶이란 도대체 무엇일까? 나는 몸에 좋은 약을 많이도 먹었고, 조금만 아파도 병원에 가서 치료를 받았다. 그동안 나는 육신의 껍데기만 위하고 정작 영혼이 아파 썩어가는 것은 보지 못했다. 나를 위해 먹고, 자고, 입고, 꾸미고는 했지만 정작 내 마음이 얼마나 상처받고 아파했는지는 돌아보지 못했다. 내면을 어떻게 돌보아야 할지, 나를 위한 삶이 어떤 것인지 잘 생각해 보아야겠다. 나를 위한 삶을 산다며 심한 이기주의에 빠지게 될까 봐 또 걱정이다. 그동안 일은 계속했지만 한약에 치료비를 빼면 생활비는 언제나 적자였다. 집에서 쉬면 제일 먼저 엄마에게 눈치가 보일 것이다.

나는 지금껏 남들을 먼저 생각하고 베푸는 것이 사랑이고 자비인 줄 알았다. 하지만 이것은 남들의 인정과 사랑이 받고 싶어서 가장 중요한 나 자신을 버리고 남들에게 좋은 이미지만을 보여 주려는 가식인지도 모른다. 이번 상담으로 좀 더 성숙해지고 달라졌으면 좋겠다. 진정으로 나를 찾고 싶다. 그래서 이제부터는 원장님의 권유대로 내 감정을 속이지 않겠다고 다짐했다. 남들 앞에서 눈물을 보이는 것이 참 부끄럽고, 혼자 있을 때도 울지 않으려고 했었다. 이제 내 감정을 속이고 싶지 않다. 속일수록 내 영혼은 아프고 타 들어가니까……

다음 날 직장을 휴직하고 강변으로 산책을 했다. 무거운 짐을 내려놓은 듯 아쉽거나 서운함은 없었다. 흐르는 물을 보니 가슴이 트이는 기분이랄까? 기분이 좋았다. 어릴 때의 상처는 시간이 지나면 해결되겠지. 시간이 약이겠지. 내가 얼른 커서 돈만 열심히 많이 벌면 나의 삶은 아무런 문제 없이 잘살 수 있을 거라 생각했다. 하지만 언제나 나의 생각은 과거 학창 시절의 기억에서 벗어나지 못했고, 내 안에 억압된 상처는 내 영혼을 아픔과 슬픔에 절여서 위장병을 만들고 대인기피와 우울을 만들었다. 잘살지도 못했으면서 뭐가 그리도 바쁜 척하며 나를 제대로 돌아보지 못하게 한 걸까? 나는 나를 피하고 싶었고 싫어하고 미워했었다. 이런 나에게 미안했다.

원장님이 나에 대한 장점과 단점을 적어 오라고 숙제를 주셨다.

**나의 장점과 단점**

엄마가 보는 나의 장단점

장점 ①돈을 잘 벌어 준다. ②말을 잘 듣는다. ③잘 돕는다.
④효도한다. ⑤엄마를 웃게 하고 엄마와 함께 한다.

단점 ①잔소리가 심하다. ②화를 잘 낸다. ③거친 말을 잘 한다.


친구가 보는 나의 장단점

장점 ①의리가 있다. ②효심이 깊다. ③동물을 사랑한다. ④
잘 나누어 준다. ⑤주위 사람들에게 잘한다.

단점 ①잠수를 잘 탄다. ②귀가 얇다. ③건강보조식품에 의지
한다. ④걱정이 많다. ⑤미신을 좋아하고 잘 속는다.


내가 보는 나의 장단점

장점 ①의리가 있다. ②효도한다. ③이웃을 배려한다. ④동
물을 아낀다. ⑤뭐든 하려고 노력한다. ⑥자연을 사랑하고 아낀
다. ⑦맡은 일에 책임감 있게 노력을 다한다. ⑧뱉은 말에 책임
지려 한다. ⑨알뜰하다.

단점 ①귀가 얇다. ②상처를 잘 받는다. ③소심하다. ④게으

르다. ⑤변덕이 심하다. ⑥우유부단하다. ⑦자기관리를 못한
다. ⑧대인관계를 잘 못한다. ⑨감정에 솔직하지 못하다. ⑩인
내, 끈기가 부족하다.

**나는 내 안의 장점을 보는가, 아니면 단점을 보는가?**

상담을 진행하면서 때때로 사람들에게 자신의 장점과 단점을
적어 보라고 할 때가 있다. 이때 사람들은 자신의 단점을 적을 때
는 막힘없이 잘 적어 내려가다가도 막상 장점을 쓸 때면 1~2가
지 정도만 적으면 더 이상 적을 것이 없다고 한다. 대부분의 사람
들은 자신의 장점보다는 단점이 더 잘 보인다고 한다. 그리고는
자신이 가진 빛나는 장점을 살리기보다는 무겁고 어두운 단점을
붙들고 그것을 어떻게 바꾸고 변화시킬까에 초점을 맞추는 경향
이 많다.

동전은 앞면과 뒷면이 있다. 앞면에는 화려한 그림이 그려져
있고 뒷면에는 단순하게 숫자가 적혀 있다. 하지만 동전은 앞으
로 보나 뒤로 보나 언제나 같은 하나의 동전이다. 그리고 하나의
물 컵을 가정해 보자. 물 컵을 위쪽에서 볼 때와 아래쪽에서 볼
때는 그 모양과 질감에서 차이가 난다. 하지만 그 물 컵을 아무리
다른 쪽에서 보더라도 결국은 같은 물 컵일 뿐이다.

이와 같이 '나'라는 존재 또한 어떤 면을 보는가에 따라 똑같은
'나'를 장점으로 볼 수도 있고 단점으로 볼 수도 있다. 단점과 장
점은 똑같은 자신을 어느 방향과 어떤 기준에서 보았는가의 차이
일 뿐이다. 그러므로 그 사람의 장점이 곧 단점이며, 단점이 곧

장점이다.

들꽃님의 예를 보면, 의리 있다는 장점은 때로는 의리를 너무 지키려 하다 보니 자신의 것을 지키지 못하여 상처를 잘 받아 잠수 타는 단점으로 작용하고, 남들에 대한 지나친 배려는 그녀의 감정을 상대적으로 억압하여 자기의 감정에 솔직하지 못하고 관계를 회피하는 단점으로 보이게 한다. 그리고 엄마에 대해 효심 있는 태도는 엄마에 대한 잔소리와 기대가 무너질 때 화를 잘 내는 단점으로 표현된다. 한편 맡은 일과 말에 책임을 다하려고 노력하는 장점의 모습은 지나친 책임감과 완벽주의를 만들어 모든 일을 완벽하게 하려는 압박감에 아예 일 자체를 시도하지도 못하는 게으름과 우유부단이라는 단점을 만들기도 한다.

이렇게 장점이라고 생각했던 것들이 한 번만 뒤집어 보면 단점이라는 것을 알 수 있다. 스스로를 어떻게 봐주느냐와 어느 방향으로 보는가에 따라 '나'라는 존재는 좋게 보이기도 하고 나쁘게 보이기도 한다. 그렇다면 우리는 자신의 단점과 어둠을 붙들고 이를 바꾸거나 변화시키려 하기보다는, 이왕이면 자신의 장점과 밝음을 키워 나간다면 단점과 어둠은 저절로 작아지고 마침내 사라져 없어질 것이다.

우리는 누구나 장단점을 지니고 있다. 장점과 단점은 그냥 똑같은 하나의 내 모습일 뿐 서로 다른 모습이 아니다. 자신의 단점을 바꾸어 '멋진 나'가 되려는 마음은 자신의 현재를 부정하고 스스로를 판단하고 분별하여 '현재의 나'와 '원하는 나' 사이에 끊임없는 갈등과 분열을 만든다. 단점은 그냥 단점이며, 장점은 그냥 장점이다. 나는 단점도 가지고 있고 장점도 가지고 있는 전체적인 존재이다. 문제를 만드는 것은 자신의 단점 자체라기보다는, 자신이 가진 것을 있는 그대로 받아들이지 못하고 다른 것으로 바꾸려는 마음 자체이다.

## 세 번째 상담

오늘은 상담을 하면서 원장님이 사람들과의 관계에서 불편해도 화를 내지 못하고 싸우기 싫어서 모른 척하는 나의 마음에 대해서 얘기를 꺼냈다. 어릴 때부터 나는 내 편이 아무도 없었기 때문에 화를 내지 못했다. 보복이 두려웠다. 나를 지켜 줄 사람이 아무도 없다고 느꼈기에 나는 나의 감정과 의견을 드러낼 수 없었다. 나는 겉으로는 아닌 척했지만 속으로는 항상 상처를 받았다. 내 모습 그대로 남들에게 다가갈 수 없었다. 원장님은 사람들은 스스로 돌보아야 하는 자기만의 경계선이 있다고 했지만, 나는 나를 지킬 힘이 없다고 생각했기에 내가 가진 나의 감정적, 신체적, 성적인 경계선들을 외면했다.

상담 중에 원장님이 이완을 유도한 후에 위장의 아픈 느낌을 타고 다시금 내 안의 이미지를 보도록 유도했다. 위장의 아픔을 처음에 색깔로 이미지화했을 때 어두운 검은색이었다. 그리고 모양과 형상을 만들도록 유도하는 원장님의 안내에 따라 서서히 마음을 위장의 느낌에 집중했다. 어느 순간 갑자기 새까만 옷을 걸친, 시체같이 눈도 없고, 긴 머리에, 상처투성이의, 옆에 다가 가지 못할 만큼 만신창이가 되어 썩은 냄새가 나는 해골바가지의 이미지가 보였다. 언젠가 꿈속에서도 한 번 본 적이 있는 모습이었다. 그때 잠에서 깨고 나서도 기분이 많이 나빴던 기억이 난다. 피하고 싶고 보고 싶지 않았다. 하지만 원장님은 이 모습이 내 안에 있는 나의 진실한 이미지라며 그것을 계속 이미지화하도록 나를 몰아붙였다. 나는 "아니야!"라고 울면서 소리쳤다. 이것이 나일 리는 없어…….

잠시 후 원장님이 이제는 그 모습을 회피하지 않고 따뜻한 관심과 사랑으로 만나겠으며, 다시는 외롭고 어두운 곳에 홀로 두지 않겠다고 약속하라고 권유했다. 그렇게 하자 어느 순간 해골 모습은 어릴 때 나의 모습으로 바뀌었다. 나는 "이제 괜찮아." 하며 아무 말 없이 아이를 안아 주었다. 아이는 아무 말도 하지 않았다. 하지만 나는 사랑과 관심을 계속 주겠다고 약속했다.

내면아이의 이미지를 찾는 상담을 한 뒤, 나는 이것이 '현재의 나'라는 것을 인정하고 받아들이려고 마음을 먹었다. 그동안 꿈꿔 왔던 이상적인 내 모습을 포기하긴 힘들었지만 지나온 나의 삶을 받아들이기로 했다. 나는 그동안 너무 아팠고 이제 더 이상 힘이 없다. 지금까지 버틴 것만으로도 대단한 일이다. 나는 무척 외롭고 고독하다. 이 지독한 외로움의 끝이 어디일까?

나는 지금껏 남을 위해 사는 삶이 옳고, 남들에게 헌신하며 사는 것이 자비며 사랑이라 생각했다. TV를 보고 책을 봐도 자신보다 남을 위해 헌신하며 자기 주장을 거의 내세우지 않는 사람들이 아름다워 보인다. 하지만 원장님은 먼저 나 자신을 위할 줄 아는 이기주의자가 되라고 하니 많이 혼란스러웠다. 원장님의 말씀처럼 나는 내 삶에서 일어나는 감정들을 제대로 처리하지 못하고 소화하지 못해서 위장에 병이 난 것 같다. 딱 한 달만 정말 제대로 나를 위해 쉬어 보겠다. 습관처럼 집안일을 내가 도맡고 그렇게 하는 것이 착한 딸이고 행복이라 생각했다. 혼자 여행도 하고 싶고 독서도 하고 싶다. 나를 받아들이고 나를 위하는 것이 나에게는 너무 어려운 과제인 것 같다.

집에 와서 음악을 들으며 고개를 돌려 창문을 보는데, 창문 너머 바람에 나뭇가지와 잎사귀들이 춤을 추는 듯 너무 예뻐 보였다. 한없이 평화롭다. 넋을 놓고 한 시간가량을 바라보았다. 너무나 아름답고 내 마음도 편안하게 느껴졌다. 나의 삶은 왜 이렇게 힘들고 아파야만 했을까? 언제부턴가 대답 없는 질문을 계속 반복했었는데 오늘은 답이 가슴에서 울려나왔다. 답은 하나였다. 사랑 때문에……. 이 세상에서 제일 소중하고 얻고자 하는 것이 사랑이라는 것을 알기 위해서……. 갑자기 아픈 위장에게 고마움이 느껴졌다. "너로 인해 내가 인생을 배우는구나! 고마워." "너는 나에게 많은 것을 알려준 고마운 친구야." 모든 것에 감사한 마음이 들었다. 정말 오랜만에 휴식 같은 휴식을 하는 듯하다. 이런 행복감이 계속될 수 있을까 약간 두렵긴 하지만, 그동안 내가 가지 않았던 나를 향해 가 보려 다짐했다.

숙제: 원장님께서 이완 명상을 하며 내 안의 아이와 대화를 해 보고 일지에 적어 오라 했다. 그리고 하루의 일상생활에서 일어난 사건들과 그때의 감정들을 일기 쓰듯이 1주일간 매일 적어

보라고 했다.

## 일지 쓰기

원장님이 가르쳐 준 대로 몸과 마음을 편히 하면서 상담 때처럼 내 안의 상처받은 '어린 나'를 찾아보았다. 중, 고교시절 반항적인 아이가 보였다. 아이는 무표정한 얼굴에 반항적인 눈빛을 하고 있었다. 자세히 한참을 바라보았다. 아이는 피눈물을 흘리고 있었다. 아무 힘이 없었지만 자신을 지키려고 애써 강한 척 포장하고 있었다. 아이에게 쉽사리 다가설 수 없었다. 아이가 너무 아픔을 깊게 느끼고 있어 어떻게 해 줄 수가 없었다. 내가 주춤하는 사이 아이는 가슴에서 사라져 버렸다. 아이가 사라지자 가슴이 찢어질 듯이 아팠다. 어느 순간 눈물이 흘렀고, 울고 나니 힘이 쭉 빠져 버렸다.

집에 있기 싫어서 강변에 갔다. 강바람이 시원했다. 또 한동안 강물만을 바라보았다. 그러다 멍 때리는 나의 모습을 발견하고 내 마음에 귀를 기울여 보았다. 나를 떠올려 보았다. 내가 살아온 지난날들과 내가 가진 상처들……. 난 너무 힘들게 살아왔고 상처투성이에 내 마음은 만신창이다. 나는 아무것도 가진 것 없고 약한 여자다. 나는 이런 나를 모른 척하고, 아닌 척하고, 센 척하고, 강한 척했다. 이제는 그럴 필요가 없다. 나는 아프다. 나는 힘들다. 모두 표현하고 살 것이다. 내 주위에서 가장 힘들게 살고 상처가 많은 사람은 바로 나다. 나는 다른 누구를 도와줄 여유가 없다. 내가 불우이웃이다. 이제는 나를 좀 더 많이 보살피고 아껴 주어야겠다.

벤치에 앉아 마음을 이완하고 내 안의 아이의 이미지를 떠올리며 사랑이 가득한 눈빛으로 머리에서 발끝까지 몇 번이고 바라봐 주었다. 처음으로 다가가서 머리를 쓰다듬어 주었다. "미안해. 너를 모른 척하고 너무 아프게 했어. 다시는 너를 이렇게 아프게 하지 않을 거야. 너를 사랑해."라고 말해 주었다. 아이는 가만히 있었다. 아이를 안아 주었다. 아이도 나를 안아 준다. 아이는 나에게 아무것도 바라지 않았다. 나는 아이를 더 꼭 안아 주었다. 아이가 점점 사라지는 듯했다. "안 돼, 나는 아직 너를 좀 더 사랑해 주고 안아 줄 거야." 아이는 점점 희미하게 사라지고 나는 아이를 붙잡고 싶었다. 눈물이 막 쏟아진다.

나는 왜 너를 이렇게 힘들게 해 놓고 보려고 하지 않았을까? 무서워하고 놀랜 너를 모른 척 덮으려고만 하고……. 한동안 눈물이 멈추지 않았다. 너무 미안한 마음이 들었다. 내가 나를 사랑하고 사랑해야 한다는 것을 왜 이제야 알았을까? 가슴이 찡하다. 이제는 나를 받아 줄 수 있을 것 같다.


## 네 번째 상담

### 상처가 만든 경험들

과거 상처받은 경험들은 무의식이 만든 기억의 저장고에 하나도 남김없이 온전히 기록된다. 그리고 현실에서 그와 비슷한 상황들이 일어나면 마음의 습관적 패턴은 현재를 있는 그대로 보는 것이 아니라, 과거 기억의 경험으로 순식간에 퇴행하여 그때의 경험으로 현재의 상황을 해석하고 판단한다. 이렇게 과거의 상처가 만든 고통의 감정과 아픔들은 우리 내면에 신념체계를 형성하여 외부세계를 해석하는 기준이 된다. 예를 들어 현재의 아픔과 고통이 크지 않을지라도 과거의 상처가 만든 신념체계와 결합되면, 아픔의 감정과 고통은 훨씬 크게 증폭되어 결정적인 순간에 일을 그르치는 원인이 되기도 한다. 즉, 현재의 단순한 아픔과 고통을 지속되는 괴로움으로 만든다.

어릴 때 부모님이나 주위 사람들로부터 신체적으로 학대를 받았다면 아픈 것은 그 당시 몸의 감각이고, 두렵고 기분이 나빴던 것은 그때의 감정이다. 하지만 기억은 현재의 순간에 그것을 꺼내어 다시금 재생할 때마다 끊임없이 그때와 같이 학대를 당하는 피해의식에 빠진다. 이는 과거 학대를 받을 때 강하게 저항했던 마음들과 다시는 상처받지 않겠다는 무의식의 결심이 과거를 현재로 불러오는 것이다. 실제는 그런 기억만이 있을 뿐 과거는 더이상 현실이 아닌데도 말이다. 치유는 현재에 서서 과거의 경험과 기억을 재해석하고 저항했던 마음을 이완하여 새롭게 받아들이는 마음이다.

우리가 역사를 공부할 때 과거에 있었던 역사적인 사건들을 현재에 어떤 관점과 기준으로 해석하느냐에 따라 그 의미와 평가가 달라지듯이, 개인이 경험한 아픔과 상처들 또한 현재에 그것을 어떻게 받아들이느냐에 따라 앞으로의 삶은 달라진다. 사랑으로 깨어나려면 억압되고 상처받은 감정들을 없애거나 고치는 것이 아니라, 어린 시절 감당하지 못하여 억압하기로 마음먹었던 그 결심을 이해하고 받아 주고 인정해야만 한다.

상처가 새겨지는 마음의 구조는 대부분 상대에게 투영한 기대감이 채워지지 않아 일으키는 실망감과, 관계에서 스스로 주인이 아니라는 피해의식에서 일어나는 경우가 많다. 기대감은 스스로 관심과 배려를 상대에게 베풀고는 그에 합당한 대가를 바라는 마음이며, 피해의식은 자신의 삶을 스스로 선택하지 못하고 힘이 없어 선택 당했다고 느끼는, 주인이 아닌 피해자의 마음이다.

인간이 가진 가장 기본적인 권리가 있다면 그것은 아마도 선택을 자유롭게 할 수 있는 권리일 것이다. 그것은 하늘이 부여한 천부인권이기에 누구도 간섭하거나 방해할 수 없다. 하지만 우리는 스스로 힘이 약해서, 사랑받고 싶어서, 홀로 되는 것이 두려워, 욕심 때문에 선택의 권리를 놓아버리고는 스스로 피해의식에 빠질 때가 많다. 상처에 대한 치유는 자신의 감정과 생각, 욕구에 대한 명확한 인식과 이해를 필요로 한다.

## 엄마에 대한 마음

오늘은 상담 중에 엄마에 대해서 얘기를 나누었다. 요즘 엄마는 내가 노는 것이 싫다고 했다. 어제도 일자리 광고를 뜯어 와서는 나에게 경리직이라도 취직해 보라고 했다. 엄마는 내가 아플 때는 신경도 안 쓰면서 늘 자신의 몸에는 민감해서 조금만 아파도 난리다. 옆에서 보면 답답하고 짜증이 난다. 사춘기 시절 엄마는 생계를 위해 밖으로만 다니시고 나에게는 별로 신경을 쓰지 않았다. 그리고 집 안은 항상 엉망이었다. 집에 놀러온 친구들이 수군거려 나는 상처를 많이 받았다. 그래서 친구들이 집에 올 때면 집을 유별나게 청소하여 한때는 청소강박증까지 가졌지만 지금은 어느 정도 포기한 상태로 살고 있다. 더 어릴 때는 학교 갔다 오면 청소하고, 양말 빨고, 숙제하고, 심지어 친구 집에 놀러갔을 때 지저분한 친구 집을 치워 주기도 했었다.

얼마 전에도 엄마는 일을 다녀와서 힘들다고 나에게 온갖 꼬투리를 잡고 시비를 걸었다. 엄마가 지닌 불만과 부정적인 느낌들이 나에게 다가올 때면 가슴이 찢어질 듯이 아프고 위장은 고통으로 요동친다. 나는 엄마가 죽도록 밉다가도, 엄마가 죽고 싶다, 힘들다 하면 그 미운 마음을 뒤로한 채 엄마를 달래 주곤 했다. 나도 힘든데 왜 나는 엄마를 돌봐 줘야만 하나? 엄마는 자신만 힘든 줄 알고 내가 엄마 때문에 받은 상처로 심리 상담까지 받으러 다니는 건 왜 몰라줄까?

엄마는 자식이 벌어 주는 돈으로 편히 쉬고 싶다고 했다. 막 짜증이 났다. 엄마는 나에게 아무것도 주지 않으면서 왜 이렇게 바라기만 하지? 엄마는 가끔씩 나에게 아빠를 닮은 쓰레기라고 했다. 어떻게 자식에게 농담이라도 쓰레기라고 할 수 있을까? 나도 새벽에 일어나 밤늦게 집에 오면 깨끗한 집에 따뜻하고 정성이 담긴 밥상 한번 받아 보고 싶다. 내가 돈을 벌어 주면 그렇게 하겠다고 엄마는 약속했지만 언제나 일 때문에, 아프다는 핑계로, 교회 나가고, 집안일은 언제나 내 차지였다. 참 싫다. 속이 아프다. 속이 상한다.

상담 중에 갑자기 내 안의 분노와 화가 끓어오르면서 얼굴이 상기되었다. 광기가 올라와 눈이 뒤집힐 것 같았다. 원장님이 그동안 가슴에 쌓인 엄마에 대한 원망과 분노와 저주와 비난을 큰 소리로 질러 보라고 했다. 처음에는 소리가 나오지 않았다. 옆에서 원장님이 나 대신 크게 소리쳤다. "네가 뭘 잘했다고 나를 이렇게 대하냐?" "너는 엄마도 아니야. 없어졌으면 좋겠어." 오만 가지 감정들이 치밀어 올라왔다. 나는 소리쳤다. 욕했다. 옆에 있는 방석을 손에 피가 나도록 때렸다. 그래도 감정이 가라앉지 않았다. 원장님이 신문을 주면서 욕을 하며 찢으라고 했다. 1시간 내내 신문을 찢으며 욕했다. 어느 순간 힘이 빠지고 모든 것이 멍해졌다. 원장님이 음악을 틀어 주며 이완하라고 하셨다. 음악을 듣는데 눈물과 콧물이 주체할 수 없을 정도로 흘렀다.

어느 정도 눈물이 가라앉자 원장님이 마음을 이완하여 가슴 속의 아빠와 엄마를 만나 보라고 했다. 아빠는 늙고 힘들어 보였다. 아빠 안에 사랑이 부족해 그것을 채우려고 외도를 했고 우리에게 돌아올 사랑은 없었다. 아빠의 삶이 불쌍하고 안타깝게 느껴졌다. 엄마는 젊을 때부터 생계를 위해서 살았고 사랑을 줄 여유도 시간도 없었다. 몸과 마음이 아프면서 혼자 생계를 꾸리는 것에 대한 책임감과 부담감에 힘들었을 것이다. 우리 가족 모두는 항상 사랑과 관심에 목말라 있었다.

상담센터에서 집으로 오는 내내 눈물이 막 쏟아졌다. 나는 위장의 고통과 힘듦을 엄마에게 피해 안 주고 어떻게든 혼자 해결해 보려고 노력해 왔다. 하지만 엄마는 나의 마음도 모른 채 집에서 내가 논다고 사람들한테 욕하고 가슴에 상처를 주고 수치심을 안겨 주었다. 엄마는 내가 들으라고 일부러 사람들에게 욕을 했다고 했다. 그 소리를 들으면 내가 게으르지 않고 열심히 일할까 봐…….

엄마도 어릴 때 힘들었고 상처를 많이 받았다고 한다. 외할머니가 외할아버지에게 밤마다 폭행을 당했고 외삼촌 때문에 속상했던 상처들이 많다고 한다. 엄마는 걱정과 불안이 많다. 엄마는 귀가 얇고 오지랖이 넓다. 내가 걱정이 많고 귀가 얇은 것 또한 엄마를 닮아서일까?

집에 와서 엄마를 보는데 너무 귀엽게 느껴졌다. 엄마가 아프다고 똑같은 레파토리를 읊어도 짜증이 나지 않고 귀엽게 봐 줄 수 있을 것 같았다. 내가 사랑받고 싶고 기대고 싶듯이 엄마도 사랑받고 싶어서 저러는구나. 엄마가 부끄럽고 창피하게 느껴질 때가 있었다. 다른 엄마는 예쁘고 똑똑하고 뭐든 잘하는데…….그런 엄마가 부러웠다. 하지만 엄마는 바뀌지 않고 나도 엄마 딸임을 부정할 수 없다.

난 어려서 무조건 엄마처럼 안 살고 잘 살겠다 결심했지만 비슷한 삶을 살고 있다. 외할머니가 외삼촌만 좋아하고 엄마를 미워했느냐고 엄마에게 물어보니, 외할머니가 외삼촌만 챙기고 엄마에게는 일만 시켜서 외할머니가 꼴도 보기 싫었다고 했다. 얘기를 듣는 순간 빵 터졌다. 부모 자식 간의 업이 대물림된다는 원장님의 말이 스쳐 지나갔다. 나는 어서 내 마음을 치유해서 내 자식에게는 정말 사랑을 주어야겠다고 생각했다.

엄마는 내가 어릴 때 외할머니와 살면서 엄마에게는 정을 주지 않아 서운했다고 한다. 그러면서 "네가 자식을 낳으면 꼭 네 손으로 다 키우고 가르쳐라. 돈은 나중에 벌어도 되니까 후회하지 마라."고 했다. 어릴 때 나에게 엄마는 좀 무섭고 낯설기만 했다. 그냥 이름만 엄마였지 실질적인 엄마는 외할머니였다. 상담을 다녀온 후 엄마와 이런저런 얘기를 하는데 우리는 참 많이 닮은꼴 모녀임을 알았다. 내가 치유되지 않는다면 엄마는 아마 나의 미래 모습일 것이다. 좀 무섭고 싫은데……. 엄마처럼 살지 않기 위해 더욱 열심히 나를 치유해야겠다.

엄마를 이해해 보려고 했다. 엄마도 처음부터 엄마가 아니었고 한 가정의 딸, 한 남자의 아내, 좋은 직장 동료, 친구 등 다양한 신분이었는데 나는 엄마로서의 이미지만을 너무 강요하지 않았나 싶기도 하다. 원장님의 말씀대로 엄마의 이미지를 치우고 대한다면 좀 더 자유롭고 편안할 것 같다. 엄마를 원망하는 마음보다 받아들이고 이해하려는 마음을 가지니 가슴에 무언가 따뜻함이 느껴졌다.

원장님이 숙제로 내 안에 있는 사람에 대한 불신과 피해의식에 대해 적어 보라고 했다. 그리고 틈틈이 나의 위장과 대화를 해 보라고 했다.

## 사람에 대한 불신

나는 언제나 사람에 대한 불신 때문에 불안하고 두렵다. 사람에게 한걸음 다가가려 하지만 자꾸 물러난다. 원장님은 사랑의 반대가 두려움이라고 했다. 하지만 나는 사람들에게 용기를 내어 한걸음 다가가서 나에 대해 솔직하게 털어놓고 드러낸다면 그들이 나를 미워하고 이상하게 바라보지 않을까? 하는 마음을 가지고 관계를 의심하고 회피했다. 또 상처받으면 힘들어지니까, 힘들고 싶지 않은 마음에……

내 안에는 어릴 때 상처로 인해서 사람에 대한 불신이 많다. 피해의식도 많아서 조금만 무시하거나 만만히 보는 느낌이 들면 화가 난다. 아무에게도 다가가고 싶지 않고 부탁을 하거나 들어주기도 싫다. 항상 나를 만만히 보고 이용할 것 같은 기분이 든다. 하지만 원장님의 말씀처럼 삶이란 어쩌면 관계를 맺는 것이고, 나 또한 세상을 혼자서는 살아갈 수 없기에 이런 나의 문제들을 인식해야 한다. 좀 무섭고 두렵다. 마음을 열고 이런 나를 받아 주는 사람을 만나면 괜찮을까? 상처받은 나를 다 드러낼 수 있을까? 그동안 사람들과의 관계에서 받았던 불편을 정리해 본다.

① 친구들  나에게 친구들은 좋을 때만 친구였다. 몸이 아프거나 힘들 때는 기댈 수 없었고 뒷담화가 심했다. 돈 거래를 하면 사람과 돈을 한꺼번에 잃었다. 가끔 나를 이용했다. 난 친구들에게 나의 아픈 과거를 꺼낸 적이 없다. 항상 나를 희생했다. 지금도 과거의 친구들이 보고 싶고 연락하고 싶기도 하지만 상처 때문에 한편으론 두렵다. 친구의 이간질로 또 다른 친구를 잃고 나는 지쳤다. 그래서 마음의 문을 닫았다.

② 남자들  내가 세상에서 제일 처음 만난 남자는 나의 아버지다. 아버지는 잦은 외도로 엄마와 나에게 많은 상처를 주었다. 나는 늘 아빠 같은 사람은 만나지 않겠다고 결심했다. 중학생이 되고 사춘기가 되면서 옆집 아저씨는 나를 성희롱했고, 또 다른 아저씨는 나를 무릎에 앉혀 놓고 나의 가슴을 만졌다. 내 주위에는 성폭행 당한 친구들이 몇 있었고, 아는 언니의 남친은 나를 집적거렸고 나의 남친도 나 몰래 바람을 피웠다. 남자들은 모두 다 그렇다는 부정적인 생각이 많다. 내가 아플 때 나를 치료해 주겠다는 치료사는 나를 이용하려 했다. 그때 처음으로 나의 힘든 점을 알아주고 나를 도와줄 사람이라 생각했는데 큰 상처를 받았다. 이런 생각 때문에 결혼을 하기 싫고 결혼이 무섭다. 가정이란 게 참 어색하고 잘할 수 없을 것 같은 부정적인 생각이 든다. 또 남자는 나에게 폭력과 집착이 심했다. 나는 무섭고 두려워 헤어지지도 못했다. 남자들은 믿을 수 없고 무섭고 싫다.

③ 직장과 지인들  어려서부터 지인들은 엄마와 나에 대해 간섭을 많이 했고, 우리가 정상적인(?) 가정이 아니라 늘 입방아에 올라 너무 싫었다. 손가락질 당하고, 무시당하고, 막 대하고, 힘들었다. 조금만 잘못하면 뒤에서 꾸짖고……. 나로 하여금 착한 가면을 쓰게 만든 이유 중의 하나인 것 같다. 엄마는 지인들에게 나의 잘잘못을 함께 얘기하고 공유하여 나를 수치스럽게 했다. 알바를 한 뒤 돈을 받지 못한 경우도 있고, 직장에서는 텃세가 심했고, 늘 뒷담화가 있었고, 왕따도 늘 있었다. 꼭 대상이 내가 아니었지만 그들이 나를 욕할까 봐 항상 착한 척하고, 욕먹을

짓을 하지 않고, 남을 먼저 생각했다. 말을 해 놓고 누가 상처받을까 봐 늘 조심스러웠고 눈치를 보았다. 나를 해칠까 봐 두려웠다. 나는 누구든지 뒤에서 욕하는 사람이 싫다. 옆 사람이 다른 사람을 욕하면 어떻게 해야 할지 모르겠다. 같이 욕을 하려 해도 내키지 않고, 가만히 있으면 착한 척한다 할 것 같아 참 힘들다.

## 위장과의 대화

나는 위장을 고치고 싶다고 했지만 음식을 먹을 때면 위장에 해로운 음식도 많이 먹는다. 그러면 위장은 자신을 돌보아 주지 않는다고 막 화를 낸다. 너를 아프게 하지 않겠노라고 해 놓고 단 음식을 마구 먹고, 밥도 제대로 먹지 않고, 약도 먹지 않고…… 그리고는 자동으로 쓰라린 위를 원망하는 나를 발견한다.

원장님이 위장과 대화를 하려면 위장에게 형상과 이름을 붙이면 대화하기가 편하다고 하여 위장에게 '애기'라는 이름을 붙여 주었다. 애기라고 부르면서 정말 애기를 키우는 엄마의 마음으로 애기가 성인(완치)이 될 때까지 사랑과 관심을 주려고 결심했다. 자주 대화도 하고, 맛있는 것도 주고, 잘 보살피겠다고 했다. 그동안의 무관심과 섭섭함을 애기가 잊게 해 주고 잘 지내고 싶다. 내 안의 애기를 사랑으로 챙겨 주고 싶다.

어제 잠을 자려고 누웠는데 위산이 막 올라왔다. '그래. 안 그래도 힘든 애기에게 내가 못 먹을 것을 먹여 많이 힘들구나.' 하고 위장을 이해하니 신기하게도 위장이 한결 편해졌다.

점심을 먹는데 설거지는 태산처럼 쌓여 있고, 엄마는 일하기 싫다고 투덜거리며, 일하지 않고 쉬는 나에게 시비를 걸었다. 내가 안 하면 아무도 설거지를 하지 않아 나도 화가 나고 싫었지만 설거지를 했다. 또 마음이 상한다. 속이 상한다. 위장에서 위산이 올라온다. 위장과 대화를 하는데, 애기는 남을 챙기듯 자신도 좀 돌봐 달라고 한다. 남만 위하고 나에게 인색한 나를 책망하는 듯하다. 내가 남한테 하는 것만큼 나를 아껴 주리라 마음먹으니 속이 편해진다. 위장의 소리를 듣는 것이 신기하고 웃음도 난다.

### 위장이 아플 때 느껴지는 내 마음

나는 위장병이 심해지면 불안과 대인기피증, 바보같고 절망적인 기분이 든다.

아프면 아무도 나를 치료해 주지 않고, 일을 못해 금전적으로 힘들다.

나는 모은 돈도 없고, 밑바닥에서 다시 일어서기는 힘들다.

사람들과 어울릴 수 없고, 사람들은 나를 싫어한다.

나는 힘들고, 상처를 받게 될 것이다.

부모와 사람들은 내 인생에 별 도움이 안 된다.

나는 그래서 힘들고, 포기하고 싶을 때도 있다.

### 나는 왜 힘든가?

나는 위장병을 받아들이려 하지 않을 때가 많다.

집에서 쉴 때는 음식을 가리지 않고, 약도 잘 챙겨먹지 못하고, 불규칙적인 생활에, 위장병 자체가 싫다. 일할 때만 자기관리를 한다. 사람들에게 흠 잡히기 싫어서.

**위장병이 왜 싫은가?**

수치심. 위장병에 걸리지 않은 사람으로 살고 싶어서.

**해결책**

위장병을 받아들이고, 약도 먹고, 사랑해 주자. 위장도 나의 일부다. 위장이 나에게 하는 얘기를 들어 보자. 나를 배신하지 말고 위장병에 걸린 나를 이해하고 안아 주자.


# 다섯 번째 상담

## 역할

삶에서 우리는 모두 상황에 따라 어떤 역할을 수행한다. 역할은 삶을 창조하고 행복을 누리는 기회를 제공하기도 하지만, 유연하지 못하고 고정된 역할은 삶을 무겁고 불편하게 만들기도 한다. 우리는 어릴 적부터 가족 구성원 안에서 사랑받고 인정받기 위해서 또는 생존하기 위해서 자신만의 특정한 역할을 배우거나 수용하며 자라왔다. 역할과의 자기 동일시는 역기능의 가정에서 부부관계에 불화가 심하거나, 부모가 자녀를 잘 양육하지 못하거나, 자녀가 받은 상처가 클수록 고착화되는 경향이 많다. 고정된 역할 속에 갇힌 삶은 마음에 긴장과 저항의 스트레스를 일으키고, 건강 문제나 대인관계, 내적 공허감으로 인한 중독의 문제와 같은 신경증의 주요 원인이 되기도 한다.

이번 주 상담에서는 내가 살아오면서 지금껏 주로 많이 한 역할에 대한 상담을 나누었다.

① 아빠의 성격  성격이 급하고 자신이 옳다면 끝까지 밀어붙임. 가부장적이다. 자신이 왕이다. 고집이 세고, 하고 싶은 것 다 한다.

② 엄마의 성격  외할머니와 같이 순종적이며, 자식을 위해 헌신적이다. 언젠가부터 자신을 위해 이기적이고 목소리가 커짐.

③ 두 분의 관계  부부싸움이 잦았고 별거를 오래 함. 자식 때문에 서류상 이혼하지 않고 지냄. 늘 서로를 비난하고 욕하고 싫어함. 서로서로 자식을 키우는 것에 부담감이 있었던 듯함. 엄마는 아빠에 대한 사랑이 남았는지 아빠가 돌아오기를 기다리기도 함.

④ 부모님과 나의 관계  아빠는 함께 있으면 무섭고 낯선 반면, 잘생기고 멋진 아빠가 자랑스러움. 속으로 아빠를 좋아하지만 아빠가 엄청 미움.
엄마에게는 늘 사랑받고 싶었지만 엄마는 경제적으로, 정신적으로 나에게 의지하려고 하여 부담스러웠음. 하지만 당연하다고 받아들임.

⑤ 내가 한 역할들과 그 역할을 하게 된 이유

애어른  어릴 때부터 철이 일찍 들어, 엄마나 외할머니가 일하고 오면 편하게 해 드려야 했다. 나 스스로를 통제하고 어른들께 걱정 끼치지 않으려 어른처럼 행동했다. 누구도 나를 보호해 주고 충족시켜 주지 못해 스스로 어른과 아이 역할을 함께 했다.

부모의 부모  아빠가 집을 나가고 엄마는 몸이 아프시고 생활이 무기력해져서 나는 스스로 책임감을 가지고 외할머니 대신 엄마의 엄마 역할을 했다. 그래야 그나마 가정이 안전해질 것이라 생각했다.

엄마의 기쁨  엄마는 늘 나를 보고 너 때문에 산다고 하셔서 엄마의 기쁨을 충족시키고 걱정을 끼치지 말아야 한다고 생각했다. 그래서 늘 엄마를 기쁘게 해 주려고 싹싹하고 애교를 피우며, 모범생과 착한 아이가 되려고 노력했다.

책임감이 강한 아이  어떤 일을 하면 인정받고 싶었고, 남에게 싫은 소리 듣기 싫어서 뱉은 말에 책임을 지려 하였다.

역할 찾기를 하면서 원장님이 나에게 "들꽃님은 누구를 위해서 사세요?"라고 물었다. 나는 당연히 "나를 위해 살아요."라고 대답했는데, 원장님이 "들꽃님의 인생에 들꽃님이 없네요."라고 했다. 그 말을 듣는 순간 갑자기 눈물이 쏟아졌다. 지나 온 나의 삶에 나는 없고 남에게 맞추고 눈치 보며 살아온 나 자신이 너무나 안타깝고 불쌍하고 애처롭게 느껴져 가슴이 터질듯이 아팠다. 나도 사랑받고 싶었고 누군가에게 기대고 싶었다. 사랑받기를 포기한 적이 없었기에 좋은 역할, 착한 역할을 하며 괜찮은 척 열심히 살면 모두가 나를 인정해 줄 거라고 생각했다. 나는 나를 위해 살지 못했다. 나를 주장하고 내 욕구를 표현하는 것이 두려웠다. 나의 위장이 관계 속에서 거북함과 불쾌감과 아픔을 호소해도 난 나를 돌보려 하지 않았다.

이제 더 이상 착하지 않아도 되고, 엄마에게 잘하지 않아도 되고, 좀 이기적이어도 괜찮다는 얘기를 원장님에게 들었을 때 뭔지 알 수 없는 편안함이 느껴졌다. 그토록 오랜 세월 뭔지 모르게 꽉 막힌 답답함이 가슴에서 '쑤욱' 하고 소리를 내며 내려가는 느낌이 들었다. 나는 그동안 감정적으로나 신체적으로 왜 그렇게 이유 없이 힘들고 답답한지 몰랐다. 이제 과거의 '그래야만 한다'고 생각했던 역할들을 내려놓고 나를 위한 삶과 내가 하고 싶은 일들을 하면서 살고 싶다. 스스로 무시하고, 욕구를 가진 나를 미워하고, 감정을 억압하며, 죽으려 했던 나를 깊이 반성했다.

몇 해 전 할머니 장례식장에서 사촌언니가 세상에서 제일 불쌍한 사람이 어떤 사람인지 물은 적이 있었다. 나는 내가 제일 불쌍하다고 대답했다. 하지만 사촌언니는 "사랑을 모르는 사람이 제일 불쌍해."라고 했는데 그 말이 잊혀지지 않았다. 나는 지금까지 제대로 된 사랑을 해 본 적이 없다. 원장님이 '아이수(I 愛)'는 자신을 있는 그대로 받아들이는 마음이라고 했는데, 나는 남들에게 보여지는 나를 부끄러워하여 있는 그대로 나를 드러내지도 못하고 포장하거나 숨기려 했다.

집으로 돌아오는 버스에서 오늘 상담한 내용들을 다시 생각했다. 나는 지금 또 다른 사춘기를 시작하는 기분이다. 지나간 사춘기는 너무 아프고 성숙하지 못했다. 이번에 맞는 사춘기를 잘

넘긴다면 나도 행복한 어른이 될 것 같다. 상담은 나를 돌아보고 지난날의 고통을 이해하는 데 너무나 유익했다. 내가 궁금해 했던 것들도 많이 물어보았는데, 잊고 있었던 나의 적극성이 되살아난 느낌이 들었다. 위장이 좀 편해진 느낌이 든다. 얼마 전까지만 해도 매일 구역질에 체하고, 토하고, 하혈하고, 편두통 기타 등등으로 병원, 침, 뜸으로 눈 떠서 눈 감을 때까지 치료만 했었다. 내 삶에 나는 내 편이 아니었고, 다른 사람에게 맞추며 착한 사람이 되려 했다. 이제는 내 맘대로 살고 싶다. 착한 척하던 모습을 버리고 나를 주장해 봐야겠다. 남 눈치 안 보고, 하고 싶은 말 막 하고, 솔직하고, 떳떳한 개그맨 박명수 같은 사람을 닮고 싶다.

## 여섯 번째 상담

### 내 안의 이미지들

이미지는 어린 시절 상처받은 내면의 두려움이 만들어 낸 신념화된 감정이나 가치체계를 말한다. 어릴 때 채워지지 못한 욕구들은 상처가 되어 잠재의식의 저장고에 부족감과 두려움이라는 신념구조를 만든다. 무의식이라는 컴퓨터에 프로그램된 이미지의 파일들은 과거 경험의 기억들로 이루어져 외부의 상황에 대해 자동화된 반응을 일으킨다. 이런 파일로 외부세계를 투영하게 되면 사물과 사람들을 있는 그대로 보고 판단하는 것이 아니라 프로그램된 이미지의 색안경을 끼고 사물과 사람들을 보게 된다.

우리가 관계 안에서 상처를 받는 것은 어쩌면 실재의 자신이 상처를 받는 것이 아니라, 사실은 자신이 만들고 동일시하며 집착해 온 이미지가 상처를 받는지도 모른다. 자기 마음의 컴퓨터에 어떤 이미지의 파일들이 프로그램되어 있는지 알지 못하면, 우리가 느끼는 혼란과 갈등, 고통과 상처들이 자기 내부가 아닌 외부에서 온 것으로 착각하게 된다. 이렇게 되면 우리는 외부로부터 자신을 지키고 보호하기 위해 만든 이미지를 더욱 강화하여 분리감과 자기고립에 빠지고 만다.

오늘은 상담 중에 원장님의 안내로 내 안에 무의식화된 프로그래밍 찾기를 했다. 나는 나에게 해당하는 무의식적으로 신념화하고 있던 단어를 3개 찾았다. 그것은 "1. 나는 나를 표현할 수 없어 2. 나는 좋은 사람이어야 해 3. 남들을 기분 나쁘게 하면 안 돼."였다. 그동안 이런 무의식적인 관념과 신념들이 내 삶의 모든 선택과 행동에서 기본 베이스로 작동하고 있었음을 보았다.

이런 신념을 갖게 된 내면의 마음을 탐구하기 위해서 원장님이 이완 명상을 유도했다. 어린 시절 나는 부모님의 관심과 사랑을 원했지만, 아빠는 사랑이 부족했고 엄마는 생계를 책임져야 했기 때문에 나에게 사랑과 관심을 줄 수가 없었다. 나의 밑바닥 마음에는 항상 사랑과 관심에 대한 욕구가 깔려 있었다. 그동안 외모에 신경을 쓰고 이미지를 관리했던 것 모두는 사랑을 받기 위한 몸짓이었다. 나의 내면은 언제나 애정결핍으로 사랑에 목말았다. 그토록 사랑받으려 몸부림쳤던 지난날의 나를 보며 불쌍하고 안타까워 눈물이 났다.

어릴 때 나를 키워 주고 보살펴 준 사람은 외할머니였다. 하지만 어느 날 외할머니는 한방에서 한 이불을 덮고 자다가 마지막 인사도 없이 병원에 옮겨져 돌아가셨다. 돌아가시기 전에 누가 나에게 귀뜸이라도 해 주었다면 덜했을지도 모르지만, 준비 없는 이별은 나에게 엄청난 충격과 슬픔, 아픔이었다. 그립고 울고 싶어도 울 수가 없었다. 꾹꾹 누르고 참고……. 속으로는 매일 할머니 무덤을 찾아가 거기서 살고 싶었다. 엄마한테는 내가 외할머니 집에 보내져서 싫다고 했지만, 사실은 외할머니의 보살핌과 사랑, 따뜻한 정은 그래도 어린 시절 어려운 환경을 버티게 해 준 버팀목이었다. 좀처럼 눈물이 멈추지 않았다.

나는 그동안 내 안에 프로그램된 이미지에 최면되어 나를 위한 삶을 살지 못했다. 내 몸, 내 마음 어느 것 하나 쉴 곳 없고, 발 디딜 곳 없이 떠돌아다녔다는 느낌이 든다. 나의 아픔, 나의 상처, 나의 가족을 누군가 건드리면 두렵고 싫었다. "아! 나는 내 안의 이미지를 지키려고 그렇게 몸부림치며 살았구나."라는 것을 깨달았다. 내가 무의식적으로 만든 이미지의 최면을 보면서 이제 나를 표현하고, 내 것을 챙기며, 내 편이 되어 나를 지키기로 다시 한 번 마음속으로 다짐했다.


집에 와서 엄마랑 얘기를 했는데, 엄마도 처녀 때는 장애우를 돌보는 착한 마음이 있었고, 외할머니에게 효도하고 형제를 위하며 알뜰하게 열심히 살았다고 했다. 하지만 언제부터인지 모르게 엄마는 자기 것을 주장하고 자신의 몫을 챙기며 이기적인 사람처럼 변했다. 사춘기 때는 이런 엄마의 변화가 혼란스럽고 받아들이기 힘들었다. 예전처럼 헌신적인 엄마로 돌아가길 바랐다. 하지만 어쩌면 나는 엄마에 대한 나만의 기준과 이미지를 가지고 엄마에게 강요했는지도 모른다. 엄마도 자신을 위해 엄마의 삶을 선택한 것일 텐데 엄마에게 미안했다. 하지만 엄마가 자신을 챙기면서 나에게도 좀 더 신경 쓰고 지혜롭게 했다면 엄마와 나 사이는 훨씬 좋았을 텐데 하는 아쉬움은 있다.

상담이 진행되면서 엄마와의 관계뿐만 아니라 나의 모든 환경이 좋아진 듯하다. 집안의 청소와 빨래, 설거지, 밥 등을 하는데 지난날처럼 하기 싫지가 않았다. "어! 이상하다. 이제는 나만을 생각하기로 했는데……." 자연스럽게 일을 했다. 분명 예전과 다른 느낌이다. 억지로 해야 한다는 생각으로 일을 하는 게 아니라 마음에서 우러나와 집안일들을 하고 있었다. 내가 엄마를 사랑하고 이해하니 저절로 되었다. 신기하고 이런 내가 대견스럽다. "역시 나는 참 잘한다. 최고다!!"

저녁을 먹고 엄마와 함께 원장님의 책 《나를 꽃피우는 치유심리학》을 읽으면서 원장님이 나에게 하듯이 엄마의 상처를 봐 주었다. 엄마의 상처는 어릴 적 외할아버지가 농사를 지어야 해서 책가방을 숨겨서 학교에 가지 못하게 한 일, 그래서 결석이 잦아 선생님께 매를 맞고 속상했지만 누구에게도 표현하지 못한 일, 사촌과 한 반이 되었는데 선생님이 사촌만 예뻐해서 속상했던 일…… 엄마에게도 나와 참 비슷한 상처들이 많았다.

엄마에게도 나처럼 누구에게도 표현하지 못하고 참고 삭여 왔던 삶이 있었고 시기심과 질투, 사랑받고 싶은 마음 등이 있었다. 나도 엉터리지만 내 나름대로 엄마의 상처를 봐주니 엄마는 내게 "이제 네가 철이 좀 드는가 보다."라고 했다. 나는 돌아가신 외삼촌을 자주 떠올리는 엄마를 보며 조심스럽게 "엄마, 그렇게 살다 간 것도 본인이 선택한 삶이니 엄마가 그냥 받아들여. 자꾸 엄마가 못 받아들이고 슬퍼하면 엄마는 거기서 못 헤어나고 힘들어. 슬픈 것은 슬픔이니 실컷 울어도 돼."라고 했다. 엄마는 "나도 감정을 표현해야 하는데 잘 안 돼."라고 했다. 대화 후에 엄마는 혼자 많은 생각을 하는 것 같아 나는 그냥 말없이 바라보았다.

나는 엄마에게 내가 했듯이 연습장에 엄마의 삶을 잘 정리해 보라고 했지만 엄마는 상처를 꺼내기 힘들어했다. 또 조심스럽게 심리 상담을 권했지만 엄마는 거절했다. 더 이상 권하진 않았지만 엄마의 작은 변화가 나에게는 큰 기쁨이며 희망이다. 나도 예전처럼 엄마를 대하지 않고 이해하고 지켜볼 것이다. 내 마음속에 한결 여유가 생겼다. 얼마 전의 나보다 훨씬 마음이 커지고 큰 그릇이 된 듯하다. 내가 어떻게 해서 이렇게 변한 건지 잘 기억이 나지 않는다. 단지 지금 나의 모든 것이 그저 기쁘고 감사하다.


## 일곱 번째 상담

오늘은 원장님과 내가 정해 놓은 상담의 마지막 날이었다. 처음 시작할 때는 두려웠는데 벌써 마지막이라니 서운함이 크다. 나를 위해 많이 울고, 아파하고, 힘들어하고, 안타까워하고…… 상담 동안 진심으로 나를 봐주고 이해하려 하며 열심히 달려왔다. 나는 지금 내 인생이 마치 새로운 가능성의 문 앞에 서 있는 것처럼 느껴진다. 마음이 푹 가라앉고 완전히 이완된 듯한 이 느낌도 좋다. 속이 너무 편안하다. 더 깊이 밑으로 내려가 보고 싶기도 하다.

수십 번을 고민하다 상담하러 왔을 때가 생각난다. 삶을 그냥 있는 듯 없는 듯 살다가 가고 싶었다. 내가 무엇 때문에 진짜 힘든지도 모르고 숨이 붙어 있으니 살다가 명대로 죽고 싶었던 지난날의 나의 모습…….

첫날 원장님이 해 주신 말씀이 생각난다. 상담은 내 인생의 전환점이 될 것이며 나의 고통이 나중에 힘들고 지친 많은 사람들을 이해하는 데 도움이 될 것이라는 말씀. 그때는 그냥 들었는데 어느 순간부터 나에게 물질적으로는 아니더라도 내가 겪은 고통과 지혜로 많은 사람들을 도울 것이라는 꿈이 가슴에 생겼다. 나에게 더 많은 사랑과 지혜가 생긴다면 사람들을 돕고 함께 할 수 있는 날이 올 것이라 믿고 소망한다. 지금껏 내가 고통 받고 고생한 것도 어쩌면 내가 나를 찾기 위해, 내가 해야 할 일을 찾기 위해서인 듯하다. 나는 내가 가야 할 길을 찾았다. 요즘은 그냥 내가 좋다. 내가 자랑스럽다. 세상도 내 편이고 나를 위해 존재하는 듯하다.

어제는 엄마의 심부름으로 장을 봤는데, 엄마가 나에게 "아이고, 우리 딸 착하다."라고 했다. 아주 어릴 적에 느꼈던 칭찬의 마음, 엄마가 나에게 잘해 주려는 느낌이 들면서 나도 엄마에게 더 잘하게 된다. 오늘은 엄마가 참 사랑스럽게 느껴졌다. 어쩌면 나를 성숙하게 만든 최고의 스승은 엄마인 듯했다. 엄마에게 많은 것을 배운다. 본심인지 아닌지는 모르지만 오늘은 엄마에게 진심으로 감사하다. 그리고 행복하다.

자연스럽게 나의 감정을 털어놓고, 나를 표현하고, 뭔지 모르게 편해졌다. 이제 약간은 나와 사물들을 있는 그대로 받아들이는 마음도 들고……. 오늘은 참 신기하고 묘하고 기쁘다. 나는 살면서 잘하는 것보다 못하는 것이 많았다. 그래서 나에게 실망도 많이 했지만, 내가 못하므로 못하는 사람을 이해하게 되었고, 나의 아픔으로 인해 아픈 사람들을 이해하게 되었다. 많이 성숙해진 느낌이 든다. 좋고 나쁨이 없다는 것을 받아들이고 마음이 많이 편해지면서 세상과 사람들에 대해 이미지의 색안경을 덜 쓰고 보게 된다. 자유로워진 느낌이다. 마음이 편안하다. 그리고 속도 편하다. 나를 있는 그대로 받아들이기는 참 힘들었지만 조금씩 받아들이니 참 편하고 좋은 것 같다.


## 상담 후기

내가 상담센터를 방문하게 된 동기는 직장 생활에서 사람들과 어울리지 못하고 겉돌고 힘들어서였다. 나는 심각한 신경성 위염을 갖고 있었고, 이로 인해 사람들과 거리를 두었다. 7~8년간 꾸준히 한약과 양약, 각종 침과 뜸으로 치료를 했지만 쉽게 호전

되지 않았다. 조금만 신경 쓰면 위산이 역류하고 위가 아프고 예민해서 잠도 못 자고……. 회사에서 조금이라도 안 좋은 소리를 들으면 속이 뒤틀리고 아팠다. 하지만 나는 그럴수록 모든 일을 더욱 완벽하게 하려 노력했다.

어느 날 신경과에서 받은 체크 리스트를 보면서 이것저것 체크를 하는데 우울증, 강박증, 대인기피증, 불안, 시선공포증, 심한 폭식과 거식 등이 모두 나에게 해당되었다. 나는 그런 나를 받아들이기가 몹시 힘들었다. "아니야, 이건 일시적인 것일 뿐이야. 좀 있으면 괜찮아져." 하며 나 자신에게 문제가 있다는 것을 알면서도 진실을 보지 않으려 회피했다. 그러면서 나의 일상과 고통은 다람쥐 쳇바퀴 돌듯이 하루하루 반복되었고 나는 바보 아닌 바보, 왕따 아닌 왕따가 되었다.

버스나 지하철을 탔을 때 옆에 사람들이 있으면 냄새날까 봐 숨도 쉬지 못하고 긴장하면서 위산이 역류하여 나를 공격했다. 어느 날 이런 생활이 너무나 힘이 들었다. 시간이 해결해 주리라 생각했는데 시간은 나를 더 힘들게 했다. 그러다 나를 치유하기로 마음을 먹고 상담센터에 오게 되었다. 처음 나는 내가 무엇을 좋아하는지도 잘 몰랐다. 그래서 무엇을 좋아하느냐는 질문 항목에 답할 수도 없었다. 나는 그냥 아무 생각 없이, 죽지 못해서 살고 있는 삶을 살았다. 늘 입버릇처럼 다시는 이 세상에 태어나고 싶지 않다고 하며 살아왔다.

첫 번째 상담을 마치고 다음 상담을 위해 내가 살아온 삶을 쓰는 숙제를 하는데, 그때서야 나 자신을 조금씩 돌아보게 되었다.

어려서부터 나는 이중생활에 익숙해져서 "누가 나를 어떻게 볼까?" 하는 두려움에 늘 솔직하지 못했다. 그리고 "싫으면 싫다, 좋으면 좋다" 시원하게 감정 표현을 하지 못했다. 늘 착한 척했고, 착해야 한다는 생각에 최면되어 있었다.

원장님의 책을 읽으며 처음으로 솔직한 내 삶을 적었는데, 솔직히 이런 나를 처음 내보이기에 벌거벗은 기분이 들었다. 하지만 이런 나를 원장님은 조금의 색안경도 쓰지 않고 가슴으로 따뜻하게 대해 주셨다. 가장 큰 용기를 냈던 나에게 이런 자비로움을 내주신 원장님께 지금도 고개 숙여 감사드린다.

어려서부터 내가 어떻게 살아왔는지, 무엇이 고통의 씨앗이 되어 나를 아프게 하는지를 조금씩 이해하게 되면서부터 상담이 즐거워졌다. 한 주 한 주가 지나면서 나는 조금씩 변했다. 상담을 하면서 '역할의 나', '이미지의 나'를 보고는 나 자신이 너무나 불쌍하고 안타까워 잠을 제대로 자지 못했다. 처음으로 나 자신을 위해 눈물을 흘렸고 진정으로 내 편이 되었다. 그 전에는 남을 지나치게 의식하고, 나를 가면 속에 가둬 놓고, 너무 많은 틀을 가지고 있어 자유롭지 못했다.

상담을 통해서 나는 많이 자유로워졌고, 마치 새장을 빠져나온 한 마리 새가 된 듯한 기분이 들었다. 항상 불안하고 우울했던 나는 내 안의 감정도 제대로 보려 하지 않고 나를 무척 싫어했었다. 이름도 바꾸고, 관상적으로 좋지 않다는 점도 빼고, 한때는 역술에 빠져서 사주나 관상을 보기도 했고 천도제를 지내기도 했다. 그러나 내 안의 본질적인 문제는 바뀌지 않았다.

상담을 하면서 뜨끔뜨끔했다. 너무 잘하면서 살려는 나, 남에게 맞춰 가려고만 하는 나, 인정받고 사랑받으려고만 하는 나…… 여기저기 휘둘려서 진실한 나는 어디에도 없었고, 내가 무엇을 좋아하는지, 왜 사는지도 잘 몰랐다. 나날이 충격의 연속이었다. 가족과의 관계에서도 나는 늘 내 것을 챙기지 못하고, 가족들에게 희생만 하고, 정말 내가 하고 싶고 사고 싶은 것은 제대로 사지 못하면서 가족을 책임져야 하는 책임감을 짊어지고, 엄마에게 큰소리 치고 짜증내고……. 누구도 강요한 적 없는 나의 선택이 나를 힘들게 했다.

그동안 내 안의 분별심으로 사람들을 내 틀 안에 넣고, 너는 좋은 사람, 너는 나쁜 사람이라 하며 사람들을 비판하고 손가락질하고, 사람들을 가렸다. 종교에 대한 틀, 성격적인 틀, 이성에 대한 틀, 가족에 대한 틀, 친구에 대한 틀…… 여러 가지 기준의 벽을 가지고 있는 나였기에 내 안으로 들어올 사람은 아무도 없었다. 나는 마치 새장 속의 새처럼 나만의 벽을 쌓아서 그 벽 속에서 나오지 못하고, 그 안에서 누군가를 기다리며 새로운 관계를 차단했다.

상담을 하면서 나는 나만의 많은 기준과 틀들을 이해했으며, 그때부터 사람들과 사물들이 조금씩 있는 그대로 보이기 시작했다. 그러면서 나는 점점 더 자유로워졌고, 삶이란 나의 선택이라는 것을 이해하게 되었다. 나를 위한 삶이 무엇인지 알게 되었고, 진정 나를 위한 삶을 살 수 있도록 스스로에게 힘을 실어 주었다.

지난날 나는 내가 무엇을 좋아하는지, 내가 왜 살아야 하는지, 아무 정체성도 없이 그저 돈에만 휘둘려 단돈 10원이라도 더 주면 그쪽을 선택했고, 내 마음이 얼마나 아픈지 어떤지에 대해 신경도 쓰지 않았다. 그런 나를 반성하고 이제야 내가 살아가는 이유와 내가 하고 싶은 일이 무엇인지를 잘 알게 해 주고, 사람들과의 관계, 관계 속의 나를 잘 볼 수 있게 힘을 준 상담에 감사하다.

처음 원장님께서 해 주신, 상담과 교육을 통해서 나의 삶이 크게 바뀔 것이라는 말씀이 잊혀지지 않았다. 정말 그렇게 되었고 나는 약 3개월 동안 열심히 나를 위해 매달리고 공부했다. 어느 순간 나는 많이 바뀌어 있었다. 가끔 상담 중에 원장님의 말씀이 이해가 되질 않고 어렵게 느껴질 때도 있었다. 그럴 때는 내 삶을 원장님의 말씀대로 적용시켜 보기도 했고 책도 읽어 보았다.

명상을 통해서 위장도 한층 안정이 되었고 모임 때도 사람들을 대하는 것이 한결 편해졌다. 신기했다. 생각해 보면 위장이 나의 신호등이자 나의 수호천사였다. 이런 심각한 상태의 나를 이곳으로 데려와 주고, 술도 안 마시게 해 주고, 몸에 좋은 음식만 가려서 먹을 수 있게 하고, 참 좋은 친구였다. 나는 이런 친구를 한때 미워했고 죽이고 싶고 없애고 싶었다. 위장의 고통만 없으면 나는 다 괜찮을 거라고 생각했었다. 하지만 이런 위장이 지금은 나에게 있어 가장 큰 스승이고 나를 이끌어 준 힘이라 생각하고 고맙게 생각한다.

나는 이렇게 그동안 참 많이 변했다. 앞으로도 더 많이 변할 것이다. 더 많이 나를 사랑하고, 나를 위해 울고, 내 편이 되고, 힘을 내어 진정 행복하고 싶다.

# 2

# 대인관계의 불편함

## 질문과 답변

저는 28살의 남자입니다. 지금 대인공포증이라는 악마 와 싸우고 있습니다. 저는 평소에도 사람들과 눈을 잘 마주치지 못합니다. 발표할 때면 목소리가 심하게 떨려 불안하고, 매사에 자신이 없고, 새로운 사람과 친해지지 못해 친구도 별로 없습니 다. 요즘엔 왠지 가만히 있어도 눈물이 나고, 자살 생각도 많이 납니다. 만사가 귀찮아지고 아무것도 할 의욕이 안 납니다. 사람 이 무섭습니다. 밖에도 나가기 싫고, 사람들과 관계를 어떻게 맺 어야 할지도 모르겠습니다. 그래서 혼자 막 괴로워하고 우울해 합니다.

**내가 평소에 주로 느끼는 증상**

① 사람들이 있는 곳에 가면 누군가 날 보고 있다는 느낌이 든다.

② 사람들을 의식하면 온몸이 떨린다.

③ 버스 안이나 전철에서 심하면 식은땀이 나기도 한다.

④ 사람들이 나를 쳐다보면 왠지 온몸이 떨리고 말도 못하고 위축된다.

⑤ 특히 여자들이 앞에 있으면 말을 못하고 어색해서 어쩔 줄을 모른다.

⑥ 손 떨림도 심하다.

나는 왜 이렇게 자신감이 없고, 나의 행동에 당당하지 못한지, 솔직히 제 성격에 대해 딱히 이렇다 저렇다 말하지도 못하겠고, 단지 저 자신이 부끄럽고 싫습니다. 가끔은 아무도 없는 곳에서 살았으면 좋겠다고 생각합니다. 우울해서 미쳐 버릴 것 같습니다. 이런 증상은 초등학교 5~6학년 때 호주로 유학을 갔다 온 이후로 심해진 것 같습니다. 갔다 온 직후엔 사람들이 많이 다니는 길도 못 다닐 정도로 심각했습니다. 시간이 지나면 나아질 줄 알았습니다. 근데 그게 아니더라고요. 친구들과 말할 때마다 무슨 말을 해야 할지 모르겠고, 머리가 턱턱 막히는 느낌이 듭니다. 말하면서도 점점 어색해지고, 피하고 싶고, 너무 불편하고 괴로워집니다. 그렇다고 혼자 있게 되면 더더욱 소외감으로 외로워합니다.

지금은 유학 갔다 온 이후로 많은 시간이 흘렀는데, 주위에 아무 생각 없이 만나서 편안하고 즐겁게 지낼 만한 친구가 한 명도 없습니다. 소심한 성격에 피해의식 때문인지 사람들이 저를 막 무시하는 것 같습니다. 그런 생각을 하면 너무 비참하고 괴롭습니다. 억울하기도 하고요. 그럴 땐 이유 없이 하루 종일 가슴에 돌을 얹어 놓은 것처럼 답답합니다. 가만히 넋 놓고 있으면 나쁜 생각도 막 들고, 우울하고, 눈물만 나고, 말도 하기 싫고 그렇습니다. 사람들과 지내는 게 너무너무 불편하고 어색하고 겁이 납니다.

몇 년간 이 문제를 해결하려고 일반 정신과에서 약물 치료를 3년간 받았고, 수능 시험 후 대학 들어가기 전에 인지행동치료도 3개월 정도 받았습니다. 대학 때는 NLP 치료를 통해 긍정성과 자신감을 길러 보려고 6개월 정도 다녔으며, 그 후 강남에서 8개월간 스피치 학원도 다녀 보았습니다. 그리고 혼자서도 여러 심리 서적이나 방법을 찾아 노력도 많이 했지만 문제는 해결되지 않은 채 이런 저런 증상들이 더욱 늘어 가는 것 같습니다. 요즘은 밖에 나갔다가 오면 목이 심하게 긴장되고 목 뒤쪽으로 통증이 있습니다. 제발 도와주세요. 사람들과 편하게 만나고 불안감이 없이 긍정적으로 살고 싶습니다. —가을비

🍵 님은 초등학교 때 유학을 갔다가 온 이후로 사람들과의 관계가 불편하고, 어색하고, 마치 아웃사이더가 된 듯한 느낌에 주변을 의식하고, 소외된 느낌 때문에 힘들고 외로웠다고 합니다. 어쩌면 님의 성향은 초등학교 5~6학년 때 유학 가기 전에는 어린아이였기에 자기 마음이 남들과 어떻게 다른지 스스로 인식하지 못했다가, 유학을 갔다 온 이후에 사춘기를 맞으면서 남과

다른 자신을 비교하게 되면서 불편함이 커졌는지도 모릅니다.

비교는 열등감과 불안을 만들고, 다른 사람들이 어떻게 보고 어떻게 생각하는지에 집착하게 합니다. 이런 마음은 관계 속에 있지만 홀로 있는 것 같은 거리감을 만듭니다. 그리고 남과 다르다는 생각은 관계와 상황들을 회피하게 만들기도 합니다. 어쩌면 님은 비교에서 일어나는 내면의 열등감을 남들에게 노출시키거나 들키지 않으려 했는지도 모릅니다. 이런 태도는 대인관계에서 엄청난 위축감을 느끼게 하며, 남들로부터 지적받거나 비난받는 것이 두려워 스스로를 고립되게 합니다.

문제는 외부 관계의 불편이라기보다는 자신과의 관계에 대한 불편이며, 스스로를 받아들이지 못하는 문제가 아닌가 합니다. 님은 자신의 마음을 살펴보면서 사람을 많이 사귀는 것이 편하고 좋은지, 아니면 사람을 만나지 않고 혼자서 지내는 것이 편하고 좋은지 자신에게 물어본 적이 있나요? 님은 관계에서 자신의 마음을 먼저 헤아리고 행동하기보다는 남을 의식하고, 눈치 보며, 남에게 보여 주는 삶을 살아온 것이 아닌가 합니다.

지금의 증상들을 단순히 물리쳐야만 하고, 이겨내야 하고, 없애야 할 악마와 같은 것이라 생각한다면, 님은 내면의 실제적인 불안과 두려움의 문제를 회피하게 됩니다. 악마는 없습니다. 단지 님의 어리석은 생각만이 있을 뿐입니다. 치유는 스스로 자신의 진실을 이해할 때 해결되는 것이지 그럴듯한 방법으로 해결되는 것은 아닙니다. 그렇다면 님은 도대체 무엇을 두려워할까요?

문제는 외부의 대인공포가 아니라 님 내면의 불안과 두려움입니다. 이것은 님의 삶에 너무나 익숙한 느낌들이며, 오랫동안 습관화된 패턴입니다. 이제껏 님은 자신의 실제적인 문제는 보려 하지 않고, 단어가 만든 대인공포증이라는 이름에 집착하여 외부적으로만 문제를 해결하려고 방법과 해결책에 집착했는지도 모릅니다. 이는 문제의 진실은 외면하고 대인공포증이라는 관념을 붙들고 싸우는 것과 같습니다. 그러기에 문제의 초점인 두려움은 직면하지 않고 바깥에 동떨어져 있는 떨림과 어색함의 문제만 해결하면 된다고 착각했는지도 모릅니다.

하지만 문제는 님 자신이지 바깥의 떨림이나 어색함이 아닙니다. 신체적 떨림과 어색함은 단지 현재 님의 마음 상태를 표현하고 있을 뿐입니다. 님의 많은 노력들이 효과를 거두지 못하고 증상만 자꾸 늘어난 까닭은 어쩌면 문제 자체를 이해하는 대신, 자신과 문제를 분리시켜 놓고 님은 문제가 없는데 외부에 드러난 떨림이나 어색함이 문제이기에 그것만 해결하면 된다고 착각했기 때문인지도 모릅니다. 이렇게 실제적인 불안과 두려움의 감정을 직면하지 않고 그것을 없앨 해결책만 찾으면 문제가 없어질 것이라고 생각하는 것은 진실한 문제로부터 도피에 불과합니다.

님은 이제 변화해야만 하는 어쩔 수 없는 현실 앞에 서 있습니다. 성인으로서 자신을 책임지고 변화해야만 하고, 스스로 자율성과 독립성을 키우는 문제에 봉착했습니다. 하지만 과거의 습관(불안에 대한 도피)은 변화에 저항하고 안전을 추구하려 합니다. 님이 문제를 회피하지 않고 직면하려는 의지를 가진다면, 문제는 문제가 아니라 습관화된 님의 마음을 바꾸고 성장케 하는 기회가 될 것입니다.

병원에서는 대부분 내담자가 가진 외적인 증상에 초점을 맞추어 병명을 진단하고 치료는 약물에 의존하는 경우가 많습니다. 약물 치료는 신경을 이완하여 현재의 불안한 상황에 약간의 편안함은 줍니다. 하지만 습관화된 불안의 문제에 필요한 것은 회피나 도피가 아니라 직접 직면하는 것입니다. 상담은 대인공포증이라는 어떤 증상을 치유하는 것이 아니라, 그것을 만드는 자신의 마음을 이해하고 알아 가는 과정이라고 할 수 있습니다. 님을 괴롭게 하는 것은 외부의 어떤 상황이나 사람이 아니라, 관계와 상황 안에서 스스로 일으키는 어색해하고 불편해하며 자신을 받아들이지 못하는 님의 마음입니다.

치유는 자신을 이해하고, 받아들이며, 사랑하게 될 때 생기는 있는 그대로의 자신이 되는 길입니다. 이는 어떤 긍정적인 암시나 없던 자신감을 새롭게 만들어 내는 것이 아니라, 자신을 싫어할 수밖에 없었던 과거의 경험과 상처들을 이해하고 받아들이는 과정입니다. 감사합니다.


# 상담 1

상담센터를 방문한 그는 훤칠한 키에 단정하고 예의 바른 사람이었다. 기본 심리 검사를 받을 때 약간 긴장하며 경계심을 가진 마음이 드러났지만, 막상 상담에 임하자 자신의 문제에 대해 차근차근 조리 있게 설명했다. 아마도 그동안 여러 군데 상담을 받으며 자신의 고통에 대해 얘기하는 것이 익숙해진 것 같았다.

그는 두 아들 중 막내였다. 아버지는 외과의사이고, 어머니는 중학교 선생님을 하다가 몇 년 전부터 유기농 가게를 운영하고 있다. 형은 외국계 회사에 근무하면서 현재는 미국에 나가 근무하고 있다. 그는 어렸을 때 천식을 심하게 앓았는데 병원에서도 포기할 정도로 심하다 보니 밖에서 아이들과 어울려 다니지 못했다. 초등학교에 입학한 뒤로 그는 공부를 잘했다. 그는 남들에게 관심을 받기 바랐고, 자랑하기를 좋아했으며, 남들보다 뛰어나고 싶었다. 특히 발표 때면 먼저 자진해서 발표하려고 안간힘을 쓰기도 했다. 그는 체육은 멍청한 애들이나 하는 무식한 과목이라 생각하여 체육을 싫어했고, 그 시간에 삼국지나 위인전을 읽었다. 이런 그의 태도는 주변 친구들과 잘 어울리지 못하게 하고 왕따가 되게 했다.

아이들과 공동 관심사가 부족하고 노는 것도 함께 어울리지 못하게 되면서 아이들은 그를 점점 무시했다. 5~6학년 때 유학을 가면서 더 이상 이래서는 안 된다는 생각으로 남들이 관심 갖는 것에 그도 관심을 가졌으며, 자신밖에 몰랐던 마음에서 다른 사람들을 먼저 생각하는 자신이 되려고 노력했다. 결과는 어느 정도 성공적이었다. 하지만 그것도 잠시뿐 이번에는 낯선 땅에서 친구들의 짓궂은 장난에 괴롭힘을 당했고 무시와 창피를 당했다. 정신적으로 힘들어서 결국 부모님께 도움을 요청했는데, 부모님의 개입은 상황을 더욱 악화시켜 따돌림은 더욱 심해져 갔다.

그에게 아버지는 거대한 산과 같았다. 아버지는 본인의 기준과 원칙에 엄격했는데, 어렸을 때 규칙에 어긋나는 행동을 할 때면 가끔 따귀를 때리셨다. 그에게 아버지는 두려운 존재였기에 아버지의 기준에서 벗어나지 않으려고 아버지가 말하는 것은 "예."

"예." 하며 아무리 하기 싫어도 할 수밖에 없었다. 아버지는 의사라는 점 하나로 무례하고 자기 멋대로 행동하더라도 가족들이 인정해 주기를 바랐다. 아버지는 그가 의대에 진학하기를 바랐다. 하지만 아버지의 뜻에 따르지 못한 죄책감 때문에 대학 때는 부모님께 손을 벌리지 않고 장학금으로 학비를 충당하고 가끔씩 알바를 하면서 용돈을 벌었다. 아버지는 모든 것을 아버지의 생각대로 단언하고 당신의 기준과 신념을 주장했는데, 그 때문에 그는 많은 상처를 받았다고 했다.

어머니는 그를 임신하고 입덧이 너무 심해 힘들어하셨고, 이 상황을 보다 못한 아버지가 어머니의 손을 잡고 산부인과에서 낙태를 하려고 집을 나섰다. 그러다가 어머니가 다시금 낳고자 결심해서 그가 태어났다고 했다. 이런 상황들이 어쩌면 뱃속에 있을 때부터 그에게 삶에 대한 두려움을 심어 주었는지도 모른다고 했다. 그가 태어나고 어머니는 산후우울증이 심해져서 수면제와 항우울증 약을 얼마간 드셨고, 그는 태어나서부터 모유를 먹지 못했다. 이런 사실을 알고 나서부터는 어머니가 그를 사랑했을까라는 의문을 품을 때가 많았다고 한다. 친구들과 겉돌고 왕따를 당할 때 어머니는 친척들이 모인 자리에서 농담조로 그가 유학을 그만두고 싶어서 그런다고 얘기하는 것을 우연히 들었을 때는 정말 죽고 싶을 정도로 창피했고, "어떻게 엄마가 저럴 수 있을까?"라는 생각이 들었다. 무의식적인 이런 마음들은 그의 안에서 여자는 좀처럼 믿을 수 없고, 대화하기 힘들고, 마음을 이해하기 어려운 껄끄러운 존재라는 생각으로 굳어 있었다.

그는 사람을 대하는 것이 힘들고, 평소에 근심과 걱정이 많아

집중이 잘 안 되고 짜증이 많이 난다고 했다. 인간관계에 들어가면 "사람들이 나를 어떻게 볼까?" "관계가 잘못되지 않을까?"라는 생각에 할 말을 못하고 혼자 속만 썩이다가 괜히 확대해석하곤 했다. 막상 자신이 감정을 표현하려고 한마디 하면 상황에 안 맞는 말과 행동을 하게 되고, 언제나 눈치 보면서 불안하고 초조하다고 했다. 과거에는 여러 사람이 있는 곳에서 불편했던 것이 이제는 가까운 사람들과 있어도 의식이 되고 어색하고 불편하고 답답하다고 했다. 그는 스스로를 창살 없는 감옥에 갇혀 있다고 했다. 항상 마음이 불안과 긴장으로 위축되는 자신이 싫다고 했다.

## 상담 후 나에 대한 관찰

상담을 한 후에 원장님의 말씀대로 사람들을 만날 때 목에 느끼는 긴장과 아픈 통증을 느끼면서 불안해하는 내 마음을 살펴보려고 애썼다. 더 이상 고통을 회피하지 않고 아픔 자체를 있는 그대로 느끼면서 도대체 무엇이 문제인지 느껴 보고자 했다. 많은 생각들이 떠올랐다. 과거 부모님과의 관계나 친구들과의 왕따 경험들은 나를 슬프게 했던 것이었지만 현재 내 마음을 사로잡은 것은 분노의 감정이었다.

무엇이 내 마음속에 그렇게 화를 품게 했는지 살펴보았다.

① 사람들과 관계 속에서 이야기가 나를 중심으로 돌아가지 않을 때 질투가 나고 화가 난다.

②이런 편치 않은 내 감정을 경계하고 억제하려 할 때 목에 긴장이 들어간다.

③사람들을 의식하면서 자신감 없이 쭈뼛쭈뼛거릴 때 그런 나 자신이 수치스럽다.

④원하는 내가 되지 못하고, 창피하고 싫은 내 모습이 드러날 때(우유부단함과 소심함) 나는 굉장히 불안하고 화가 난다.

과거 나는 화가 나도 표현하지 못했고, 좋은 게 좋은 거라며 어떻게든 풀려고만 했다. 하지만 가슴속에는 지난날의 앙금들이 상처가 되어 하나도 풀리지 않고 그대로 자리 잡고 있었다. 나는 언제나 남들과 감정적으로 부딪치는 것이 두려웠다. 나는 과거에 왕따였고 놀림 받았으며 친구도 없는 찌질한 녀석이라는 것을 다른 사람들이 알면 어떡하나 항상 걱정했었다. 나는 내 성격이 문제라고 생각했고 정신과 치료, NLP, 스피치 학원 등을 다니면서 밝고 긍정적인 모습으로 바꾸려고 많은 노력을 했다. 하지만 그런 노력을 할 때는 조금의 위안이 되었지만 실전에 들어서면 아무 소용이 없었다.

나는 이제껏 내 문제가 나의 나약함과 자신감 부족에서 온다고 생각했다. 나약한 나 자신이 싫었다. 세상은 약육강식이고, 약하면 살아남을 수 없고, 내가 강하지 못하면 모두가 날 무시할 것만 같았다. 하지만 싸우는 게 무서웠고 그런 상황 자체가 불안해서 피하려고만 했다. 길거리를 지나가다가도 누군가 욕하는 소리를 듣거나 "야!"라고 강한 소리만 들어도 괜히 가슴이 뛰고 긴장되고 혹시 나한테 뭐라고 하는 건 아닌가 하고 그쪽을 의식하게 된다. 요즘도 누가 날 무시한다는 생각이 들거나 억울한 일이 생기면 손까지 부들부들 떨리면서 화가 난다. 하지만 나는 화를 잘 못 낸다. 화가 머리끝까지 나지만 표현하지 않는다.

나는 아버지의 기대에 부응하지 못하는 아들이다. 아버지랑 같이 있으면 숨이 막힌다. 아버지가 비록 아무 말도 안 하고 있어도 그냥 표정과 기운으로 나를 압박하는 것 같다. 살아오면서 아버지에게 들은 말은 화내면서 내가 뭘 잘못했다고 비난하는 말밖에 들어 본 적이 없는 것 같다. 칭찬을 들어 본 적이 없다. 조금만 뭘 잘못해도 화를 내셨다. 화낼 일도 아닌데……. 그래서 아버지와 같이 있으면 나는 아주 못난 놈이 된 것 같다. 난 아버지와 떨어져 살고 싶다.


"나는 왜 자꾸 내 감정과 생각을 보지 않고 남의 눈치를 살필까? 나는 왜 사람들을 만나면 언제나 긴장하고 어색해할까?"

나는 혼자 있으면 여러 가지 생각을 많이 한다. 특히 일어나지도 않은 안 좋은 일들을 마치 일어난 것처럼 생각한다. 그리고 평소에 일어났던 일들을 생각하면서 그 상황에서 내가 하고 싶었지만 하지 못했던 말들을 생각한다. 표현하지 못하고 참았던 말들을 머릿속으로 상상하며 상대와 싸우고 불만을 표출한다. 그리고 지난날 나를 괴롭히거나 모욕을 주었던 사람들을 생각 속에 자주 등장시켜 표현하지 못하고 참았던 말들을 머릿속에서 상상하며 불만을 표출한다.

나는 솔직히 어색한 상황 자체가 너무 두렵다. 그 순간을 벗어나려고 아무리 발버둥을 쳐도 결국은 다시 반복된다. 관계에 들어서면 내가 조금이라도 잘못된 행동을 하면 남들이 나를 비난할까 봐 두렵고, 괜히 일어나지도 않은 상황들을 생각하며 거기에 대항하는 온갖 쓸데없는 생각들로 항상 피곤하고 지친다.

## 상담 2

　그는 자신의 생각과 감정들을 솔직하게 드러내 본 적이 거의 없었다. 그는 아버지의 엄격함과 친구들의 왕따에 대응하지 못했던 자신을 자학했다. 자기부정은 스스로 열등감에 기초하여 일어나지도 않을 안 좋은 일들을 상상하며 그를 괴롭혔다. 이완 명상을 하면서 과거 그에게 상처를 주었던 나쁜 친구들과 아버지를 상상하며 그동안 생각으로만 했던, 하고 싶은 말들과 욕들을 실제로 표현하며 그의 내면에 억압된 분노의 감정들을 표출하게 했다. 처음에는 어색하고 불편했는지 목소리가 잘 나오지 않았다. 옆에서 함께 소리치고 함께 욕을 하며 독려를 하자 그는 울음을 터뜨리며 소리치기 시작했다. 욕을 하며 땅을 치고 울음은 높아져 갔고, 그동안 가슴에 쌓인 감정들이 한꺼번에 터져 나왔다. 혼자서 실컷 울도록 내버려두었다. 울음은 더욱 커져 갔으며 거의 15분 이상을 목 놓아 욕하며 소리쳤다.

### 상담 후 느낌

　상담 중 이완 명상을 하며 소리 내어 펑펑 울었다. 쪽팔렸지만 울음은 그치질 않았고 울면서 아주 어렸을 적 기억이 났다. 아마 3살 때쯤인가 부모님과 함께 공원인가 하여튼 나들이를 나갔다가 엄마 손을 놓쳐서 혼자 남겨진 내 모습이 무의식에서 떠올랐다. 불안하고 두려워서 혼자서 울고 있는 내 안의 아이를 보았다. 그리고 화면이 바뀌었다. 왕따와 괴롭힘을 당하며 울고 있던 그때의 나를 보았다. 힘들고 상처받아 괴로워하는 아이의 마음을 느끼며 아이와 함께 괴롭힌 친구들을 욕하고 비난했다. 크게 소리치고 함께 울어 주었다. 그리고 아이에게 마음으로 다가가서 어깨에 손을 얹으며 말해 주었다.

"네 잘못이 아니야, 너는 겁쟁이가 아니야……."

"소리치고 울어도 괜찮아……."

욕하고 울고 소리치고 나니 가슴에 뭔가 뻥 하니 뚫린 듯한 느낌이 들었다. 상담을 끝내고 상담센터를 나오는데 상담을 받으러 올 때와 전혀 다른 느낌의 하늘을 보았다. 하늘이 저렇게 파랬었나? 모든 게 새롭게 느껴졌다. 사람들에게 느꼈던 분노도 사라진 느낌이었다. 뭔가 새롭게 태어난 느낌? 이런 느낌은 정말 오랜만인 것 같았다. 언제나 가슴이 답답했고 뭔가 막힌 듯했는데 뻥 뚫린 듯한 느낌이 드니까 너무 좋았다. 발걸음 하나하나에 힘이 들어가는 듯했다.

### 상담 후 나에 대한 관찰

그동안 살면서 느꼈던, 아버지로부터 받은 내 안의 힘든 감정들을 아버지에게 직접 얘기해 보라는 숙제를 원장님에게 받았다. 저녁에 아버지와 상담한 얘기를 하면서 과거에 내가 상처받았던 일들에 대해 얘기를 했다. 어릴 적 아버지의 엄격한 기준과 원칙 때문에 억울하게 맞았던 기억과 이로 인해 생긴 두려움, 그 두려운 상황들을 만들지 않기 위해 "예, 예."만 거듭하며 껍데기가 되어 버린 내 마음을 말씀드렸다. 그리고 거대한 산과 같은 아버지를 우상화시켜 아버지가 지닌 신념과 생활 태도를 무조건적으로 따르려 노력했지만 그렇게 되지 못한 나를 비난했던 아버지의 태도가 나에게 얼마나 큰 상처였는지 말씀드렸다. 그래서 과거에 나를 무시하고 때렸던 것에 대해 사과를 받고 싶다고 했다.

아버지는 나의 얘기를 듣고 서글픈 듯한 웃음을 지으면서 "그래, 사과한다."라고 하셨는데 진심으로 느껴지진 않았다. 그러면서 아버지는 자신의 삶을 얘기하시면서 자식을 사랑해서 잘못된 길로 가지 않게 하려고 손찌검을 했다고 했다. 하지만 그런 얘기는 나에게 변명처럼 들렸다. 나의 솔직한 표현에 아버지의 반응은 방어와 변명으로 급급했다. 아버지는 아마도 이렇게 감정을 드러내고 표현하는 나의 태도가 무척 낯설고 도전적이라고 느끼는 것 같았다. 대화에서 아버지는 내가 알고 싶은 중요한 문제에 대해서는 당신의 감정과 의견을 얘기하지 않고 '권위와 위협'으로 그저 덮으려고만 했다. 아버지는 자신의 권위가 떨어지는 것을 가장 두려워하는 것 같았다. 어머니가 중간에서 중재를 하여 나의 마음을 받아 주는 것으로 결론을 내면서 아버지가 나에게 미안하다며 얘기를 마무리했다. 아버지와 대화하면서 내 생각과 감정을 표현한 후에 나는 가슴속에서 뭔가 뜨거운 것이 올라오는 것을 느꼈다. 누군가에게 처음으로 나의 솔직한 감정을 얘기하는 것이 떨리고 불안했지만 얘기를 하고 나니 어쩐지 이게 "사는 것 같다."는 후련함과 가벼움이 느껴졌다.

아버지와 대화를 한 후 나는 많은 것을 깨달았다. 사람들은 나를 모르면서도 현재의 내가 지닌 일면만 보고는 마치 나에 대해 전부를 아는 듯이 얘기하며 판단한다. "사람은 절대로 바뀔 수 없다."는 얘기를 듣노라면 참 화가 난다. 나는 상담을 하면서 그동안 내가 그리던 많은 이미지의 환상을 깨려고 했다. 나의 삶은 그동안 철저히 목적 지향적이고 성취 지향적이었다. 나는 이제야 먼 길을 돌아서 나에게로 돌아온 기분이다. 이제까지 나는 나를 인정하지 않았고, 나에게 관심을 두기보다는 남들의 시선을 의식하며 살았다.

어렸을 때 나를 괴롭히던 친구들이나 아버지가 했던 "병신." "못난 놈."이라는 말을 나는 나라고 믿어 버렸다. 스스로 '못난 놈'이라고 믿으면서 아무도 날 괴롭히는 사람이 없었는데도 나는 나를 괴롭혔다. 나는 나에게 얘기했다.

"미안해! 지금까지 내가 괴롭혀서."

"네가 하기 싫으면 이제 안 해도 괜찮아!"

"놀고 싶으면 놀고, 욕하고 싶으면 욕해도 괜찮아!"

이제는 내가 나를 이해하거나 사랑하지는 못하더라도 최소한 자학은 하지 않겠다고 다짐했다. 나 스스로 나를 괴롭히지는 않겠다고, 일어나지도 않을 안 좋은 일에 대한 나쁜 상상은 그만하자고 다짐했다.

# 상담 3

그는 스스로 피해의식이 많았다. 자신을 소심하고 당당하지 못하다고 믿었으며, 늘 다른 사람을 신경 쓰며 버림받을까 봐, 외로워질까 봐 두려워했다. 낯선 사람들을 만나면 통제되지 않는 불안감이 엄습했고, 끊임없는 긴장감과 몸의 떨림을 느꼈다. 관계 안에서는 솔직하고 재미있게 얘기하며 분위기를 주도하고 싶었지만 그렇게 못하는 자신에 대해 열등감을 느꼈다. 그는 상황에서 자신이 하고 싶은 대로 할 수도 없고 어떻게 해야 할지 몰라 난감해하며 불편해했다. 남들과 친해 보이거나 당당하지 않으면 또다시 왕따가 될지도 모른다는 두려움은 관계를 더욱 어색하게 만들었다.

그는 자신에게 화가 났다. '원하는 나'가 되지 못하고 '외롭고 초라한 나'의 모습이 드러날 때면 답답하고 짜증이 났다. 상담을 하면서 자신의 약점, 자신이 싫어하는 모습까지 있는 그대로 받아들여야 한다는 것을 인식했지만, 그런 자신의 모습이 실전에서 드러날 때면 솔직히 화가 난다고 했다. 마음이 편해지기 위해 억지로 자신을 받아들이려 했지만 현재 상황들이 억울하고 원망스럽다고 했다. 그러면서 자신의 우유부단함과 소심함, 관계에서 어색하고 잘 대처하지 못하는 자신이 너무 싫고 화가 난다고 했다.

그는 외적으로는 스스로에 대해 열등감을 느끼고 있었지만 내적으로는 누구보다도 우월감을 가지고 있는 듯했다. 그의 분노는 자기 뜻대로 하고 싶은데 그렇게 되지 않는 현실과, 뛰어나고 싶고 인정받고 싶은 욕구는 강한데 따라주지 못하는 자신에 대한 것이었다. 지금껏 그의 노력은 현재의 모습을 인정하고 받아들이려는 것이 아니라, 자신이 원하는 모습으로 바꾸고 변화시키려는 욕심이었다. 그는 지금껏 있는 그대로의 자신을 이해하려 하지 않고 방법과 수단으로 외부의 껍질만 바꾸려 했다.

그는 아버지의 목적 지향적이고 성취 지향적인 패턴을 싫어하고 힘겨워했지만 어느 틈에 스스로 그런 사고에 최면당해 있었다. 어릴 적 따돌림과 왕따의 경험은 스스로 강해지고 싶고 특별해지고 싶은 왜곡된 욕구를 만들었으며, 소외되지 않으려는 마음은 남을 의식하고 그들에게 맞추려 했다. 그가 느끼는 목의 긴장과 아픔은 머리와 가슴의 혼란과 투쟁을 드러내는 전쟁터와 같았다. 머리는 '미래의 멋진 나'와 '이상적인 나'를 향해 달려가려 했지만 가슴은 현재를 있는 그대로 받아들이길 원했으며, 가슴은 지금의 편안함과 행복을 원했지만 머리는 미래의 원하는 성취로 분열되고 갈등하고 있었다.

우리가 미래에 무언가가 되고자 하는 이유는 현재의 자신이 불만족스럽기 때문이다. 그래서 우리는 원하는 뭔가가 되려고 투쟁한다. 하지만 성공과 성취는 잠깐의 만족감을 주지만 행복감은 주지 못한다. 작은 성공은 더 큰 성공을 향해서 자신을 채찍질하고 현실을 쉬지 못하게 몰아붙인다. 그는 자신이 진심으로 행복을 원하는지 성공을 원하는지 헷갈려 했다. 힘들 때면 편안함과 행복을 원했다가, 조금 여유가 생기면 인정과 성취에 목말라했다. 그의 내면은 누구보다도 우월감과 자존심으로 똘똘 뭉쳐 있었다. 그런 내면의 모습을 그는 인정하려고 하지 않았으며, 상담 중에 드러난 자신의 마음 구조에 대해 충격을 받는 듯했다.

열등감과 우월감은 같은 선상에 있는 종이의 앞면과 뒷면 같은 것이다. 우월하려는 사람만이 열등감을 가지며, 스스로 열등감을 느끼는 내면무의식에는 우월감이 있다. 그는 나약하고 초라한 자신을 인정할 수 없었기에 더 나은 자신이 되고자 달려왔다. 그는 자신을 이해하고 받아들이려는 것이 아니라 원하는 모습의 가면을 쓰고 싶었는지도 모른다. 그의 어색함과 불편함은 스스로를 포장하고 숨기려는 마음이 만든 거짓을 들키고 싶지 않은 불안과 두려움이었다. 그의 눈에서 고뇌의 눈물이 소리 없이 흘렀다. 그토록 그를 힘들게 하고 달려가게 만들었던 내면의 진실들을 이제는 회피하지 않고 받아들이려 했다.

## 상담 후 나에 대한 관찰

상담 중에 원장님께서 나의 외로움은 진짜 외로움이 아니라 가짜 외로움이라고 하셨을 때 굉장히 서운하고 다소 불편하기까지 한 기분이 들었다. "내가 이토록 외로운데 이게 외롭지 않은 거라니, 원장님께도 이해받지 못하는구나."라는 생각이 들면서 기력이 빠져 잠시 아무 말도 하고 싶지 않았다. 그리고 "인정받으려는 욕심이 많다."고 했을 땐 억울했다. 나라는 존재가 부정되고 있는 듯했다.

집으로 돌아오는 내내 '진짜 외로움'에 대해 많은 생각을 했다. 갑자기, 확언할 수는 없지만 진짜 외로움이 어떤 건지 감이 잡히기 시작했다. 그래도 나의 외로움을 가짜 외로움이라고 너무 쉽게 단정해 버린 건 솔직히 화가 났다. 원장님이 말한 진짜 외로움은 아직 내가 겪어 보지 못한 것이다. 지금 여기서 한 발짝만 더 나아가면 맞닥뜨릴 수 있겠지만 나는 두려워하고 있었던 것이다.

오랜만에 조용하고 평온한 느낌이 들어 좋다. 상담하면서 원장님이 해 주신 말씀을 하나도 흘려듣지 않고 꼼꼼히 새겨들으려 노력했다. 오늘의 상담은 나에게 좋은 자극과 가르침이 되었다. 그동안 간과하고 있던 부분, 잘못된 시각으로 바라봤던 부분들을 짚어 주셔서 여러모로 느낀 점이 많았다. 내가 얼마나 마음이 좁고 욕심이 많고 시기심이 많았는지 받아들이려고 했을 때는 가슴이 찢어지는 듯이 아팠다. 마음을 내려놓는 것…… '더 나은 나'가 되려는 욕심과 집착을 내려놓기만 하면 행복해질 수 있는데…… 이 단순한 진실이 왜 이렇게도 실천하기 어려울까…….

혼자 명상을 하는데 어떤 심상이 떠올랐다. 나의 목과 위장을 효자손과 같은 비슷한 주걱으로 검은 때와 찌꺼기를 싹싹 긁어내고 있는 모습이다. 시원하기도 하면서 속에 더 큰 상처가 나지 않을까 염려도 된다. 싹싹 긁어내는 때와 함께 상처들이 하나씩 떠오르기 시작한다. 왕따, 무시, 비교, 자만과 교만, 열등감…… 내 안의 상처의 경험들을 싹싹 긁어낸다.

어색함과 긴장, 손 떨림이 싫었다. 하지만 이제는 피하지 않고 바꾸려 하지 않고 느껴 보려 한다. 그동안의 나에겐 아픔이 있고 문제가 있었지만 이제 다른 사람과의 관계보다는 나와의 진실한 관계를 만들고 싶다. 나를 이해하고 받아들이려 한다. 따분하고 짜증이 나도 TV를 보거나 컴퓨터로 도망가지 않고 내 감정과 함께 하려 한다. 전에는 아무것도 하지 않으면 불안하고 부모님 눈치를 봤는데, 이제는 생각들을 빼고 그냥 그때그때 일어나는 감정과 느낌들을 살펴본다. 이제 생각은 생각일 뿐 사실이 아니라는 것을 이해할 것 같다. 나는 그동안 피해의식 때문에 혼자서 공상하고 불안해하고 불편해하며 어색해했다. 내가 일으키는 모든 생각 자체가 일어나지 않을 걱정이고 불안임을 보았다. 조금씩 조금씩 나를 표현해 본다.

아직은 길거리를 걸을 때 사람들이 많이 신경 쓰인다. 날 우습게 보진 않을까, 약하게 보진 않을까, 나한테 괜히 뭐라고 하지 않을까, 하고 경계를 하지만 이것이 실제의 사실이 아니라 생각임을 조금씩 알아 간다. 나는 왕따와 괴롭힘을 당한 이후 대인관계가 중요하다고 생각했다. 그래서 잘 하려고 내 감정들과 욕구를 숨겼다. 나의 외로움은 가면 뒤의 공허감이었고 내가 없는 텅 빈 껍데기의 모습이었다. 나는 그동안 내 마음의 문을 꽉 닫고 있었다. 그래서 외로웠고, 친해질 수 없었고, 관계의 주변만을 배회했다. 마음의 문을 여는 것은 이제 내 감정, 내 느낌, 내 생각을 진솔하게 드러내는 것이다. 그래서 이제 나는 내 것을 느끼고 표현하려 한다.

## 상담 후 치유에 대한 관점의 전환

상담을 받으면서 나는 치유와 변화에 대해 내가 지닌 뿌리 깊은 고정관념들을 보았다. 그동안 나는 치유를 어색하고, 불안하고, 다른 사람을 똑바로 바라보지 못하는 나의 행동과 태도를 바꾸어, 당당하고 자신감 있게 표현할 수 있게 되었을 때 비로소 내가 치유되고 변화된 것이라고 생각했다. 그래서 나는 인위적이고 외적인 행동의 변화에 초점을 두면서 드러난 증상을 고치고 바꾸는 방법과 해결책을 위주로 노력했다. 하지만 이런 나의 노력들은 헛바퀴가 돌아가듯이 실전에 들어서면 금방 증상이 재발되는 상황을 맞으면서 깊은 좌절감을 느꼈다.

그동안 나는 행동의 내면에 깔린 내 안의 두려움은 그대로 둔 채 외적인 변화에만 치중하여 노력했다. 하지만 이런 나의 노력은 내 행동에 대한 의식적인 감시를 중단하거나 놓게 되면 억압되었던 두려움들이 다시금 올라오게 했다. 이런 패턴들이 반복되면서 대인공포증에 대한 나의 두려움은 더욱 가중되고 악순환은 반복되었다. 그러면 나는 "아! 내가 노력이 부족해서, 내 방법이 잘못되어서, 내가 못나서 다시 재발했구나." 하고 자기부정과 자기비난에 빠지는 경우가 많았다.

대인공포의 문제에 대한 나의 오해는 다른 사람들은 뭔가 특별한 방법을 가지고 있거나 나보다 의지력이 뛰어나거나 더 많은 노력을 했을 거라 생각했던 것이었다. 이에 반해 내가 힘든 것은 나의 노력이나 의지력이 부족하거나 방법을 잘못 선택했기 때문이라고 판단했다. 그래서 증상 자체에 더욱 집착하여 문제를 해결하려는 시도로 새로운 방법과 해결책을 찾는 실수를 반복하며, 내적 갈등과 혼란을 키웠다.

하지만 상담을 받으면서 어색함과 시선의 불안함에 대해 회피하거나 억압하기보다 감정을 직접 허용하면서, 나는 삶에서 일어나는 모든 반응과 느낌들은 좋고 나쁨이 아니라 그냥 그 자체로 온전하고 괜찮음을 이해하게 되었다. 이런 관점의 전환은 두려움에 대한 저항감을 허용하게 하여 대인공포의 증상에 크게 신경 쓰지 않는 지점까지 오게 했다. 관점이 전환되자 내 안에 억압된 두려움이 감압(압력의 감소)되면서 조금씩, 저절로, 쉽게, 나도 모르게 습관이 변화되어 갔다. 그래서 보통 치유가 된 분들은 공통적으로 이 지점에서 "증상에 대한 집착이 줄어들었다. 증상이 있어도 살 만하다."라고 표현한 것 같다.

지난날 문제(대인공포증)에 저항하고 문제를 바꾸려는 시도와 노력은 내 안의 불안과 어색함을 부정하고 받아들이지 못하게 했다. 하지만 문제(대인공포증)를 바라보던 인식의 변화와 관점의 전환은 이분법적인 사고를 입체적으로 전환하여 실제적인 변화를 일으켰다. 두려움을 경험하고 불안을 허용하면서, 두려움에 대한 저항감이 감압되면서 대인공포가 있든 없든 둘 모두의 상황을 긍정적으로 바라보게 되었다. 불안해도 괜찮고 어색해도 괜찮으며, 당당해도 괜찮고 자신감을 가져도 괜찮다. 이런 관점의 전환은 증상에 대한 집착을 많이 줄어들게 했다.

내 안에 억압된 불안이나 두려움의 양은 무한하지 않았다. 지난날 내가 오랫동안 제자리걸음을 할 때 나는 내 안의 부정적인 감정이 무한하고 끝이 없을 거라고 생각했었다. 하지만 지금 돌이켜보면 나는 그때 정직하게 내가 지닌 불안과 두려움에 직면할 용기가 없었다. 그래서 끊임없이 저항하는 마음이 두려움을 계속적이고 무한한 것으로 착각하게 만들었다. 하지만 두려움은 무한한 게 아니었다. 단지 계속 저항함으로써 경험되지 못한 두려움이 마음에 계속 남아 있었을 뿐이었다.

삶에는 각자가 경험하고 책임져야 할 두려움의 몫이 있는 것 같다. 처음에는 힘들지만, 불안과 두려움 자체와 함께 하려는 사랑과 용기, 정직함이 있다면 누구나 치유될 수 있다고 나는 확신한다. 나에게 있는 두려움의 감정과 연결되고 감정을 경험하고 나니 다른 사람과도 자연스럽게 감정적으로 연결되는 것을 느꼈다. 그렇다고 내가 모든 사람과 지금 현재 잘 웃고 잘 어울린다는 의미는 아니다. 단지 내가 가진 두려움을 조금씩 이해하게 되면서 다른 사람이 가진 두려움과 아픔을 이해할 수 있게 되었다는 것이다.

나의 이런 경험은 신기하기도 하고 기적 같기도 해서 논리적으로는 설명을 못하겠지만, 증상과 치유에 대한 지난날의 고정관념을 전혀 다른 새로운 관점에서 이해하게 되었다. 치유란 결국은 행위의 노력도 필요하지만 그보다는 내 안의 존재 자체를 얼마나 있는 그대로 받아들이고, 내 안에 일어나는 모든 감정 자체를 회피하지 않고 수용하느냐의 문제임을 나는 상담을 통해 직접적으로 경험했다. 그리고 이런 감압에 걸리는 시간과 양은 개인마다 다르고 일치하지는 않을 것이다. 하지만 각 증상마다 다르겠지만 행위를 통해 바꾸는 노력이 아닌 감정 자체의 자연스러운 수용과 허용을 통해 감압을 허용하면 치유는 좀 더 자연스레 일어날 것이라고 나는 확신한다.

## 대인관계의 자유

삶이란 관계이다. 우리의 삶은 다른 사람과의 관계와 사물들과의 관계, 그리고 자신이 가진 관념이나 신념과의 관계라 할 수 있다. 관계에 대한 이해는 삶에 대한 유연함과 상황에 신속히 반응하는 적응력을 가져다준다. 우리의 삶은 관계 속에 존재하며, 관계는 자신을 이해하고 인식하게 하는 살아 있는 거울이기도 하다. 하지만 때로 우리는 관계의 거울을 뒤틀리게 하여 거울 속에 비친 실제를 보는 것이 아니라 스스로 보고 싶은 것만을 보거나, 자신을 합리화해서 현실의 고통으로부터 도피하는 수단으로 이용하기도 한다.

결국 대인관계란 다른 사람과 '나' 사이의 도전과 반응이다. 우리는 혼자서 고립되어 살 수는 없다. 대인관계의 기본은 서로에 대한 친밀감과 공감을 필요로 한다. 두 사람 사이의 참된 관계는 서로에 대한 올바른 만남에서 일어난다. 두 사람이 서로를 이해하며 만나게 되면 관계는 아무 문제가 없지만, 몸은 만나도 두 마음이 서로 만나지 못하면 관계는 오해로 인해 소외와 불신을 쌓게 한다.

우리는 관계 안에서 타인에 대해 얘기하지만 실제로는 그들에 대해 아무 관심이 없는지도 모른다. 관계 안에서 우리는 서로 마음을 열고 진심을 나누기보다는 스스로 상처받지 않으려고 보이지 않는 벽을 쌓아 고립되고 있다. 그래서 대인관계에서 안정과 실리가 없다고 느낄 때면 우리는 내면에 심리적, 관념적인 기준의 벽을 쌓아 벽의 배후에서 안전을 추구한다. 하지만 이렇게 관계 속에서 자신을 지키고 보호하려 할수록 벽은 더욱 두텁고 높게 쌓여 우리의 내면은 더욱 소외되고 고립된다.

관계가 불편하고 사람들이 싫다고 하여 어느 외진 곳이나 사회를 떠나 홀로 있다 해도 힘든 것은 별로 바뀌지 않는다. 왜냐하면 관계란 원래가 외부에 있는 것이 아니라 자기 마음의 내부에 있기 때문이다. 관계는 자신을 보는 거울이다. 관계는 내 안에 간직된 무의식적 패턴과 욕망, 감정이나 생각, 요구와 기준의 벽을 밖으로 드러나게 한다. 우리는 스스로 자신이 가진 감정이나 욕구, 신념화된 관념과 이미지의 관계를 잘 이해하지 못한 채 타인과의 관계에만 신경을 쓰다 보니 정작 관계에서 불편을 일으키는 실체가 무엇인지 모르는 경우가 많다. 관계를 통해서 자신을 잘 이해하게 될 때, 관계는 고립이 아니라 행복을 창조하는 살아 있는 장이 된다.

관계에서의 자유는 '대인관계로부터의 자유'와 '대인관계 속에서의 자유'로 나눌 수 있다. 먼저 우리는 대인관계로부터 자유로워져야 한다. '대인관계로부터의 자유'는 네 것과 내 것을 분명히 구별하고 서로 간에 경계선을 지키는 마음이다. 이는 자신과의 관계를 먼저 세우는 마음에서 시작된다. 관계의 어려움과 혼란은 대부분 자기 것에 대한 무지에서 오는 경우가 많다. 우리가 관계를 원하는 밑바탕에는 대부분 자기의 만족을 채우려는 욕구가 있다. 그러기에 우리는 관계를 맺을 때 내 안에 어떤 욕구와 기대가 있는지 이해할 필요가 있다. 왜냐하면 내 안에 욕구와 기대가 있을 때 상대에게 준 만큼 호의가 돌아오지 않거나 상대가 내 뜻대로 따라주지 않으면 실망하고 화가 나기 때문이다. 이때 일으키는 실망과 분노는 상대가 준 것이 아니라, 내가 가졌던 기대와 욕구의 반작용이다. 대인관계에서 느끼는 대부분의 섭섭함이나 실망, 분노는 사실은 상대방의 행동 때문이 아니라 내가 가진 욕구와 기대 때문에 일어남을 알아야 한다.

관계에서 자유롭고 편안하려면, 관계로부터 떨어져 내가 가진 것들(욕구, 감정, 상처, 신념, 믿음, 이미지, 경험 등등)과의 관계를 먼저 이해해야 한다. 자신이 원하는 것이 무엇인지도 모른 채 남들에게 맞추거나 상대가 내 기대를 채워 주기를 바랄 때 우리는 상처받기 쉽다. 대인관계의 자유는 서로 얽혀 있는 관계에서 떨어져, 네 것은 네가 책임을 지고 내 것은 내가 책임을 진다는 마음에서 시작해야 한다. 우리 사회는 그동안 공동체나 가족과의 관계에 너무나 깊게 얽혀서, 진실한 자신의 욕구나 감정을 무시하거나 인정받지 못해서 갑갑하고 힘들 때가 많았다. 대인관계는 나를 위해 있는 것이지, 내가 관계를 위해 존재하는 것은 아니다. 대인관계로부터 자유로워지려면 먼저 자신과의 관계에서 자유로워져야만 한다. 우리 안의 기대와 욕구를 이해하고 그로부터 자유로울 때, 대인관계에서 진정으로 자유로워질 수 있기 때문이다.

대인관계로부터의 자유는 홀로 됨을 두려워하지 않는 마음이 주는 선물이다. 하지만 우리는 외로움을 싫어한다. 우리는 버림받는 것을 두려워한다. 그래서 자기의 감정을 숨기고 관계를 위해서 스스로를 배신한다. 우리는 마치 자신을 버리고 타인을 위해서 사는 것처럼 행동한다. 신이 우리에게 외로움이라는 감정을 준 것은 소외됨을 두려워하여 남들에게 맞추라는 것이 아니라,

외롭게 홀로 존재하며 자기 내면의 진실과 만나라는 의미일 것이다. 그래서 많은 예술가와 내면의 진실을 찾고 만나려는 사람들은 일부러 외로움의 길을 걷는다. 외로울 때 우리는 자신이 된다.

'대인관계 속에서의 자유'는 자기 안의 욕구와 기대를 잘 이해하고 자신과의 관계 속에서 자신의 것이 무엇인지 알 수 있을 때 비로소 추구할 수 있다. 관계에서 서로에 대한 이해의 부족과 신뢰의 결여는 관계 안에서 서로 간에 저항의 벽을 쌓게 한다. 이때 상처받는 것이 두려워 마음을 닫거나 스스로를 기준의 벽 안에 가두게 되면, 우리는 자신을 고립감과 소외감으로 밀어 넣게 된다. 이렇게 현실의 관계를 도피하여 심리적 안정을 가지려는 마음은 스스로에게 약간의 위안은 줄 수 있어도 결국에는 분리감과 소외감을 키울 뿐이다.

대인관계로부터의 자유가 자기 혼자만의 소극적인 자유라면, 대인관계 속에서의 자유는 자신과의 관계를 토대로 관계 속에서 내 것을 나누며 함께 하는 적극적인 자유라고 할 수 있다. 이런 자유는 스스로 현실에서 부딪치고 경험한 데서 나온 타인에 대한 이해와 통찰력, 상대와 진심으로 함께 하고자 하는 마음, 서로가 외롭고 상처받은 인생임을 아는 깊은 안목과 배려 등이 갖추어질 때 터득된다. 이것은 하루아침에 이루어지는 것이 아니라 꾸준한 노력과 자기반성, 순수한 열정이 모였을 때 이룰 수 있는 참된 인간의 길이다.

관계 속에서 우리는 서로 사랑하고 함께 나눌 수 있을 때 진정 행복함을 느낀다. 그러기에 관계 속에서의 자유는 내 안에 잠들어 있는 사랑의 씨앗을 가꾸고 키워 나가는 자아실현의 길이라 할 수 있다. 내 안의 욕구를 억누르지 않고, 상대에게 내 기대를 강요하지 않고, 나만의 자기중심성에 집착하지 않으면서, 상황에 따라 유연하게 움직이는 마음은 모두 관계 속에서의 자유가 주는 선물이다. 모든 관계는 언제나 내 마음의 현재 상태와 내면을 비추는 거울이다. 관계를 나를 이해하고 알아가는 거울로 삼는다면 우리의 영혼은 더 큰 성장과 자유로움으로 나아갈 것이다.

## 해결되지 못한 오랜 습관들

우리는 누구나 살면서 진정 자유롭고 행복하고자 한다. 나 또한 예외가 아니었기에 그동안 명상과 심리 공부를 하면서 내 마음을 이해하고 알기 위해 노력해 왔다. 하지만 나에게 대인관계는 좀처럼 넘을 수 없는 한계와 불편함이 있었는데, 그것은 언제나 나약함을 숨기고 강인함을 드러내고자 하는 마음 때문이었다.
이런 마음은 어릴 때부터 주위로부터 더 많이 인정받고자 애쓰게 만들었으며 관계와 상황에서 더 많은 책임감의 짐을 져야 한다는 무언의 압박감으로 작용했다. 하지만 이런 나의 패턴은, 이성인 여성들과의 관계는 부딪침이나 불편함이 없이 잘 되었지만, 동성인 남성들과의 관계는 좀처럼 가까워지기 힘들고 어렵게 만들었다. 그동안 왜 그럴까 나름 명상을 하며 나의 마음을 분석하고 이해해 보려고 노력했지만 좀처럼 실마리를 찾을 수가 없었다. 하지만 명상보다는 심리에 대해 좀 더 깊이 공부를 하면서 이런 나의 습관들을 이해하게 되었다.

나에게는 무의식에 깊이 각인된 어린 시절 하나의 결심이 있었다. 그것은 아버지로 인한 결심이었다. 아버지는 어릴 적 나에게 너무나 나약하고 무능하며 무책임한 모습으로 보였다. 아버지는 술을 좋아하셔서 현실이 어려울 때는 항상 술로 도피했다. 시간이 지날수록 아버지의 몸과 마음은 점점 폐인이 되어 갔고, 동네 슈퍼에서 술을 마시며 비틀거리는 모습을 볼 때면 나는 마치나의 아버지가 아닌 양 모른 척 지나칠 때가 많았다. 아버지는 집안의 경제력과 책임감 면에서 점점 어머니에게 밀려나면서 젊었을 때와는 달리 어머니에게 잔소리를 듣고 무시당하기 일쑤였다. 그러다 보니 친척들이나 집안의 대소사에서 큰집인 아버지의 권위는 상실되고, 작은삼촌의 영향력이 강해지면서 나 또한 학비나어려운 일이 생기면 작은삼촌에게 부탁을 드리러 찾아가곤 했다. 그때마다 삼촌이나 숙모님은 따뜻하게 맞아 주었으나 나의 마음은 불편하고 창피하고 부끄러웠던 기억이 많았다.

살면서 나는 힘든 상황에 처해 있는 가까운 사람들에게 도움을 줄 때 상대의 마음이 다치지 않도록 많이 조심한다. 도움을 받는 사람들은 대부분 그들만의 피해의식에 빠져 있는 경우가 많기 때문에, 때로는 상대가 준 호의에 대한 고마움보다는 도움을 받을 때 상대로부터 느꼈던 무시나 서운함을 더 많이 간직하는 경우가 많다. 지금도 내 남동생이나 어머니는 과거 힘들 때 도움을 준 삼촌에 대한 고마움보다는 그 당시 받았던 섭섭함을 생각하면서 피해의식과 불만을 얘기할 때가 있다. 이런 마음은 앞에서는 상대의 잘됨을 축하하지만, 내면의 진심은 상대의 잘됨을 시기하고 상대의 아픔이나 어려움을 마치 자기 삶의 승리인 양 좋아하는 마음을 가지게도 한다.

우리 속담에 "물에 빠진 사람 건져 주니까 보따리 내놓으라고 한다."는 말과 "사돈이 땅을 사면 배가 아프다."는 말이 있다. 우리는 자기 내면의 피해의식은 보지 않고 도움을 준 사람에게 보따리를 주지 않는다고 미워하고 원망하며 상대의 잘됨을 시기하곤 한다. 그래서 도움을 주는 사람의 태도는 "내가 이것을 너에게 주었다."는 마음과 "내가 너보다는 우위에 있다."는 마음이 없이 오른손이 한 일을 왼손이 모르게 하라고 했는지도 모른다. 도움을 줄 때는 원래 내 것이 아닌 것을 맡고 있다가 주인에게 돌려주듯이 하면 좋지만, 도움을 주는 사람 또한 그때의 상황과 여건이 편하지 않아서 약간의 짜증이나 불편, 충고나 불만 등을 표현하기도 한다. 하지만 도움을 받는 사람이 상대의 도움이나 상황은 보지 않고 상대의 말과 행동에만 집착한다면 때로는 도움이 서로의 관계를 더 어렵게 만들기도 한다.

어린 시절, 힘이 없어 부탁하고 무시당하는 아버지를 보면서, 나는 커서 어른이 되면 저렇게 살지 않을 것이라고 마음 깊이 결심하곤 했다. 이런 결심은 군대에서 내 부서의 고참들이 무능하고 힘이 없고 우유부단하여 다른 부서의 고참들로부터 우리를 지켜 주지 못해 심부름이나 무시, 기합을 자주 당하면서 더욱 강화되었다. 나는 고참이 되면 누구도 내 부서를 간섭하지 못할 만큼 강한 힘을 가지겠다고 결심했다. 그런 결심으로 누구보다도 책임을 완수하며 군대 말년까지 최선을 다해서 군 복무를 했다.

하지만 이런 성향은 사회에 나오면서 현실에 대한 무거운 책임감과 성취에 대한 몸부림으로 나를 쉴 수 없게 만들었다. 삶은 나에게 언제나 압박감을 주었고 긴장의 끈을 놓을 수 없게 했다. 이런 압박감과 무거운 책임감은 동료들에 대한 분노로 드러났다. 나는 열심히 하는데 동료들이 나에 비해 무책임하거나 열심히 하지 않는다고 느껴질 때면 그들을 편안하게 봐줄 수가 없었다. 누구도 내 인생을 책임질 수 없듯이 나 또한 다른 사람의 삶을 책임질 수 없음에도 불구하고, 나는 내 생각의 오류 속에서 과거의 환상을 붙든 채 책임을 다하지 못하면 무시당할 것이라는 두려움에서 벗어나지 못했다.

그리고 대인관계에서 일어나는 남성들과의 불편은 항상 나에게 화두였다. 그 중에서도 특히 나보다 나이가 많거나 내가 인정하는 사람들은 괜찮았지만, 나보다 나이가 어리면서 나의 기준에 못 미친다고 느끼는 사람들이 건방져 보이는 것은 참을 수가 없었다. 그래서 가급적 그들과 부딪치지 않으려고 거리를 두거나 조심하곤 했다. 이런 성향은 홀로 지낼 때보다는 명상 단체를 만나면서 더욱 확연히 드러났다. 어쩌면 명상 단체는 스승이라는 상징적인 부모와 함께 공부하는 도반이라는 가족 같은 구성원 때문이 아니었을까 한다.

나에게는 남동생이 하나 있는데 함께 자라면서 서열이 무시될 때가 많았던 것 같다. 대학생이었던 나와는 달리 어려운 환경 때문에 동생은 일찍 직업을 가졌다. 그 당시 경제적인 부분을 중시했던 어머님은 동생에게 많은 관심과 애처로움을 가졌다. 출근할 때 옷을 다려 주거나 염려하는 모습을 보면서 나는 동생보다 소외되었다는 느낌을 가졌던 것 같다. 그러다 보니 언젠가부터 동생은 나를 무시하고 자신의 뜻대로 행동한다고 생각하게 되었다. 명상과 심리에 관심을 가지면서 사회생활에 잘 적응하지 못했던 나는 그때는 이런 상황들이 어쩔 수 없는 것이라고 받아들였지만 무의식에서는 상처가 되었음을 보았다.

이런 나의 상처는 사회생활을 하면서 나보다 나이가 어리거나 서열상 뒤진다고 생각하는 사람이 나를 앞지르려 하거나 나를 무시한다고 느껴질 때면 상대를 억압하거나 관계를 아예 단절하려 했다. 나는 과거의 경험이 만든 상처의 기억에서 벗어나지 못하고, 마치 상대가 서열을 무시하는 내 동생으로 생각하고 나의 권위를 방어하고 지키려 했다.

해결되지 못한 상처는 언제나 우리의 마음을 왜곡시키고 삶의 경험을 현재가 아닌 과거의 그때로 돌아가게 만들어 현재의 진실을 보지 못하게 만든다. 이제 나는 나의 경험이 만든 이런 내 안의 무의식적인 패턴을 인식하고 나를 더욱 잘 이해하게 되었다. 그리고 그러한 상황에서 습관적으로 움직이는 내 마음을 보면서, 더 이상 과거에 끌려 다니지 않고 현실을 좀 더 있는 그대로 보려 한다.

# 3

# 자신에 대한 불만족

## 질문과 답변

🌀 20대 중반을 살고 있는 직장여성입니다. 원장님의 책 《나를 꽃피우는 치유심리학》을 읽고 있는데, 도저히 견디기 힘든 문제가 있어서 도움을 받고자 글을 쓰게 되었습니다. 저는 직장을 가지고 나름 열심히 살고 있으며 주변에서는 괜찮은 사람이라고들 말합니다. 괜찮은 사람이라는 의미가 다소 포괄적이긴 하지만요. 전 늘 남들이 보기에 건강한 사고를 가지고 있다고 생각했고, 무엇보다 저 자신에 대해서 잘 안다고 생각했습니다.

하지만 요즘은 아닌 것 같다는 생각이 많이 듭니다. 요즘 자주 제 의지와 다르게 직장에서 사람들과 함께 있으면 쓸데없는 말을 많이 합니다. 그리고 집에서는 엄마에게 말도 안 되는 부분에서 쉽게 흥분을 하고, 저의 고집을 내세우고 화를 내곤 합니다.

너무 나만 생각하는 순간과 너무 다른 사람의 입장을 의식하는 상황들 속에서 저의 불편한 모습을 볼 때면 늘 후회와 한숨만 늘어 갑니다. 이런 저의 마음을 이해하고 극복해 보려고 나름 심리서적도 많이 읽고 신앙생활도 열심히 했지만, 마음은 생각처럼 움직이지 않고 남들의 충고나 시선들이 두렵기만 합니다. 친한 사람들에게도 이런 제 모습이 드러날까 봐 눈치를 많이 봅니다. 저는 항상 저 자신을 믿지 못하고 자격이 없다는 생각을 하며, 만약 나의 행동을 다른 사람들이 알게 되면 모두 날 손가락질하며 떠나거나, 버림받고 무시당할까 봐 불안합니다. 사실 냉정하게 생각하면 그럴 가능성은 거의 없는데도 말입니다.

저는 어릴 때부터 소심하고 내성적이고 말수가 없고 낯가림이 심해서 단체 생활에 잘 적응하지 못했습니다. 중고등학교 때는 늘 짝이나 앞뒤 애들이 다가와서 친해지면 단짝으로 붙어 다녔고, 다가오는 친구가 없거나 단짝과 관계가 틀어지면 큰일 날까 봐 항상 전전긍긍했습니다. 지금 생각해 보면 주위에 아주 무관심하고 자신에게조차 무심하고 수동적이었습니다. 어릴 때부터 무기력하고, 주어진 환경에 그냥 수동적으로 순응하고, 불편하거나 어색하면 피해 버리고, 혼자 있는 걸 즐겼습니다. 그래서 늘 제 인생에 발목을 잡는 건 인간관계, 사회생활, 대인관계였습니다. 아! 그리고 제가 어릴 때부터 교회를 다니면서 이런 신념 같은 걸 가지고 있습니다. "나쁜 짓하면 하나님이 벌을 내리신다. 잘못하면 벌을 받아야 한다." 이런 믿음 때문에 늘 불안하고 그랬어요. 그래서 항상 먼저 미안하다고 했고, 어쨌든 많이 두려워하면서 하나님께 벌을 받을까 봐 조심했어요. 지금까지도 수동적이고 무기력하며, 불편하고 두려운 상황들을 피해 다니는 습관을 버리지 못하고 있습니다. 이렇게 한 번씩 나의 과거를 돌아보면 자신이 싫어집니다. 정말 저의 인생이 실패했다는 생각이 듭니다. 그냥 다른 사람으로 살고 싶단 생각도 들고, 저 자신을 버리고 싶단 생각도 들고, 다시 태어나고 싶단 생각도 듭니다. 누가 이런 제 모습을, 나의 실체를 알까 봐, 들킬까 봐 항상 조마조마했습니다. 사람을 어떻게 대하고 어떻게 정을 주고 어떻게 깊은 인연을 이어갈지 백지 상태입니다. 지금은 가족도 그렇지만 외부적으로 다섯 손가락에 꼽히는 사람들하고만 너무 표면적이고 형식적으로 관계를 하고 있습니다. 감정과 생각도 굳어서 지금도 멍하니 꿈속 같기도 하고, 현실에서 숨 쉬고 느끼고 살고 있다는 생각이 잘 안 듭니다. 하루 동안도 몇 번씩 너무 불안하고, 초조하고, 멍하니, 무덤덤, 무감각, 무자극을 몇 번씩이고 반복합니다. 제 존재감과 가치감을 느끼지 못하겠습니다.

쓰다 보니 말이 자꾸 길어지네요. 저에게 제일 큰 문제는 자신감을 회복하고 삶에 의욕을 가졌으면 하는 것입니다. 초등학교 4학년 때 제가 원래 성격이 많이 소극적이어서 친구들에게 괴롭힘을 많이 당했습니다. 아직 그 상처를 털어 내지는 못했지만 그럭저럭 잊고 지내고 있습니다. 그때는 힘들고 죽고 싶었는데 나중에 "왜 나한테만 이런 일이 생기지?" 하면서 억울하다고 울었던 기억도 납니다. 지금은 감정을 숨기는 건지 별 느낌이 떠오르지 않네요. 어쨌든 제가 힘들고 상처받은 걸 엄마 탓으로 돌려 버려서, 고등학교 들어와서부터 엄마가 너무 미워지고 싫어졌습니다. 제가 원했던 엄마는 저에게 관심이 많고 화도 안 내고 이해심도 많은 엄마인데, 우리 엄마가 저에게 보여 준 모습은 그 반대라 지금도 엄마에게는 별 감정이 안 듭니다.

책에서는 맨날 "자신을 사랑하라. 자신을 믿어라."고 하지만 저는 자신을 어떻게 사랑하는지도 모르겠고, 저 자신의 무엇을 믿어야 하는지도 모르겠습니다. 지금 상태는 아무것도 하고 싶지가 않고, 할 수도 없고, 살아갈 엄두도 안 나고, 다른 사람들도 전혀 만나고 싶지가 않습니다. 제 문제를 어떻게 극복해야 하나요? 심리 상담을 통해 자신감을 회복하고 삶의 의욕을 새롭게 가질 수 있을까요? _나리

먼저 저의 책을 읽어 주셔서 감사합니다. 그리고 님의 힘든 마음을 해결해 보고자 이렇게 님의 상황과 현재의 마음을 상세하게 표현해 주셔서 감사합니다. 자신감과 삶의 의욕은 지금 현재의 자신을 수용하고 받아들이는 마음에서 시작할 수 있습니다. 님은 어쩌면 어릴 적부터 진심으로 님의 편이 되어 주거나 님의 마음을 이해해 주는 사람이 없었기에 외로움과 불안 속에서 님의 욕구를 표현하지 못하고 감정을 숨기면서 살아왔는지도 모릅니다.

"어릴 때부터 소심하고 내성적이며 말수가 없고 낯가림이 많아 단체 생활에 잘 적응하지 못했다."고 님은 자신을 판단하고 평가합니다. 하지만 님이 그렇게 될 수밖에 없었던 것은 님의 옆에 따뜻한 지지와 관심과 사랑이 없었기 때문이지, 님의 성격에 원래 문제가 있었던 것은 아닙니다. 어쩌면 어린 시절 님은 방치되어 자신의 감정과 욕구를 어떻게 표현하고 교류해야 할지 배우지

못했을 수도 있습니다. 이제 님은 성인이 되었지만 내면은 아직도 어찌해야 할지 모르는 어린아이의 마음 그대로 방치되어 있는지도 모릅니다. 우리는 자신을 다른 것으로 바꿀 수는 없습니다. 왜냐하면 우리 자신은 바꾸어야 할 존재가 아니라 이해하고 사랑해야 할 존재이기 때문입니다. 자신을 바꾸려는 강한 의지와 강박관념은 삶에 갈등과 긴장을 만들며, 고통을 키울 뿐입니다. 나를 바꾸고자 하는 의지와 노력은 '현재의 나'를 받아들이고 이해하는 것이 아니라 지금의 나 자신이 불만족이고 싫어서 '다른 나'가 되고자 하는 마음입니다. 나는 현재 '이것'인데 '저것'이 되기를 바라고, 또다시 '저것'이 되고 나면 또 다른 '저것'이 되려고 하는 끝없는 갈등 속에는 편안함도 행복도 없습니다. 자신감이란 자신의 것이 진정 무엇인지 알고, 스스로 남이 되려 하지 않고, 있는 그대로의 자신을 받아들이는 마음이며, 자신에 대한 신뢰입니다. 하지만 자신감의 결여는 자신보다는 외부에 비치는 이미지를 중시하고, 내면의 부정적인 마음들을 받아들이지 못하고 숨기려는 마음입니다. 삶의 의욕 또한 억지로 만들어지는 것이 아니라 현재의 자신을 받아들이고 스스로를 있는 그대로 드러낼 수 있을 때 자연스럽게 생기는 마음입니다. 하지만 님이 느끼는 의욕 상실은 스스로의 감정과 욕구를 억압하고 자신을 부정하는 모습이 아닌가 합니다.

님은 어쩌면 환상의 생각에 빠져서, 현재의 진실한 감정은 보지 않은 채 과장된 기분에 집착하여 지나치게 민감하게 반응하지는 않는지요? 그래서 작은 일이나 별 것 아닌 상황에도 부정적으로 생각을 키우고 있는 것은 아닌지요? 성경과 수많은 경전에 나오는 죄는 오직 한 가지밖에 없습니다. 그것은 "무지가 죄"라는 것입니다. 님은 어쩌면 스스로 무지에 빠져서, 현재의 진실을 보지 못하고, 생각이 만든 불안과 두려움의 상상을 마치 실제인 양 붙들고 자신을 부정적으로 보고 있지는 않은지요? 님의 죄책감과 죄의식은 어쩌면 내면의 상처받은 마음이 만든 자기합리화인지도 모릅니다. 신은 오직 사랑이기 때문에 어떤 죄도 벌도 없습니다. 죄와 벌은 오직 인간의 생각과 기준과 관념이 만든 어리석음일 뿐입니다.

님의 생각과 기준이 만든 무지에서 벗어나지 못한다면, 아무리 다른 사람들이 님에게 괜찮다고 하고 별것 아니라고 하더라도 님은 자기부정의 최면에서 벗어나기 힘들 것입니다. 어쩌면 님의 무의식에는 오랜 세월 부정하고 보지 않으려 했던 버림받음에 대한 두려움을 간직하고 있는지도 모릅니다. 이런 두려움이 님의 진실한 감정과 욕구를 숨기고, 남에게 보여 주는 이미지의 가면을 붙들게 했는지도 모릅니다. 현재의 고통은 어쩌면 과거에 만든 이미지의 가면이 점점 힘을 잃어 가면서 느끼는 정체성의 혼란인지도 모릅니다.

님의 인생은 님의 것이기에 현재를 스스로 책임지는 마음으로 삶을 선택하시면 됩니다. 인생에는 어떤 선택도 괜찮습니다. 삶에 실패란 없습니다. 단지 경험만이 있을 뿐이지요. 성공한 많은 사람들은 실패를 경험하고 새롭게 도전을 선택한 사람들입니다. 실패를 두려워한 사람들은 대부분 안주해 버리거나, 도전하지 못하고 좌절해서 회피의 인생을 살게 됩니다. 올바른 선택이란 없습니다. 모두가 다 올바른 선택입니다. 단지 경험해 보고, 아니면 다시 선택하면 됩니다.

실패는 어떤 장벽도 아닙니다. 스스로 실패를 인정하지 못하고 성공한 자신만을 받아들이려는 태도가 가장 큰 실패이자 마음의 장벽입니다. 자신을 부정하고 미워하고 싫어한다면 어떻게 자신 안에서 새로운 자신감이 솟아나겠습니까? 아무도 님을 힘들게 하지 않습니다. 스스로를 받아들이지 못하는 태도와 자신을 숨기려는 마음이 님을 힘들게 하는 것은 아닌지요? 자신에게 조금만 더 따뜻하게 대해 줄 수는 없는지요? 스스로 변화하려고 마음을 먹고 문을 두드리는 사람에게 문은 반드시 열립니다. 스스로 새로운 선택을 한다면 새로운 변화를 만나게 될 것입니다. 상담은 님을 바르게 이해하는 새로운 기회의 장이 될 것입니다. 감사합니다.

## 상담 1

큰 눈에 긴 생머리를 늘어뜨린 그녀는 센터에 들어서면서 불안과 경계의 눈으로 주위를 두리번거렸다. 자리에 앉아 몇 가지 심리 검사를 한 후 바로 상담이 진행되었다. 그녀는 올해 28살로 회계 사무실에 근무한다고 했다. 그녀는 자신이 느끼던 평소의 부정적인 느낌과 문제들을 종이에 한 페이지나 적어 와서 차례로 얘기했다.

**나는 나를 이렇게 생각한다**

①항상 남의 눈치를 보고 상대방이 나 때문에 기분이 나쁘면

어쩌나 전전긍긍한다.

②상대를 만나면 내 감정은 뒷전이고 상대를 먼저 배려한다.

③다른 사람이 나를 어떻게 볼까, 어떻게 생각할까, 그것에 기준을 둔다.

④누군가 나를 믿지 못하거나 비난하거나 나무라면 견딜 수가 없다.

⑤항상 완벽하려 하고, 완벽하지 못하면 내 인생은 실패라고 생각한다.

⑥감정의 기복이 심하고, 충동적이며 변덕스럽다.

⑦걱정이 많고 미래가 두렵고 부정적이다.

⑧결정을 잘 못 내린다. 후회를 자주 한다.

⑨생각이 너무 많다. 항상 잡생각이 가득하다.

⑩끈기와 인내가 부족하고 의욕이 없다.

⑪질투심이 많고, 외모에 자신이 없다.


그녀는 2달 전에 회계 업무를 보면서 일에 실수한 적이 있었다. 큰 실수가 아니어서 상사가 우스갯소리로 일을 그렇게 하면 나중에 힘들 수도 있으니 원래 가르쳐 준 대로 하라고 했다. 하지만 그 순간 그녀는 너무나 부끄러웠고 충격을 받았으며, 갑자기 그녀가 하고 있는 모든 일에 대해 제대로 하고 있는지 의심이 들기 시작했다. 그리고는 상사에게 그동안의 모든 신뢰감을 잃게 된 것은 아닌지 걱정하기 시작했다. 다른 상사가 괜찮다며 별일 아니라고 말해 주었지만, 그녀는 이제 모두가 그녀를 비웃을 것이고 그녀에 대한 모든 신뢰감이 떨어졌다고, 생각에 생각을 반복하면서 불면으로 머리가 아프다고 했다. 그녀는 이런 생각이 없어져서 새롭게 일에 대한 자신감과 의욕을 가졌으면 좋겠다고 했다.

그녀는 살면서 엄마 외에는 누구와도 싸우거나 화를 내 본 적이 없었다. 심하게 화를 내는 것이 약간 삐치는 정도였다. 그녀의 내면에는 분노가 가득했지만 그녀에게 화는 절대 표출해서는 안 되는 금기였다. 화를 내거나 감정을 드러내면 서로 관계가 불편해지고 그러면 상대가 떠날지도 모른다는 두려움 때문에 감정을 억압해야만 했다. 그녀의 내면에 억압된 분노는 외부로 표현되지 못하고 그녀를 공격하면서 의욕 상실로 드러났다. 그녀는 모든 일에 자신의 편이 아니라, 남에게 맞추는 남의 편이었다. 그녀의 이런 삶에 대한 태도는 자신감의 결여로 드러났다.

그녀는 종속의 블랙독(《나를 꽃피우는 치유심리학》 참조)에 빠져 있었다. 관계에 들어서면 자신의 감정과 욕구는 무시하고 다른 사람들의 욕구를 우선시했다. 그녀의 내면에는 무의식적으로 "1. 나에겐 뭔가 틀림없이 잘못된 게 있어. 2. 남들을 기분 나쁘게 하면 안 돼. 3. 나는 제대로 대처할 수 없어."라는 프로그램의 파일이 깔려 있는 것 같았다. 그녀는 자신을 표현하거나 드러낼 수 없는 암시와 최면에 빠져서 상대의 어떤 부당한 요구에도 "노(No)."라고 대답하기가 어려웠다. 자유가 박탈된 그녀의 삶은 언제나 통제당하는 압박감과 두려움에 속박되어 있었다.

그녀는 화가 나면 일을 지연시키거나 일부러 마무리를 포기하거나 뒤에서 혼자 험담을 하며 수동적으로 분노를 표현했지만, 속에서는 언제나 죄책감으로 위축되곤 했다. 분노는 우리를 가장 우리답게 보호하고 지켜 주는 소중한 감정이다. 하지만 우리가 외부로 향해야 할 분노의 감정을 통제하고 억압하게 되면, 분노는 결국 자신의 내면을 향하게 된다. 자기를 향한 분노는 결국 우리를 우울과 의욕 상실에 빠지게 한다.

그녀에게 화의 의미를 설명했다.

원장  만약 외국이 우리나라로 쳐들어온다면 그대는 어떻게 할까요?

그녀  싸우고 막아야지요.

원장  무엇으로 적에 맞서 싸워야 할까요?

그녀  무기를 들고 싸워야겠지요.

원장  만약 우리가 싸우지 않고 도망친다면 우리는 어떻게 될까요?

그녀  적에게 나라를 빼앗기고 노예가 되겠지요.

원장  그럼 남들이 나를 침범하고 공격하면 어떻게 해야 하나요?

그녀  싸워야지요.

원장  그러면 우리가 상대의 공격에 맞서 싸우는 무기는 무엇일까요?

그녀  ……

원장  나를 지키고 보호하라고 주신 신의 선물이 있습니다. 무엇일까요?

그녀  화내고 분노하는 건가요?

원장  그렇습니다. 그대는 왜 신이 주신 선물로 자신을 지키고 방어하지 않나요?

그녀  ……

원장 그대를 보호하고 지키기 위한 무기인 화를 왜 사용하지 않나요?

그녀 화가 그런 건지 몰랐습니다. 화를 내는 것은 나쁜 거라고만 생각했어요.


## 상담 후 느낌

모든 것이 뒤엉켜 머릿속이 너무 복잡했다. 상담을 받고 난 후에 지난날의 내 삶이 주마등처럼 스쳐 지나갔다. 머릿속에 작은 깨달음이 일어나며 복잡한 무엇인가가 한곳으로 정리되는 느낌이 들었다.

원장님은 상담 중에 내 문제와 고통을 들으면서 나에게 이렇게 물었다. "나리님은 불쌍하고 외로운 그 아이를 왜 그렇게 싫어하고 미워하세요?"

"나리님은 자신을 저기 차갑고 어두운 곳에 버려두고 껍데기만 남은 인생을 살고 있습니다."

태어나서 처음으로 정답을 듣는 순간이었다. 눈물이 주체할 수 없을 정도로 흘러내렸다. 지금 내가 왜 이렇게 힘든지…… 왜 이렇게 살 수밖에 없었는지…… 뭔지 모르겠지만 가슴속을 오랫동안 무겁게 눌러 온 답답한 돌덩이가 쑤욱 내려가는 느낌이 들었다. 그동안 나는 한 번도 행복이라는 느낌을 가져 보지 못했던 것 같다. 겉으론 웃고 즐겁다고 말했지만 항상 마음 한구석엔 왠지 모를 외로움과 우울함이 있었다.

어릴 적 아빠는 양복점을 했다. 하지만 기성복이 나오면서 아빠의 사업은 망하게 되었다. 원래 집안일에 관심이 없던 아빠는 매일 술을 마시고 돈 문제로 엄마와 싸우곤 했다. 엄마는 일찍부터 동네에서 미용실을 열어 생계를 도왔다. 엄마는 가정적이고 일을 열심히 했지만 외부적으로 신경을 많이 써서 그런지 집에 오면 늘 피곤하다며 TV만 보고 내 얘기를 거의 들어 주지 않았다. 엄마는 4살 위인 오빠만 챙겨 주고 나를 별로 좋아하지 않았다. 아빠는 엄마가 벌어오는 돈 때문에 자존심이 상했는지 말도 안 되는 일로 엄마를 닦달하며 폭언을 했다. 아빠는 매우 이기적인 사람이었고, 약간 사이코적인 사고로 말도 안 되는 일을 가지고 엄마와 우리를 괴롭혔다.

학교가 끝나고 집에 돌아오면 항상 텅 빈 집에서 나 혼자 밥을 챙겨 먹었다. 난 친구들이 부러웠다. 동네에서 뛰어놀다 저녁이 되면 엄마가 따뜻한 밥을 해 놓고 함께 밥을 먹으며 얘기 나누는 그런 사랑을 받고 싶었다. 아플 때 나를 걱정하고 간호해 주는 그런 엄마를 느끼고 싶었다. 갑자기 눈물이 난다. 가슴이 터질 것 같다. 너무 서럽다……

네 살 위인 오빠는 엄마가 없는 집에서 언제나 나를 때리고 혼내고 괴롭혔다. 어린 나를 심하게 때리고 복종하게 했고 잠을 자지 못하게 했으며 온갖 심부름을 시켰다. 오빠 때문에 너무 힘들어 도저히 못살겠다고 엄마에게 일렀지만, 엄마는 오빠를 조금 야단만 칠 뿐 그 어떤 조치도 취하지 않았다. 그 후로 오빠는 점점 더 심하게 나를 괴롭혔다. 오빠는 나에게 공포의 대상이었고, 나는 오빠를 죽이는 상상을 많이 했다. 그 후 난 집이 싫어서 가출을 몇 번 했다. 날 지켜 주는 이 하나 없이 난 철저히 혼자였다. 그 오랜 시간 그 끔찍한 시간들이 나에게는 아직도 어제 일처럼 생생하다. 울분이 터져 모든 걸 던져 버리고 싶다.

초등학교, 중학교, 고등학교 때도 난 친구들과 잘 지내면서도 가끔씩 왕따를 당했던 것 같다. 난 친구들을 어떤 식으로 대해야 할지 잘 몰랐다. 나를 표현하지 못했고 친구들을 잃을까 봐 무시 당하거나 놀림을 당해도 참아야만 했다. 나는 기쁨이 무엇인지 모른다. 내 마음과 기분을 어떻게 표현해야 하는지도 잘 모르겠다.


## 상담 2

상담을 진행하면서 그녀는 자신을 사랑하는 것이 어떤 것인지 이제 조금 이해가 된다고 했다. 그녀는 언제나 착한 사람, 좋은 사람이라는 역할에 빠져 살았고, 언제나 자신을 남들과 비교했으며, 스스로를 위해서 살아 본 적이 없다고 했다. 그녀의 인생에 정작 그녀 자신이 없음을 보았다고 했다.

그녀를 이완시키며 내면무의식의 세계로 유도했다. 평소에 숨을 못 쉴 정도로 답답함을 느꼈던 그 느낌 안에 있는 응어리진 감정 안으로 유도해 들어갔다. 최근에 오빠와 전화 통화를 하며 말이 안 통해 소리 질렀던 말다툼의 기억을 떠올렸다. 그녀의 의도와 다르게 오빠가 고집을 내세우고 주장하는 느낌이 들 때면 그녀는 말이 통하지 않는 답답함을 느꼈다. 최근에 느꼈던 답답함의 감정을 조금 정리하고, 과거에 가장 심하게 느꼈던 답답한 감정의 응어리를 찾아들어갔다.

중학교 2학년 때의 사건을 떠올렸다. 그때 오빠는 그녀를 더욱 구속하고 통제하며 자기 맘대로 조종했다. 그 당시 그녀는 오빠의 목소리, 그녀를 부르는 소리, 기침소리, 발자국소리, 현관문 여는 소리 등 오빠의 움직임 하나하나에 두려움을 느꼈다. 어느 날 학교에서 돌아왔을 때 오빠는 맥주를 마시고 있었다. 그리고 그녀를 보는 순간 무차별적으로 폭력을 휘두르기 시작했다. 그녀는 이유도 모른 채 죽을 만큼 두들겨 맞았다. 알고 봤더니 다른 학교에 다니는 그녀의 동네 친구가 전화를 해서 그녀를 찾았던 것이다.

그때 그 친구는 시험 기간이라 일찍 마쳤는데, 그녀의 학교는 시험 기간이 아니어서 당연히 늦게 집에 들어왔다. 그런데 오빠는 그 친구가 다른 학교 친구라는 것을 모른 채 그녀가 시험을 끝내고 놀다가 집에 늦게 들어왔다며 그녀를 때렸던 것이다. 그녀는 너무나 억울했다. 오빠를 용서할 수가 없었다. 죽이고 싶었다. 지금의 모든 무력감과 고통이 오빠 때문인 것 같았다. 지난날의 원망과 억울함이 가슴에서 그대로 느껴졌다. 오빠에게 하고 싶은 말을 해 보라고 했다. 그녀의 솔직한 감정을 대변하고 표현해 보라고 했다.

그녀는 울면서 소리쳤다. "오빠를 죽이고 싶어. 오빠는 내가 오빠 때문에 얼마나 힘들었는지 알아?" 점점 울음이 커지고 욕을 하며 오빠를 향해 소리쳤다. 울고 있는 그녀가 지난날의 감정들을 마음껏 표출하도록 잠시 혼자 내버려두었다. 처음에는 억울함으로, 그리고는 처절한 원망으로, 그리고는 불쌍한 그녀 자신을 향해 울고 소리쳤다. 마지막에는 언제나 오빠 편이었던 엄마를 원망했다.


## 상담 후 느낌

내 안의 슬프고 아팠던 아이를 만났다. 그 불안한 모습과 두려움에 떨고 있는 모습이 안쓰럽고 불쌍해서 견딜 수가 없었다. 외롭고 혼자였던 아이……. 소리치고 울고 나니 가슴 한 켠이 뻥 뚫리고 시원한 느낌이 든다. 인생에 처음으로 느끼는 편안함이고 자유로움이다.

엄마는 나를 챙겨 준 적이 없다. 엄마를 따라 어디에 갔던 기억이 없는 것 같다. 운동회 때도 엄마는 오빠를 챙기고 나를 오빠 반에 데려가서 밥을 먹였다. 엄마는 언제나 나에게 벽이었다. 얼마나 단단하고 견고한지 절대 허물어지지 않을 것 같았다.

난 어릴 때부터 한 번 울음이 터지면 어찌나 심하게 울었던지 소파나 장롱 속에 처박혀 열 시간 이상을 울다가 말다가, 그러다 지치면 나오곤 했다. 나는 얼마 전 심리 상담을 받기 전까지 내가 그랬다는 사실을 잊고 살았다. 누군가가 날 봐 달라고 그랬던 걸까? 나는 누구를 기다렸던 걸까? 지난날 나는 '소파 뒤에서 울고 있던 그 아이'를 몰랐고 관심도 없었다. 원장님은 그것이 내가 지닌 내 영혼의 모습이라고 했다. 충격이었다. 나는 언제쯤 그 아이의 손을 잡아 줄 수 있을까? 이제 겨우 그 아이의 앞에 서 있는 느낌이다. 전에는 모르고 지나갔던, 구석진 곳에 웅크리고 울고 있는 아이를 어떻게 달랠 수 있을까? 천천히 다가가 보려 한다. 그 아이를 어두운 구석에서 데리고 나올 수 있을 거라 믿는다.

며칠 전 상담일지를 쓰고 잠자리에 누웠는데 갑자기 두려움과 공포가 밀려오며 귀신 생각이 났다. 문득 섬뜩하고 겁이 나서 TV를 켤까 하다가, "귀신은 없다, 내 생각이다." 하면서 그냥 내 가슴에 손을 대고 내면의 아이를 불러 보았다. 갑자기 소파 뒤에서 앉아 울고 있던 아이가 나를 무섭게 노려보면서 귀신과 같은 얼굴로 보였다. 날 노려보는 소파 뒤의 아이가 귀신과 같다고 생각하니 너무너무 슬퍼서 그냥 그 아이를 안고 울어 버렸다. 그 아이도 울고, 나도 울고, 계속 울었다. 그 아이도 소리 내서 엉엉 울었다. 같이 껴안고 우는 동안 그날 밤은 정말 편안하게 잠이 들었던 것 같다.

## 상담 3

### 상담 후 느낌

나는 나를 잘 지키지 못했다. 그래서 가슴이 쓰리고 아프다. 무척 속상하다. 자책하는 마음……. 나는 왜 늘 나중에 후회하는 걸까. 나를 지킨다는 건 무척 어려운 것 같다. 체면 차림, 착함, 순한 이미지로 나를 포장하고 나를 지키려고 했다. 나도 때로는 앞뒤 안 가리고 버럭 화도 내고 싶었는데, 그렇게 하면 옆에 있는 사람들이 날 안 좋게 볼까 봐, 날 경솔하다고 생각할까 봐, 나를 유치하게 볼까 봐, 날 못되게 볼까 봐…… 그래서 좀 더 착하고 부드러운 표현으로 돌려서 말해야 했고 좀 더 감정이 실리지 않도록 해야 했다. 이런 생각들과 기준들로 나를 지키려 했지만 나는 언제나 스스로를 지키지 못하고 상처를 받는다.

무서우니까, 두려우니까, 무의식적으로 남을 의식했구나. 그랬구나. 그래서 그런 나를 이해하지 못하는 내가 무척 밉고 화가 났구나. 두려운 상황에서 두려워 말을 하지 못한 나를 용서할 수 없었구나.

그래서 무척 아픈 거구나. 이렇게 씁쓸한 거구나. 그렇구나……

나를 제대로 지켜 내려면 기분 나쁜 그 순간에 곧바로 나를 위해 상대에게 대응해야 해. 그렇지 않으면 어떤 식으로든 자책하게 돼 버리는 거야.

"당신이 그렇게 하니 기분이 나쁘네요. 그만해 주세요." 그 순간에…… 그 순간에 깨어서 말을 해야 해. 깨어 있지 않더라도 반사적으로라도 반드시 말해야 해.

두 번 다시 이런 상처를 나에게 느끼게 하고 싶지 않아.

나는 나를 지키는 사람. 나를 지키는 지킴이가 되어야 해.

내가 정말 그래도 될까?

**나는 내가 가진 진실을 있는 그대로 인정한다**

나는 무척 예민합니다.

나는 무척 소심합니다.

나는 무척 뒤끝이 긴 사람입니다.

나는 겁쟁이입니다. 예, 나는 그렇습니다.

나는 나를 잘 돌보지 못합니다.

나는 그런 일에 무능합니다.

스스로에게 들키면 안 될 것 같은 약점이 많습니다.

안 괜찮은 것을 안 괜찮다고 말할 용기가 없는……

예, 나는 겁쟁이입니다.


　내가 사회적으로 아무것도 아니란 걸 인정한다는 게 너무 부끄럽다. 비겁하고 게으른, 어디든지 기대고 숨고 의지하려는 스스로가 한심하고, 그런 나를 남들에게 들키고 싶지 않다. 그런 나를 비난하고 부끄러워하고 숨기고 싶어 하는 나를 남에게 들키고 싶지 않다. 걸핏하면 남의 눈치를 살피고 나를 무시해 버리는 습관적인 나를 들키고 싶지 않다. 나는 이 모두를 내가 아닌 척하고 싶다. 늘 안 그런 척 애쓰느라 진짜 내 마음을 무시해 버린다.

　사실은 늘 열등감에 초라함을 느끼면서 그렇지 않은 척, 멀쩡한 척하는 게 나의 일상이다. 그 '척'을 버리고 나의 게으름을, 비겁함을, 나약함을, 사회적으로 아무것도 아님을, 스스로 창피함을 인정하고 누군가에게 드러내면 안 될 것 같다. 그렇게 '척'을 해야 겨우 내가 멀쩡해 보일 것 같아서, 내 안의 나약하고 어린 철부지 같은 아무것도 모르는 그 모습을 가려야 할 것 같아서, 숨겨야 할 것 같아서……

　무척 가여움…… 무척 슬픔…… 그리고 뒤따라오는 원망과 화남……

내게 이 감정의 순서는 너무나 오래된 익숙함과 같이 자연스럽다.

## 내 안의 아이를 만나기

상담 중 이완명상 시간에 원장님께서 가슴에 있는 어릴 때 나의 모습을 보라고 했을 때 나는 예전에 보았던 아이의 모습이 떠올랐다. 그 아이는 여전히 그 모습 그대로였다. 어두운 구석진 소파 뒤에 쪼그리고 앉아 고개를 다리 사이에 박고 땅바닥만 바라보고 있었다. 원장님의 유도로 아이의 옆에 서 보았다. 천천히 아이를 바라보았다. 아이가 세상을 바라보는 눈은 너무나 겁먹고 두려움에 떨고 있었다.

그토록 무서워했구나!

겉으로는 아무렇지도 않은 듯, 당당한 척했지만, 손가락질 받을까 봐 아는 사람 마주치면 두려워했던 그때의 어린 나.

원장님께서 손을 잡아 보라고 해서 아이의 손을 잡는 상상을 했다. 아무런 움직임도 힘도 없는 차갑고 약한 손이었다. 아주 마르고 작은 체구에 머리카락을 길게 늘어뜨리고 내 앞에 고개 숙인 아이…… 눈물이 났다.

원장님께서 아이를 안아 보라고 했다. 아이를 안았다. 아무런 반응이 없었다. 아이가 고개를 들어 나를 보았다. 그런데 아무런 표정이 없다. 눈에는 초점이 없고 내가 안은 것을 느끼는지 못 느끼는지조차 알 수 없는 그런 표정이다.

나는 도대체 얼마나 나를 멀리 떠나 있었던 걸까? 나는 도대체 내 안의 아이에게 무슨 짓을 하고 다닌 걸까? 어쩌면 나는 나의 초라한 아이를 만나는 것이 정말 무서웠나 보다. 이런 나를 본다는 것은 나에게 공포였는지도 모른다.

나는 어떤 것도 할 수가 없었다. 그냥 옆에 앉아서 그 아이 곁을 지키는 일 외엔 아무것도 할 수가 없었다. 하지만 영원히 그 아이의 곁을 지킬 수 있을지 자신이 없었다. 겁이 나고 도망가고 싶었다. 늘 남들에게 동정심과 배려를 과하게 베풀면서 상처 받았던 난데…… 정작 나 자신에게는 아무것도 베풀지 못했구나. 아이를 웃게 해 주고 싶었다. 미소를 돌려주고 싶고 그 나이에 맞게 뛰어 놀게 하고 싶다. 하지만 겁이 났다. 아이가 나로 인해 더 이상 감정을 느끼지 못하고 멈춰 버릴까 봐 두렵다. 눈물이 계속 흘렀다. 두렵지만 그래도 아이가 앉아 있는 어두운 소파의 구석 뒤로 다가가 함께 하겠다고 약속했다.

안아 주었다. 서러움이 복받쳐 올라왔다. 왜 그렇게 눈물이 나던지…….

원장님이 정말 내가 원하는 것이 무엇인지 생각해 보라고 했을 때 "나는 사랑받고 싶다."라는 말이 떠올랐다. 다른 것은 떠오르지 않고 오로지 "나는 나로서 있는 그대로 사랑받고 싶다."라는 말만 떠올랐다. 내게 아무것도 요구하지 않는 사랑을 받고 싶다. 그냥 바라만 봐도 웃음이 나오는…… 내게 인상 찌푸리지 않고 꾸짖지 않고 웃어 주는 그런 사랑을 받고 싶다. 나 스스로 나는 참 사랑을 많이 받고 있구나 하고 느껴지는 그런 경험을 가지고 싶다.

## 내 안의 아이가 엄마에게 쓴 편지

엄마, 왜 힘없고 어린 나를 좀 더 따뜻하게 봐주지 않았어?

왜 엄마는 오빠만 좋아하고 나의 편은 되어 주지 않았어?

왜 엄마는 나를 보살펴 주지 않고 버려뒀어?

나는 너무 무섭고 상처받았어.

나는 엄마의 보살핌이 꼭 필요한 어린아이인데…….

엄마는 내 마음보다 뭐가 그렇게 중요한 거야?

나는 이렇게 상처받고 있는데…….

엄마, 나 여기 있는데. 나를 좀 봐 줘.

나랑 눈 좀 맞춰 줘. 사랑한다고 말해 줘.

세상에서 내가 가장 소중하다고, 지켜 주겠다고,

함께 있겠다고 말해 줘.

엄마, 사랑해.

나는 엄마가 필요해.


## 내 안의 아이에게 내가 쓴 편지

무섭구나. 버려진 것 같구나. 울고 있구나……

이제 내가 너와 함께 있어 줄게.

내가 너를 지켜 줄게. 약속해.

미안해. 미안해……

그동안 너를 내버려두어서, 모른 척해서,

외면하고 무시하고 숨기려 하고,

보지 않으려 해서 미안해.

이제야 내가 와서 미안해.

내 심장 이제 너한테 줄게. 너는 나야.

이제 네가 원하는 대로 다 하도록 내가 너의 편이 되어 줄게.

약속해. 너를 사랑해.

그냥 너를 사랑해.

사랑해.


# 상담 후기

나는 어릴 적부터 알 수 없는 짜증과 외로움으로 가득 차 있었다. 남들은 나를 보면 부족한 것 없이 자랐겠다고 말을 하기도 했지만, 그건 단지 나의 겉모습일 뿐이다. 나의 겉모습은 항상 차가웠다. 사람들을 쉽게 사귀지도 못했고, 한 번 사귀어도 경계를 하며 의심의 끈을 놓지 못했다. 나는 항상 혼자라는 생각과, 남을 믿으면 언젠가 배신으로 돌아올 거라는 생각, 언젠가 나를 떠날 것이기에 마음의 준비를 항상 하고 있어야 한다는 생각, 그들에게 마음을 열어 진심으로 대하면 나를 무시하고 우습게 여길 거라 생각하며 살아왔다.

내 감정과 마음을 진심으로 표현해 보지 못했고, 그래서 나는 외롭고 화가 났다. 일어나지도 않은 일을 걱정하고, 다른 사람들이 나를 무시하거나 떠날까 봐 두려웠다. 나는 항상 나에게 문제가 많다고 느끼며 감정 사용법, 심리 치유, 생각을 마음대로 다스리기에 관련된 책들을 많이 읽었다. 하지만 책에선 이론만 있을 뿐 실천 방법이나 구체적인 예시는 나와 있지 않아 과연 책을 따르고 있는 나의 행동이 옳은지 조언해 줄 사람이 없었다.

그러면서 최근에 부모님과 사이가 완전히 틀어져 더욱 힘든 나날들을 보냈다. 정신과 상담을 하려니 약물에만 의존할 것 같아 경계심이 들었고, 인터넷 검색을 하며 원장님과의 인연을 만들었다.

첫 상담을 하면서 얘기를 시작했을 때 내 마음의 힘듦을 편하게 들어 주던 원장님이 기억난다. 항상 "나는 왜 그럴까?" 했던 나의 고민과 염려들이 상담 과정에서 하나씩 이해될 때마다 모든 것이 충격이었다. 내가 항상 느껴 오던 문제의 원인은 남들이 아니었다는 것⋯⋯ 엄마도 오빠도 친구도 아니라는 것⋯⋯ 그건 바로 내가 나를 지키는 선택을 하지 못했기 때문이라는 사실을 알게 되었다. 나는 내 감정을 표현하지 않아 관계를 항상 꼬이게 했다. 나를 믿지 못했기에 남들을 경계했다. 나를 혼자라는 방에 가두고 고립되게 살았음을 알았다.

모든 문제의 원인은 내 마음이었다. 어릴 적 나의 상처를 이해하고, 그런 나를 받아들여야 하며, 내가 나를 잘 돌봐야 함을 알게 되었다. 그 사실을 알게 된 후 많은 생각을 했다. 지금까지 복잡하고, 얽히고설킨, 항상 남 탓만 했던 내가, 과거에 갇혀 현재의 삶에 충실하지 못했던 내가, 하나씩 내 인생을 정리했다.

내가 이런 감정을 가지고 살아서 그런 행동으로 이어져 그 친구들이 그랬구나⋯⋯ 그래서 내가 그랬구나⋯⋯ 친구들뿐만 아니라 나를 옥죄고 있던 부모님…… 과거에서 벗어나지 못했던 내가 용납할 수 없었던 오빠나 사람들의 행동들이 이해되고 풀리기 시작하니 나의 마음은 자유로워졌다. 매일 과거를 생각하며, 그 과거와 똑같은 마음으로 사람들을 선입견으로 대했던 나의 눈도 이제 현재의 마음으로 돌아올 수 있었으며, 남들을 이해하는 마음이 차츰 자라나기 시작했다. 또한 내 감정을 잘 표현하는 것이 나 자신을 사랑하고 지키는 것임을 알게 되면서 엄마에게 내 감정과 마음을 조금씩 표현하니 엄마의 반응도 달라지기 시작했다.

나는 항상 남들이 대신 말해 주기를, 남들이 내 마음을 알아주기를, 남들이 알아서 다 해 주기를 원했다. 하지만 부질없던 그 마음 때문에 관계가 힘들었음을 이제야 깨달았다. 제일 소중한 나 자신을 괴롭히고 아까운 시간, 소중한 인생을 낭비했다. 부모님뿐만 아니라 남들에게도 내 의사를 확실히 밝혀야 하고, 내 생각을 정확하게 표현해야만 남들이 아는 것이지, 혼자 알아주길 바라고 기대하는 것은 참 어리석은 짓이었다.

상담을 진행하면서 내 감정을 숨기지 않고, 하나하나 있는 그대로 보여 주기로 결심하고 일지를 썼다. 그리고 원장님과 상의를 하며 자신에게 되묻곤 했다. 참 후회 없는 시간이기도 했지만 힘들었던 시간이었다. 하지만 앞으로 다가올 인생에 비해선 아무것도 아닐 것이다. 원장님께서 하신 말씀 중에 "사람들은 생각만 많이 하고 생각으로 다 이루어지길 바란다. 그 생각을 행동으로 옮겨야만 자신의 것이 되어 돌아온다."라는 말이 가장 기억에 남는다. 나는 이제껏 생각만 하고 다 이루어지기를, 누가 대신해 주기를 바랐던 것 같다.

아직 많은 점이 부족해서 해야 할 것이 많고 원장님을 더 보고 싶지만, 적어도 이제는 내 감정에 솔직해질 수 있게 되었고, 말을 할 때 내가 무엇 때문에 이런 말을 내뱉고 있는지 알게 되었다. 그리고 불필요한 감정과 말들을 줄일 수 있다는 것, 모든 사람을 나에게 맞추길 기대하기보다 내가 변해야 한다는 것, 모든 것을 있는 그대로 받아들여야 한다는 것, 나는 혼자가 아니라는 것, 진심으로 열정적으로 사람들을 만나고 사랑해야 한다는 것, 무엇보다 나 자신을 사랑하는 방법을 알게 되었다.

아직 갈 길이 멀지만 이런 사실들을 이해하게 되었다는 것만으로도 내 인생이 달라질 것이라는 걸 믿어 의심치 않는다. 내 안의 내면아이를 잘 보살펴 나를 더욱 사랑하며 나와 관계된 사람들 속에게 나를 꽃피우며 살고 싶다.

## 나는 무엇을 원하는가?

나는 무엇을 원하는가? 머리가 아닌 가슴에 귀 기울여 보라.
나는 진정 행복을 원하는가?
아니면 행복하기 위한 조건을 원하는가?
나는 돈을 원하는가? 아니면 안전을 원하는가?
나는 인정을 원하는가? 아니면 사랑을 원하는가?

나는 안정된 직장을 원하는가?

아니면 도전과 변화를 원하는가?

나는 움켜쥐려 하는가? 아니면 함께 나누려 하는가?

나는 편안함을 원하는가? 아니면 새로움을 원하는가?


가슴은 얘기한다.

지금 행복하고, 지금 사랑하고, 지금 편안하라고…….

하지만 머리는 언제나 조건을 건다.

성취해야 행복할 거고, 인정받아야 편안하고,

사랑받아야 사랑할 거라고…….


머리의 조건은 행복과 사랑을

언제나 미래의 어느 날에 던져두고

현재를 희생하여 성취와 이룸을 향한 목마름으로

달려가게 채찍질한다.


나는 진정 행복을 원하는가?

아니면 행복해지기 위한 조건들을 원하는가?

# 컴퓨터 중독 테스트

* 인터넷 사용도 과도해지면 알콜 중독이나 약물 중독, 도박 중독 등과 다를 것이 없습니다. 그럼 나는 어떤지 한 번 테스트해 볼까요? 자신에게 해당되는 사항에 체크하세요.

1. 집에 오면 손발을 씻기 전에 우선 컴퓨터부터 켠다. ( )
2. 사람들을 만나는 것보다 컴퓨터 통신을 하는 것이 더 재미있다. ( )
3. 접속이 어려워도 계속 접속을 시도해서 접속하고 만다. ( )
4. 인터넷에서 사귄 친구들이 다른 친구들보다 더 가깝게 느껴진다. ( )
5. 하루라도 접속하지 못하면 불안하고 초조하다. ( )
6. 아침에 눈을 뜨자마자 컴퓨터를 켜고 접속한다. ( )
7. 컴퓨터 통신을 하면서 타이핑 실력이 많이 늘었다. ( )
8. 컴퓨터 때문에 성적이 내려가거나 공부를 게을리 한다. ( )
9. 컴퓨터 사용으로 밤을 샌 적이 있다. ( )
10. 컴퓨터를 하다가 식사를 거른 적이 있다. ( )
11. 누가 앞에서 컴퓨터 활동을 방해하면 짜증이 난다. ( )
12. 인터넷 사용으로 인해 식구들과 다툰 적이 많다. ( )
13. 인터넷 사용 시간을 줄이려고 하지만 매번 실패한다. ( )
14. 컴퓨터 이외의 다른 특별한 취미가 없다. ( )
15. 컴퓨터로 무엇을 하느냐고 물었을 때 숨긴 적이 있다. ( )

* 10문항 이상 해당되면 컴퓨터 중독증이며 전문가의 상담이 필요합니다. 5문항 이상이면 중독의 위험성이 있습니다.

# 우울증

질문과 답변

 안녕하세요, 원장님. 저는 작년에 2번 상담을 받았던 34살의 직장여성입니다. 오늘 아침에 또다시 자살 시도를 했는데 벌써 여러 번이네요. 죽기는 두려운데, 제 행동은 아마 누군가가 나를 이해하고 알아봐 주길 바라는 마음인 것 같아요. 제발 날 좀 봐 달라는 것 같았어요. 25살부터 올해까지 벌써 9년이라는 세월을 우울증과 불면증 약을 먹고 있네요. 제 성격이 원래 내성적인데 한 번씩 술을 많이 마시면 억압된 불만들이 한꺼번에 터지면서 나 혼자만의 감정에 빠져 스스로를 통제하기가 무척 힘이 듭니다.

제 손목에는 벌써 여러 군데의 자해한 상처가 있는데 혹시 남들이 알아차릴까 봐 여름에도 긴 소매의 옷을 입습니다. 저 자신과의 싸움을 너무 오래 하다 보니 이제 많이 지쳐 버린 것 같아요. 더 이상 저랑 대화 나누는 것도 힘들고, 오늘 오전만 해도 절 살리려는 나와, 죽이려는 나가 서로 씨름을 했어요. 어느 순간 너무나도 통쾌하게 저에게 희망의 말을 했다가도, 다음 순간 또 나락까지 떨어지고, 그 전조를 느끼기만 해도 그때부터 불안해집니다.

안 된다고 안 된다고 아무리 소리쳐도 기운이 가라앉는 저를 어떻게 잡을 수가 없네요. 꼭 텅 빈 곳에서 혼자 울리는 목소리를 듣고 있는 기분이에요. 아무도 도와주는 이가 없는……

선생님과 얘기 나누면 든든하긴 했어요. 뭐랄까, 물론 선생님도 생각이 있고, 미움도, 질투도, 판단도 있는 평범한 분이시겠죠. 그래도 상담의 그 순간만큼은 저에게 집중해 주셨습니다. 그 자체로 감사했고요. 제가 선생님의 질문에 뭔가를 멋지게 꾸며 답변을 하려 하면, 선생님은 엄한 얼굴로 같은 질문을 다시 반복하셨죠. 아직 기억나요. 제가 스스로에게 거짓말하는 걸 눈치 채신 거죠. 그런데 이젠 누구와 이야기를 나누어도 소용없을 거라는 생각이 들어요. 그리고 말을 하기도 힘들고요. 아마 선생님을 만나도 이제 얼굴 보고는 아무 말도 못할 것 같아요.

선생님! 제가 언제 어떻게 이 깊은 우울의 수렁에서 빠져나갈지는 몰라도 만약 제가 빠져나간다면, 선생님처럼 이 세상에 단 한 명이라도 고통 받는 사람들을 도울 수 있었으면 좋겠네요. 이런 얘기 들어 주는 그것 하나만으로도 좋은 일을 하시는 거예요. 제가 아무리 예쁜 모습으로 남아 있다 하더라도, 현재의 이런 모습은 주위 사람들을 지치게 만들겠죠. 선생님은 힘들지 않으세요? 슬프고 힘든 얘기들 들으시면요. 아무튼 어디에도 진심 어린 말을 못했는데 그나마 좀 낫네요.

저는 상처를 너무 잘 받는 것 같아요. 모든 판단 기준을 다른 사람들에게 두고 있다는 것도 알고요. 진정한 제 모습을 찾고 싶어요. 말이 두서도 없고 제가 뭘 말하려는지도 모르겠네요. 그냥 손을 내미는 거겠죠. 수많은 사람들이 선생님을 찾지만, 그 중 하나인 저 또한 선생님과 어떤 인연이 있겠죠. 그러니 만났잖아요. 좋은 인연이면 좋겠네요. 저는 저를 너무 아끼면서도 한편으론 숨이 넘어갈 정도로 저를 미워하며 자꾸만 치고 들어오는 부정적인 목소리를 도저히 견딜 수가 없어요. 하루가 무의미하고, 웃기도 힘들고, 눈물도 안 나오는데 어쩌죠. 눈물이 안 나와요.

고양이처럼 살고 싶어요. 제가 고양이를 정말 좋아하거든요. 고양이는 아무에게도 자신을 바라보는 눈을 맡기지 않죠. 아무에게도 강요하지 않아요. 자기 모습 그대로를 사랑하고 자신감이 넘쳐요. 밥도 잘 먹고요. 작은 것 하나로도 엄청 잘 놀아요. 그래서 자살하는 고양이는 이 세상에 한 마리도 없을 것 같아요. 그렇죠, 선생님······?

쓰다 보니 눈물이 좀 나네요. 다행이에요. 언젠가는 선생님께 좋은 글 올릴 날이 있을 거예요. 정말 제 진심으로 말씀드리면요. 곱디고운 얘기 다 집어치우고 죽고 싶으니 살려 달라고 하고 싶었어요. 말이 참 웃기죠. 죽기 싫으니 살려 달라는 게 진심인데 저도 모르게 죽고 싶으니 살려 달라고 적었어요.

자살을 여러 차례 시도했었는데, 막상 자살을 시도하고 정신을 잃고 이튿날 어이없게도 눈을 뜨게 되면 주위에 흩어진 내 흔적들, 내 상처들을 보는 것만큼 괴로운 것이 없어요. 그 시도란 것도 정말 성공해서 차라리 저 자신이 가엾게나 안 보이면 좋겠는데요. 이건 뭐…… 성공도 아니고 사실은 저 되게 어두워요. 선생님한테 좋은 소리 듣고, 위로받고 싶어서 예쁜 말들 많이 생각했어요. 근데 사실은 어두운 부분이 많아요. 다 놓아버리고 싶어요. 아무 눈치도 안 보고 이대로 녹아 버렸으면 좋겠다고 생각해요. 처음부터 존재하지 않았던 것처럼…….

처음도 없고 끝도 없이 그냥 가만히 조용히 없어지면 좋겠다고요. 고통도 없고, 미래에 대한 불안도 없고, 자기 자신도 없고, 지금 이런 글을 쓰는 제 손가락이 밉네요. 살려고 이러는 건지, 쓸데없는 짓을 하는 건지 잘 모르겠네요. 그래도 불안해요. 차라리 이럴 땐 그래 죽어라! 이렇게 말해 주시면…… 저는 반발심에 잘 살겠다 그럴지도 모르죠. -나비

🍵 사랑을 잃은 님에게……

님의 글을 읽으면서, 지난날 가슴에 묻어 두었던 슬프고 아팠던 경험이 떠올랐습니다. 제가 처음 심리 상담 센터를 시작했을 때 우울증으로 힘들어하던 한 여대생이 찾아와 님과 같은 마음의 고통으로 상담을 했었지요. 현실의 참담한 상황과 그녀가 꿈꾸었던 이상과의 괴리감, 어릴 적부터 부모님의 잦은 싸움과 이혼으로 사랑의 따뜻함으로부터 버림받았던 그녀……

그러기에 언제나 착하고, 남의 눈치를 보며 살아온 그녀는 어느 때부턴가 내면의 알 수 없는 텅 빈 공허감과, 현재의 자신을 싫어하고 남들과 비교하며 열등감과 수치심으로 힘들어하였지

요. 상담을 통해 그녀는 자신의 문제에 대한 지난날의 상처와 아픔들을 인식했지만, 현실의 차가운 벽과 고립감 앞에서 이러지도 저러지도 못하다가 결국 자살을 선택했습니다.

그녀의 죽음은 그녀가 죽은 지 한 달이 지난 후에 알게 되었습니다. 장례를 치른 후에 그녀의 어머니가 유품을 정리하다가 우연히 저희 상담센터 명함을 발견하고 전화를 했었지요. 하지만 주변의 사람들은 그토록 열심히 살려고 노력했던 그녀가 왜 그렇게 자살을 선택했는지 이해가 되지 않는다고 했습니다. 그 당시 그녀에 대한 자살 소식은 저에게도 큰 충격이었고, 오랫동안 가슴을 아프게 하는 기억이었습니다.

하지만 이렇게 현실의 가장 힘들고 어려운 순간에 저희 상담센터를 생각해 주시고 힘든 마음을 글로 표현해 주셔서 감사드립니다. 2번의 상담을 통한 님과의 만남은 짧았지만 님이 겪은 힘들었던 지난날들의 사연과 어린 시절의 상처와 아픔들은 아직도 저의 기억에 깊게 남아 있습니다. 내면 깊은 곳에서 정리되지 못한 상처와 아픔들은 언제나 님의 삶을 어둠으로 채색했었지요. 님은 그동안 누구보다 자신이 잘되고자 열심히 노력했지요.

제가 지금 이 자리에서 마음의 아픔과 고통들을 많이 만나는 이유 또한 지난날 저에게도 상처와 아픔이 많았기 때문일 것입니다. 님은 지난날 상담 때 저에게 얘기했지요. 님 또한 남을 돕는 삶을 살고 싶다고 말입니다. 저는 상처받아 초라하고 외로웠던 내 마음들을 치유하고자 많이 노력했습니다. 제가 아픔을 경험했기에 아픔을 가진 사람들을 이해할 수 있었고, 지난날 고통 속에서 밤에 잠을 잘 때면 제발 아침이 오지 않기를, 이 고통이 이대로 끝나기를 수백 번도 더 기도했기에 사람들이 가진 가슴속의 슬픔들을 이해하게 되었지요.

그대는 일찍부터 부모님으로부터 버림받았고 사랑에 대한 신뢰를 잃었기에 누군가로부터 진심으로 사랑받길 원했으며, 그래서 사람들에게 더욱 집착했었지요. 하지만 사랑에 대한 기대는 언제나 실망으로 돌아와 님의 인생에 더 많은 공허감과 외로움만 주었지요. 내면은 아직 사랑받기 원하는 어린아이인데 홀로 책임져야 하는 현실은 비관적이고 부정적으로 느껴질 수밖에 없었을 것입니다. 어쩌면 죽기 싫으니 살려 달라고 외치는 말들이 님 내면에 있는 진실일 것입니다.

상처의 경험은 세상을 어둡고 부정적으로 보게 합니다. 새로운 변화와 도전 앞에서 치유되지 못한 상처는 현실을 이러지도 저러지도 못하는 우울로 채색합니다. 하지만 어둠은 진실이 아니라 단지 님 안의 상처가 보는 투영일 뿐, 진실은 님은 언제나 사랑이고 밝음이라는 것입니다. 우울이라는 단어 또한 최면일 뿐입니다. 진실은, 사랑받고 싶고 사랑하고 싶은데 과거 상처받은 경험과 기억으로 인해 현실에서 다시금 상처받을까 봐 두려운 것이지요. 현재의 고통은 어쩌면 생각이 만든 자기부정의 드라마 속에서 스스로 주인공이 되어 현실을 두려워하며 삶을 어둠으로 채색하는 것은 아닌지요.

지금 이 순간 내면의 어둠을 자살이라는 수단으로 회피하지 말고 그 어둠 속의 진실을 자세히 들여다볼 수는 없는지요. 자살을 선택하는 것은 어쩌면 현실에 대한 두려움으로부터의 회피인지도 모릅니다. 어둠 안에는 언제나 사랑이 빛나고 있습니다. 님이 느끼는 어둠을 피하지 말고 탐구하고 이해하고 그것과 함께 해 보세요. 어둠은 단지 상처받은 님의 기억 속에 프로그램된 환상인지도 모릅니다.

"안 된다고 안 된다고 아무리 소리쳐도…… 떨어지는 저는 어떻게 잡을 수가 없어요. 꼭 텅 빈 곳에서 혼자 울리는 목소리를 듣는 기분이에요. 아무도 도와주는 이가 없고……."라고 님은 얘기합니다. 하지만 님의 내면에는 님이 돌아오길 기다리는 어린 영혼이 있습니다. 텅 빈 어둠 속에서 홀로 두려움에 떨며 움츠린 채 외롭고 초라하게 울고 있는 한 영혼이 있습니다. 그 영혼은 님에게 끊임없이 소리쳤지만 님은 언제나 자신과 함께 하지 못하고 다른 사람을 의식하고 그들의 눈치만 봅니다. 저는 오늘 님 안에서 소리치는 한 영혼의 외침을 듣습니다. 그리고 그 영혼의 아픔과 외로움에 가슴 아파합니다.


## 상담

며칠 후 그녀는 왼팔에 깁스를 한 채 상담센터를 방문했다. 지난 주말에 술을 많이 마시고 모텔에서 혼자 수면제를 한꺼번에 먹고는 왼쪽 손목을 그었다고 한다. 하지만 아침 10시경에 눈을 떴을 때 누워 있던 그녀의 몸 주위는 온통 피가 흥건했고, 햇살 아래 선명히 보이는 그녀의 흐트러지고 초라한 모습은 정말이지 괴롭고 지옥 같았다고 했다. 119를 부르고 병원에서 치료를 받으면서 이번에는 진실로 과거의 아픈 상처에서 벗어나 그녀의 인생을 자유롭고 행복하게 살고 싶다는 결심으로 상담센터를 다시 방문했다고 했다.

그녀는 아래로 3살 어린 여동생이 있는 장녀였다. 아버지는 어릴 적부터 외지에 나가 살면서 집에 잘 들어오지 않았고, 한 번씩 집에 올 때면 돈 때문에 엄마와 심하게 싸웠다. 엄마는 술을 자주 마셨는데, 술에 취해 소리치는 모습이 참 낯설고 어색했다고 한다. 초등학교 1학년이던 어느 날, 엄마는 더욱 자주 소주를 마셨고 많이 괴로워했다. 며칠 후 엄마는 그녀에게 "동생 밥 잘 챙겨줘라."는 말을 남기고 집을 나가서 돌아오지 않았다. 그리고 아버지는 얼마 후 웬 (배부른) 젊은 여자를 데리고 와서 '엄마'라고 부르라고 했다. 하지만 새엄마는 처음부터 그녀를 귀찮아하고 무관심했으며, 먹을 것도 마음대로 못 먹게 하고, 용돈을 줄 때도 잔소리를 반복했다. 하지만 그녀는 새엄마와 아빠의 눈 밖에 나지 않으려고 무척 애를 썼다.

하루는 집에서 친구와 숙제를 하는데 고모가 와서는 "너, 엄마 보고 싶지?" 하고 물었다. 그녀는 친구가 새엄마와 사는 걸 알까 봐 겁나기도 하고 부끄럽기도 해서 "아뇨. 안 보고 싶어요."라고 했다. 하지만 고모는 계속 "보고 싶지?"라고 물었다. '악마같이 못된 고모'가 아니라고 하는데도 아빠에게 그녀가 친엄마를 보고 싶어 한다고 일러바쳐서 그녀 또한 엄마처럼 버림받을까 봐 불안하고 억울해서 울었다고 했다.

초등학교 4학년 때 하루는 엄마가 학교로 찾아와서 그녀가 보고 싶었다며 무릎 꿇고 울었지만, 그녀는 우는 엄마에게 빨리 가라고 소리쳤다. 사실 그녀는 엄마가 너무 보고 싶었지만 학교에서 친구들이 알까 봐 부끄러웠고, 혹시 아빠나 새엄마가 알면 엄마처럼 집에서 쫓겨날까 봐 엄마를 외면했다. 그 후에 그녀는 힘들었지만 대학을 졸업하고 취직하여 집을 떠나 경제적으로 독립하게 되면서 친엄마를 찾아 나섰다. 외삼촌을 찾아갔을 때, 엄마는 초등학교 그때 그녀에게 다녀간 후 얼마 있다가 혼자 단칸방에서 당뇨와 간암으로 돌아가셨다는 소식을 들었다. 그녀는 몇 날 며칠을 죄책감과 엄마에 대한 미안함으로 울었다고 했다.

그녀는 학창 시절 언제나 친구가 없는 왕따였으며, 자신이 필요할 땐 아무도 없었고, 친구가 필요로 하여 그녀를 찾으면 언제나 웃으며 함께 해 주었다. 얼마 전 고등학교 동창을 만났는데 그때의 그녀를 평가하기를 "자신은 하나도 아끼지 않고, 막 대해도 그저 옆에 있어 주는 착한 친구였다."고 했을 때 눈물이 났지만 생각해 보니 사실이었다. 20대에 몇 번 그녀는 남자를 사귀었다. 하지만 그녀는 만난 남자들에게 자주 폭행을 당했으며, 다른 여자가 있는 바람둥이를 사귀거나 때로는 의처증 수준으로 집착하는 남자들을 주로 만났다. 그녀가 사랑받기 위해 노력할 때마다 그녀의 손목에는 자살의 흔적이 하나씩 늘어났고 우울증은 심해져 갔다.

아빠와는 인연을 끊었다. 하지만 먼저 결혼한 여동생에게조차 언니로서 대접을 받지 못하고 무시를 당할 때면, 그녀는 아무것도 내세울 것이 없는 자신의 삶에 대한 자책감과 공허감에 술을 심하게 마시고 자살을 시도하곤 했다. 그녀에게 인생이란 어쩌면 살아 있는 지옥인지도 모른다고 했다.

## 자살 시도 후 그녀의 마음

난 정말 죽고 싶은 마음에 여러 번 자살을 시도했으나 아직도 이렇게 살아 있는 내가 한없이 작아 보이고, 살려고 이렇게 병원에 있는 내가 한심하기 그지없다. 아마 이런 내 모습이 동생이나 다른 사람들한테는 쇼하는 것처럼 비춰질지도 모른다. 아마도 그럴 거다. 그래서 남들은 "너 또 자해했어?"라고 표현한다. 하지만 막상 내가 원하는 대로 남들이 말하는 '자해'를 하여 죽어 버린다면 그건 자해가 아닌 자살이 되는 건데……

자살을 하려고, 내 목숨을 끊으려고 시도하는 행동이 슬프고 가슴 아픈 선택임에도 불구하고 사람들은 손가락질하며 자해했다고 한다. 그런 게 너무 싫다. 난 관심 따윈 받고 싶지 않다. 어차피 내 인생의 길은 내가 선택하고 내가 책임져야 함을 잘 알고 있다. 단지 내 뜻대로 죽음으로 이어지질 않아 이러는 것이지만, 막상 죽음을 시도하고 나서 정신을 잃고, 이튿날 어이없게도 눈을 뜨게 되면 주위의 흩어진 내 흔적들, 내 상처들을 보는 것만큼 괴로운 것은 없다.

당연히 이성적인 판단으로는 '자살은 절대 안 된다.'라는 개념이 있고, 또 더 솔직히 말하자면 용기가 없기에 가만 보면 그런 마음을 먹는 날은 항상 술을 마시고 서럽게 울면서 자살을 시도하게 된다. 아무래도 내가 우울해하고 심한 자책감에 빠지게 되면 사람들이 말로 위로해 주고 아픔을 나눠 갖자고 할 때도 있다. 하지만 나는 "그들이 직접 겪지 않은 나의 상처를 어떻게 알겠어?"라는 마음에 나를 드러내기보다는 혼자 꽁꽁 숨어 버린다. 그래서 간혹 냉정한 사람들은 "쳇~ 그럴 용기 있으면 살려고 발버둥 치겠다."라고 말한다. 나 또한 자살을 시도하기 전에는 그런 사람들을 이해하지 못했지만, 이제는 안다. 그 마음이 어떤 마음인지…….

사람마다 넘어져도 다치는 고통의 크기는 다르다는 말이 있다. 살고자 하는 용기는 어떤 한 가닥의 작은 희망이나 꿈이라도 있을 때 가능하다. 왜 살아야 하는지 이유조차 모르며 나 자체를 상실해 버린 사람이나 희망과 꿈조차 없는 사람에겐 자신의 빈털터리 인생이 싫어서 차라리 죽는 것이 편하다고 느낀다. 하지만 아침에 눈을 뜨는 것에 대해 두려움을 느껴 본 사람들은 알 것이다. 자살은 모든 걸 내려놓고 모든 것을 버려 가벼워지고 싶은 마음뿐임을…….

## 상담 중 그녀가 보낸 글

원장 선생님께.

우선 좋은 상담을 할 수 있는 기회와 용기를 주신 원장님께 진심으로 감사드립니다. 이번 상담을 계기로 저의 생각과 마음이 변하여 제 인생의 또 다른 전환점이 되길 바랄 뿐입니다. 상담을 하다가 원장님의 질문에 제대로 제 생각을 전하지 못한 것 같아 이렇게 글을 써 봅니다. 원장님께서 제게 물으시길 "자살을 하는 이유가 무엇인가요?" "자살을 함으로써 얻어지는 게 무엇인가요?"라고 하셨죠. "자살을 시도하다 실패했으면 다시 죽으면 되지 왜 안 그랬어요?"라고 또 물으셨죠.

원장님, 저는 자살이라는 게 얼마나 끔찍하고 어리석고 나쁜 건지, 특히 기독교를 믿는 저로선 절대 해서는 안 될 행위이자 교리상 천국이 아닌 끔찍한 영원불멸의 지옥행이라고 믿고 있습니다. 그럼에도 불구하고 자살을 시도하는 것은 원장님이 말씀하시는 것처럼 누군가의 관심을 받고자 하는, 누군가에게 특별한 사랑과 대우를 받고 싶어 하는, 단순한 애정결핍을 해소하고자 하는 것이 절대 아님을 말씀드리고 싶습니다. 자해라고 부르든 자살이라고 부르든 저는 그것을 통해 누군가의 관심을 끌려는 것이 아닙니다. 만약 그런 것을 원했다면 벌써 주위에 알려 병문안을 오게끔 사람들의 관심을 끌기 위해 소문을 내려 했겠지요. 하지만 저는 오히려 이런 제 모습을 주변 사람들이나 친구들에게 숨기기 바빴습니다.

원장님. 현재의 저는 왜 살아가고 있는지조차 모르며, 무엇을 원하고, 무엇을 하고 싶고, 무엇이 되고자 하는 꿈과 희망조차도 없으며, 단지 앞으로 펼쳐질 미래가 두렵기만 합니다. 결혼을 할 수 있을지, 결혼을 하더라도 돈도 없고, 결혼해서 잘살 수 있을지…… 이러한 미래에 대한 불안감과 동시에 원장님 말씀처럼 30여 년을 살아오면서 훌훌~ 털어 버리지 못했던 상처의 응어리들이 있습니다. 이것이 계속 가슴에 자리 잡아 저를 괴롭히며 의식적이든 무의식적이든 항상 우울함에 사로잡히게 하여 삶에 대한 애착을 놓게 합니다.

"여태까지 이렇게 살아왔으니 내 인생은 항상 이럴 거야." 일이 잘 풀리지 않으면 "그럼 그렇지. 내가 무슨, 이럴 줄 알았어." 하며 부정적인 생각들로 나를 세뇌시켜 왔습니다. 평소 늘 죽음을 갈망하며 매순간 심적으로 어떠한 충격이 오기만을 기다리며 그것을 계기로 용기를 내어 자살하고자 했던 마음이 수백 번, 수천 번입니다. 그러다 원하던 대로 무언가에 충격을 받으면, 정말 가슴 밑바닥에서부터 그동안 담아 왔던 서러움과 슬픔의 감정들이 한꺼번에 솟구쳐 올라와 정신이 없을 때까지 울어 버리게 됩니다. 물론 술의 힘도 빌리지요. 제 이성을 막기 위해서요. 처참하게 나 자신을 갈기갈기 찢어 가며 울부짖고, 그 상황에서 생각나는 건 오로지 슬퍼하고 있는 저 자신뿐입니다.

자살을 선택하고 불쌍한 나를 바라보며 "내 인생은 이렇게 초라하게 끝나는구나."라고 느끼며 깊이 잠이 듭니다. "이젠 서서히 죽어가는구나." 생각을 하면서 잠이 들지요. 하지만 한참 정신을 놓았다가 하루 반나절이 지나 정신을 차렸을 때 저는 숨을 쉬고 있습니다. 그리고 창문 사이로 스며드는 햇살이 보입니다. 아! 그때 얼마나 괴로운지 아셔요? "이번에도 또 안 되는구나. 이건 아니야……."라며 오히려 더 큰 실망감과 충격에 휩싸이게 됩니다. 하지만 그땐 내 감정이 아닌 이성이 지배되는 시점입니다.

저 자신을 합리화하기 위해 이런 말씀을 드리는 건 아닙니다. 당시의 제 상태와 마음을 말씀드리는 겁니다. 정신을 차리고 주위를 둘러보고 망가져 있는 저 자신을 보며…… 그리고 그때의 마음은 온데간데없이 병원에서 버젓이 치료받는 저의 모습이 한심하기만 했습니다. 처음 3일은 계속 울기만 했습니다. 살아 있다는 게 원망스러웠으니까요. 지금은 마음을 추슬러 좀 안정이 되었지만, 다시금 우울해지면 이런 상황이 또 발생하게 되겠지요.

그리고 사람들의 시선과 입이 너무 무섭습니다. 제가 자살을 시도하여 뜻하는 대로 차라리 죽어 버렸으면 사람들은 오히려 불쌍하다는 쪽으로 저를 판단하겠지요. (동정을 바라는 건 아닙니다. 분명 욕하는 이들도 있으니까요.) 하지만 지금처럼 자살을 시도했다가 실패해 버리면 사람들은 '자살 시도'라는 말이 아닌 '자해'라는 표현으로 바꾸어 미쳤다고, 정신이 나갔다고 손가락질합니다.

원장님은 다른 사람들의 생각과 말이 뭐가 중요하냐고 되물으시겠지만 저 같은 사람들에겐 상관하지 않을 수 없는 아픈 말들입니다. 하기야 마지막을 바라는 사람이 신경 쓰면 뭘 하겠습니까? 하지만 지금은 제 이성적인 판단이 살아 있어서 이렇게 글을 쓰며 원장님을 찾아간 겁니다. 원장님, 저는 이제 원장님의 말씀처럼 과거의 상처와 분노들을 다 꺼내어 치유해야 할 필요성을 절실히 느끼고 있습니다. 저 자신이 기독교인이라 더 이상 자살을 하고 싶지는 않습니다. 하지만 제 무의식의 감정이 저를 지배할 때면 저 자신이 너무 두렵고 무섭습니다. 저도 남들처럼 정상적인 사고와 행동으로 평범하게 살고 싶습니다. 남은 제 인생을 포기하고 싶지는 않습니다. 하지만 어리석은 저는 언제나 바보 같은 행동만 반복합니다. 원장님께서 도와주세요. 제 인생길을 올바로 살아갈 수 있도록 말이에요.


## 상처받은 어린 영혼

상담 중에 그녀는 내면에서 그토록 오랜 세월 그녀를 만나기 원했던 상처받은 어린 영혼을 만나는 이완명상법을 배웠다. 그리고 홀로 자신을 만나러 가슴 안으로 들어갔다.

처음이라 그런지 혼자서 나의 마음을 만나기란 쉽지 않았습니다. 몇 번의 시도 끝에 겨우 마음속으로 들어갈 수 있었습니다. 절실함으로 ○○아! ○○아! 하며 어릴 적 제 이름을 부르며 마음의 문을 열고 안으로 들어가 보았을 때 어둡고 컴컴한…… 빛줄기 하나 없는 곳에 하얗게 보이는 사람 형체가 있었습니다.

온전하게 눈, 코, 입, 다 갖춰진 모습이 아닌 말 그대로 하얀 사람 형체 그대로였습니다. 그 형체를 보았을 때 과연 누구일까 고민하며 계속 살펴보았습니다. 한참을 들여다본 후 곰곰이 생각을 해 보니 그 하얀 형체가 제 영혼이라는 느낌을 받았습니다. 제 영혼은 고개를 푹 숙인 채로 힘없이 어두운 방 안에서 혼자 주저앉아 있었습니다.

조용히 불러 보았습니다. ○○아! ○○아!…… 하지만 그 영혼은 대답도 없고 저를 보아 주지도 않았습니다. 한참 제 영혼을 바라보았는데 그 영혼에게서 충격적인 모습을 보게 되었습니다. 제가 괴로워서 행했던 자살의 흔적들이 영혼에 고스란히 남아 있었습니다. 그 영혼은 마치 숨을 쉬지 않는 송장과도 같이 꿈쩍도 하지 않았습니다. 저의 힘없고 초라한 영혼을 보며, 그 상처의 흔적들을 보니 제 가슴이 터질듯이 아려 왔습니다. 아린 가슴과 함께 제 눈에선 하염없이 눈물이 흘렀습니다.

"미안해. 미안해…… 내가 너를 버렸어. 내가 너를 버렸어…… 정말 미안해." 하며 계속 영혼을 부르며 울었습니다. 손을 건네 보았습니다. 하지만 역시나 꿈쩍도 하지 않은 채 그 자리 그 모습 그대로 앉아 있었습니다. 계속되는 저의 부름과 미안하다고 전하는 간절한 마음 때문인지 한참을 지나서야 영혼은 천천히 고개를 들었습니다. 비록 눈, 코, 입 형체는 없지만 그 영혼은 분명 슬퍼하고 있었습니다. 제가 한참을 건넨 손길에 그 영혼이 손을 내밀었습니다. 손을 내밀며 그 영혼은 고통스럽게 울부짖었습니다. 그리고 제 손을 잡고 일어서려는데 그 영혼은 너무 힘들어서 몇 번이나 주저앉으며 고통스럽고 힘든 기색을 보였습니다. 한참을 울고 계속 미안하다고, 다시는 홀로 내버려두지 않겠다고 계속 달래고 다짐을 하니 영혼은 조금 덜 힘들어하는 모습을 보였습니다.

그리고 그 까맣던 방은 어느 사이 한 줄기, 두 줄기…… 햇살이 비춰지며 푸른 물과 푸른 잔디, 푸른 하늘이 있는 동산으로 바뀌어 갔습니다. 자유로이 움직이지는 않았지만 좀 더 평온해 보이고, 새까맣던 그곳이 밝게 개는 것을 보며 저는 눈을 떴습니다. 눈을 뜨고도 눈물이 나며 마음이 아팠습니다. 그렇게 저의 영혼이 힘들어하는지 전 몰랐습니다. 영혼이 아파하는 모습도 처음 느꼈습니다. 갈기갈기 찢겨져 상처투성이로 방치된 제 영혼이 너무 가여웠습니다. 사랑해 주기로 마음먹었습니다. 외롭게 만들지 않겠다고 결심했습니다. 다 쓰러져 있는 영혼을 생각하니 마음이 아프면서 다시는 그렇게 두면 안 된다는 걸 알았습니다. 너무 미안하고 슬펐습니다. 내가 받고 싶어 했던 사랑을 내 영혼도 그토록 나에게 갈구하고 갈망했다는 사실에 놀랐습니다.

그리운 엄마에게

엄마! 엄마! 정말 정말 부르고 싶고 안기고 싶은 엄마……

내가 많이 원망스러웠지. 그때 딸을 보고 싶어 나를 찾아왔는데, 나는 친구들이 볼까 봐 눈치 보며 또 아빠가 알까 봐 막 가라고 했을 때 엄마 심정이 어땠을까?

지금은 너무도 엄마의 마음이 이해가 되고, 눈물이 나고, 내가 밉고 그래. 왜 그때 나는 엄마와 같이 살겠다고 아빠한테 매달리지 않았을까 후회가 돼.

그때 엄마를 보내고, 내가 자라면, 아니 힘이 생기면 엄마를 다시 만날 수 있을 거라고 생각하며 크게 미안해하지도 걱정하지도 않았어. 나중에 다시 볼 테니까 말이야.

엄마! 나 많이 힘들었어. 엄마 없는 생활은 나에게 언제나 쫓겨나지 않을까 하는 알 수 없는 불안한 생활의 연속이었어.

정말 친엄마 없이 산다는 것은 나에게 지옥이었어.

난 다시 태어난다면 정말 좋은 가정에서 부모가 따뜻하고 서로 사랑하고 자식을 사랑으로 보살피는 그런 가정에서 태어나고 싶어.

엄마! 보고 싶어. 그리워서 미치도록…….

꿈속에서라도 나를 안아 주고 내 이름을 불러 주었으면 좋겠어.

울지 않고 웃으면서 환하게 웃으면서…….

## 마음의 감기 우울증

우리는 누구나 감정의 변화를 순간순간 경험하며 살아간다. 인생의 어떤 시점에서 우리는 소망하거나 원했던 일이 잘 되면 기분이 좋아져 자신감과 의욕이 충만해진다. 하지만 때로 주변과의 관계나 하던 일들이 제대로 되지 않을 때면 우리는 인생을 무가치하게 느끼면서 불행하다는 느낌으로 기분이 침체되기도 한다.

최근에 우리 사회는 급속한 성장과 변화를 맞이하면서 거기에 따른 마음의 질병과 문제도 점점 많아지고 확산되고 있는 추세에 있다. 그 중 대표적인 마음의 질병이 우울증이다. 심리학이나 신경정신과에서는 우울증을 '마음의 감기'라고 정의하고 있을 정도로 많은 사람이 정도의 차이는 있지만 인생에서 한두 번 이상은 누구나 겪고 느끼는 감정과 기분의 부조화가 우울이다. 상담센터를 찾는 많은 내담자들의 심리적 고통의 밑바닥에는 기본적으로 우울감이 자리 잡고 있는 경우가 많다. 이 우울한 마음을 기초로 하여 불안증이나 강박증, 그리고 대인공포증이나 공황장애 등으로 마음의 고통이 전이되거나 확산되는 경우가 많다. 우울증은 감기와 같이 누구나 느끼는 불편이기에 초기에 일찍 조치를 취하면 가볍게 넘어갈 수 있다. 하지만 방치하고 계속 놓아두면 지나치게 기분이 가라앉아서 일상생활의 적응에 어려움을 겪거나, 심하면 나중에 통제할 수 없을 정도로 커져서 자살에 이르는 경우도 있다.

우울증이라는 말은 라틴어의 'deprimo'에서 파생된 단어로 '저하시키다', '억누르다'라는 의미를 가지고 있다. 우울증의 증상은

심리적으로는 의기소침해지고 의욕이 상실되면서 삶 자체가 무
감각하고 무의미하게 느껴진다. 그리고 신체적으로는 피로, 수면
장애, 식욕부진, 변비, 두통, 여성들의 생리불순, 급격한 심장박
동 등의 신체적 부수증상들이 동반되기도 한다.

하지만 우울증이 무엇보다 우리를 힘들게 하는 것은 고립감과
절망감, 무가치감이나 허무감을 심화시켜 자주 눈물을 흘리거나
분노와 짜증으로 삶 자체를 힘겹고 비관적으로 보게 한다는 것이
다. 때로 우리들은 스스로 이런 기분에서 벗어나려고 발버둥을
치기도 하지만 우울증은 혼자서 극복하기에는 너무나 힘들고 어
렵다. 그래서 우울증을 극복하는 데는 주위의 따뜻한 이해와 관
심이 매우 중요하다.

상담센터를 찾는 많은 우울증 내담자들의 내면무의식에는 대
부분 억눌린 감정이나 어린 시절 겪었던 상처의 아픔들이 내재된
경우가 많다. 예를 들어 20대 우울증 내담자들의 경우에는 어릴
적 부모님과의 관계나 집안의 환경으로 인한 마음의 상처가 우울
증의 원인이 된 경우가 많고, 30대의 경우에는 미래에 대한 책임
감과 내적 불안이 우울증의 원인이 된 경우가 많으며, 40대의 경
우에는 자녀와의 관계나 부부관계, 주변 관계와의 부조화가 우울
증의 원인이 된 경우가 많다. 그리고 50대 이상의 경우에는 자신
이 살아온 삶에 대한 회한과 후회로 인해 우울을 느끼는 경우가
많다.

상담 중에 나는 우울증을 질병의 한 증상으로 보기보다는 자신
과 인생을 새롭게 점검하고 더 나은 삶의 행복으로 나아가길 바
라는 영혼의 선물이라고 얘기하곤 한다. 왜냐하면 마음이 우울

하다는 것은 지금까지 자신이 살아온 삶이 무언가에 억눌려 있거나, 현실을 보다 적극적으로 나아가기보다는 선택과 책임의 순간에 '이러지도 저러지도 못하거나' '죽지도 살지도 못하는' 상태에 있음을 영혼이 그들에게 알려 주는 신호이기 때문이다. 어떤 의미에서 우울증은 자기가 자신을 속이거나 배신하고 있다는 신호이며, 스스로 사랑이 아닌 두려움으로 삶을 선택하고 있다는 내면의 경고인지도 모른다. 우울증은 결국 자신의 삶을 더 정직하게 볼 수 있게 해 주며 현실을 새롭게 점검하게 해 준다. 그러기에 우리는 그 증상을 단순히 약물로 없애 버릴 것이 아니라, 실제로 자신의 삶에 무엇이 필요하고 어떻게 변화해야 하는지를 올바로 이해하는 것이 우울증 치료의 가장 중요한 지름길이라고 볼 수 있다.

마음의 고통과 증상은 현재의 삶에 대한 변화의 신호이기에 변화를 싫어하거나 변화에 저항한다면 고통은 반복되거나 가중될 수밖에 없다. 우울의 증상 내면에는 과거 어릴 적 경험했던 수많은 상처와 불신, 버림받음, 무시와 소외가 있으며, 이를 표현하거나 드러내지 못하여 생긴 억압된 감정들이 있다. 우울이란 사실 원래 없는 것이다. 단지 각자의 마음에 힘듦과 고통이 있을 뿐이다. 그러기에 우울의 증상을 없애려고 하기보다는 자신의 힘든 마음과 내면의 고통을 바르게 이해하고 받아 줄 수 있을 때 우울은 새로운 삶으로 나아가기 위한 디딤돌이 된다. 때때로 아이들은 감기로 심하게 아프고 나면 마음이 성숙하고 어른스러워지듯이 우리의 마음도 우울이라는 증상을 통해 더욱 성숙하고 삶에 대한 감사와 소중함을 배우게 된다.

# 우울증 체크 리스트

* 자신에게 해당되는 사항에 체크하세요.

1. 앞날에 대해 용기가 나지 않는다. ( )

2. 이전보다 자주 운다. ( )

3. 보통 사람들보다 실패를 더 많이 한 것 같다. ( )

4. 전과 같이 일상생활이 즐겁지 않다. ( )

5. 종종 죄책감을 느낀다. ( )

6. 내가 벌을 받을 수 있다고 느낀다. ( )

7. 나 자신에 대해 실망하고 있다. ( )

8. 나의 약점, 실수에 대하여 자신을 많이 비판하는 편이다. ( )

9. 자살에 대한 생각이 있지만 행동으로 옮기려 하지는 않는다. ( )

10. 전보다 더 신경질적이고 짜증스럽다. ( )

11. 다른 사람에 대한 관심이 줄었다. ( )

12. 전에 비해 결정을 잘 내리지 못하고 뒤로 미룬다. ( )

13. 내가 나이 들고 매력 없게 보일까 걱정이다. ( )

14. 어떤 일을 시작하려면 전보다 더 힘이 든다. ( )

15. 전처럼 잠을 잘 자지 못한다. ( )

16. 전보다 더 쉽게 피곤해진다. ( )

17. 내 식욕은 전처럼 좋지 않다. ( )

18. 전보다 몸무게가 줄었다. ( )

19. 두통, 소화불량 등으로 건강에 신경이 쓰인다. ( )

20. 전보다 섹스에 대한 관심이 많이 줄었다. ( )

* 7개 이상 해당되면 우울증이 의심되고, 10개 이상이면 전문가의 상담이 필요합니다.

# 정체성의 혼란

## 질문

안녕하세요. 저는 현재 23살의 여대생입니다. 고등학교 때 불현듯 찾아온 우울증을 치료해 보려고 병원 약도 먹고 심리치료도 했었지만, 이번에는 정말 힘이 드네요. 현재 가장 큰 고민은 살아가야 하는 이유입니다. 이런 말 하면 안 되는 건 알고 있지만, 요즘은 정말 살아 있다는 것이 무엇인지를 모르겠습니다. 하루하루 지나가는 시간이 소중한지도 모르겠고, 무기력하고, 사는 것이 의미가 없고 고통스럽기만 합니다.

제게 처음 우울증이 찾아온 것은 학업에 대한 압박감과 살찌는 것에 대한 스트레스 때문이었던 것 같습니다. 정신과에서 원인을 찾기 위해 의사와 상담을 했을 때는 내 문제의 원인이 어렸을 때부터 부모님께서 "성공해야 한다" "돈, 돈, 돈" 했던 것이 원인이라고 했었지만, 지금은 원인도 잘 모르겠습니다. 당시에는 반복되는 다이어트 후에 심한 폭식증이 와서 비정상적으로 먹고 다시금 살이 찌는 내가 싫고 수치스러웠습니다. 이것이 작년에 제가 정신과 치료를 받았을 때의 상태입니다.

현재는 작년과 비슷하지만, 먼저 취업과 진로에 대한 정체감이 흔들리고 있는 것 같습니다. 저는 사범대학에 재학 중인데, 임용고사에 대한 압박감이 벌써부터 밀려오고 있습니다. "노력도 안 해 보고 무슨 생떼냐."라고 생각할 수도 있습니다만, 지금은 왜 공부를 해야 하는지도 모르겠습니다. 대학 강의는 교수의 헛소리가 반이고 얻어 가는 지식도 없이 시간만 흘러갑니다. 하지만 대학을 포기하면 고졸이라는 딱지로 한국 사회에서 살아가는 것이 힘들다는 것을 잘 압니다. 실상 저는 4년 전면 장학생이고 평점을 어느 정도만 유지하면 매달 용돈도 나오는 신세입니다. 배부른 소리지요.

사실 저도 왜 고민하는지 모르겠습니다. 공부가 싫은 건지, 전공이 맘에 안 드는 건지…… 다만 현재는 그런 고민조차도 귀찮아졌습니다. 객관적으로 판단하면 아무런 고민할 처지도 아니라고 느낄지도 모릅니다만, 현재 저는 살아야 하는 이유를 모르겠습니다. 사는 것의 행복은 무엇인가요? 무엇에서 행복감을 느껴야 하는지를 모르겠습니다. 폭식증이 있지만, 먹는다고 쾌감을 느끼기는커녕 먹고 나면 기분이 나빠져서 죽고 싶을 정도입니다. 그런데도 먹습니다.

중학교 때까지 저는 정말로 완벽한 인간이었습니다. 공부도 전교 1등만 했고, 뚱뚱한 것이 싫어서 다이어트도 성공했습니다. 하지만 고등학교 때부터 폭식증과 공부가 잘 안 돼 자신감은 떨어져만 갔습니다. 대학교에 와서는 먹고, 집에만 틀어박혀 있고, 공부도 흥미가 떨어져서 하고 싶지도 않고, 정말 자신이 폐인이라고 느껴집니다.

다이어트를 하자고 결심하면 중도에 이런 느낌이 듭니다. "연예인도 아닌데 날씬해져서 뭐하게? 먹지 않으면 공부를 할 수가 없어."라고 말입니다. 하지만 밖에 나가 보면 날씬한 사람들의 뒤태가 저를 열등하게 만들어 버립니다. 그래서 "조금 뚱뚱하더라도 나에게도 잘하는 것이 있겠지."라고 생각해서 공부를 하면, 원래 공부를 좋아하지 않기에 엄청난 스트레스가 쌓입니다. 어떻게 보면 저는 스트레스를 해소할 줄 몰라서 먹는 것인지도 모르겠습니다. 먹으면 또 스트레스가 쌓이는데도 말입니다.

말이 두서없는 점, 이해 부탁드립니다. 이런저런 고민을 하면서 저 자신에게 묻습니다. "내가 잘하는 게 뭐야? 내가 좋아하는 건 뭐지? 내가 하고 싶은 건 무엇일까?"라고 말입니다. 하지만 결국 해답을 찾지 못합니다. 모든 것이 재미없게 느껴지기 때문입니다. 그래서 부모님께 여쭤 봅니다. 저는 무엇을 잘하고 무엇을 좋아하는지. 부모님은 세상 사람들이 딱히 잘하는 것이 있느냐고, 부모님도 잘하는 게 없이 그냥 산다고 말씀하십니다.

아…… 지금은 이런 생각하는 것도 귀찮습니다. 맘속으론 "죽여 주세요."라는 소리가 들립니다. 죽지 못하는 겁쟁이의 외침이겠지요. 벌써 일주일 동안 무단결석하고 수업에 들어가지 않았습니다. 부모님은 이런 저를 무시합니다. 우울증은 자기가 이겨 내는 것이라고, 자기의 마음에 달려 있다고 말입니다. 지금은 학교를 자퇴하고 싶습니다. 자퇴하면 저는 대한민국의 하위종이 되는데도 말입니다.

　이제는 모든 게 지칩니다. 그래서 죽고 싶습니다. 인간으로 다시 태어나지 않아도 됩니다. 오히려 다시는 인간으로 태어나고 싶지도 않습니다. 이런 글을 제3자가 읽으면 저를 미쳤다고 하겠지요. 하지만 원장님, 이런 저도 희망이 있을까요? 인생을 새로 시작할 수 있을까요? 제게 사는 의미를 가르쳐 주세요. 부탁입니다. - 장미

## 상담

　늘씬한 키에 차분히 가라앉은 침착함과 편안함이 그녀의 몸에 배어 있었다. 긴 머리를 뒤로 묶고 편안하지만 검소한 복장을 한 그녀는 스스로 문제를 고민하고 해결해 보려 했지만 언제나 반복되는 그녀의 부정적인 패턴이 왜 그런지 알고 싶다고 했다. 그녀의 고민과 마음의 갈등들을 얘기할 때 그녀는 계속 눈물을 흘렸다. 그녀 스스로도 자신의 눈에서 이토록 하염없이 나오는 눈물의 정체를 알 수가 없었지만 살면서 이렇게 많이 울어 본 적이 별로 없었다고 했다. 그녀의 아빠는 고위직 공무원이었고 엄마는 교사였다. 오빠는 의대를 다녔으며, 그녀는 일찍부터 엄마와 아빠에 의해 안정되고 편안한 직업인 선생님이 되어야 한다는 암시를 받았고, 그녀 또한 그 길이 자신이 가야 할 길이라고 생각했다.

　그녀는 머리(이성)와 가슴(감정) 사이에서 서로 조화를 이루지 못

하고 분열되어 있었다. 스스로 원하는 것이 무엇인지도 모른 채 머리로는 부모님과 주변 사람들이 원하는 삶을 향해 달려가려 자신을 끝없이 채찍질했지만, 그녀의 가슴은 그것이 아니라고 소리치고 있었다.

인생의 성공과 행복의 길은 어떤 한 점에 고정되어 있지 않건만, 사회의 일반적인 시각과 교육은 획일화된 목표를 향하도록 우리를 최면시킨다. 원하는 무엇인가가 되어야 하고, 현재의 자신보다 더욱 발전되고 나아져야 하며, 보다 큰 성취와 이루어야 하는 목표에 대한 압박감은 우리를 심리적 강박으로 몰아넣는다. 그녀는 주어진 목표를 향해서 열심히 달려가지 못하는 스스로를 미워했고 자책했다. 외적인 미모와 다이어트에 대한 강박관념은 그녀로 하여금 삶을 심한 스트레스와 반복된 혼란의 패턴에 빠뜨리고 있었다.

상담을 진행하면서 그녀는 중학교 때까지 자신이 미술과 만들기를 얼마나 좋아했는지 기억해 냈다. 고등학교에 들어가면서 모든 과목은 수학과 영어에만 집중되었고 오직 대학을 위한 목표로 달려왔었다. 상담을 통한 이런 자신에 대한 이해와 탐구는 그동안 고등학교 이후 왜 공부가 재미가 없고 항상 스트레스였는지를 알게 했다. 그러면서 그녀는 지난날 그토록 집착했던 선생님의 꿈이 단순히 누구에게 보여 주기 위해서이거나 생존을 위한 직업이 아니라 자신이 좋아하고 다른 이와 함께 나누고 싶은 내면의 소망이었음을 알게 되었다.

그녀는 그동안 감정적으로 자기 내면의 불안과 외로움, 공허감을 보지 않으려 했으며, 현실적으로는 시험이라는, 인생을 위

해서 통과해야만 할 도전과 과제 앞에서 지치고 힘들어 회피하려
했던 스스로의 마음들을 보았다. 폭식은 내면의 공허감을 채우는
대용품이었다. 스트레스 앞에 허기를 달래려고 먹는 음식은 약간
의 긴장감은 해소해 줄 수 있지만 먹은 후에 더 많은 짜증과 불만
으로 그녀를 수치스럽게 만들었다.

　부모나 사회로부터 조건적인 사랑에 익숙한 그녀는 스스로에
게 기준과 조건을 걸고 완벽하지 못한 자신을 받아들이기 힘들어
했다. 다이어트에 대한 집착은 내면의 감정적인 모든 문제를 외
부의 체중으로 돌려 이것을 통제함으로써 내면의 공허감과 수치
심을 직면하지 않으려는 마음의 방어 패턴이었다. 그녀에게 인생
이란 늘 뭔가 해야 하고 성취하는 것이었기에 한 번도 편히 즐길
수 없었다. 부모님의 조건적인 사랑 속에 그녀의 삶은 부모님의
인정과 칭찬을 얻기 위한 달리기 시합과도 같았다. 그녀는 이제
지쳤다고 했다.


　이완명상을 하면서 그녀 내면에 억압된 감정들과 상처받은 '어
린 나'의 이미지를 찾아보도록 유도했다.



## 내 안의 아이

　원장님이 이완명상을 유도하며 어릴 때의 나의 모습을 보라고
했지만 처음에는 아무것도 보이지가 않았다. 다시 원장님이 현
재의 지치고 힘들고 죽고 싶은 마음을 있는 그대로 느끼면서 천

천히 과거의 이미지를 떠올려 보라고 유도하였을 때 희미하게 한 아이가 보였다. 옛날 집인데 벽 밑에 쪼그리고 앉아 고개를 다리 사이에 박고 땅바닥만 바라보고 있었다.

원장님이 그 아이에게 말을 걸어 보라고 해서 말을 건네 보려고 했다. 하지만 그건 단지 시늉이었을 뿐…… 시간이 지나면서 좀 더 찬찬히 바라보았다. 그리고 옆에 섰다. 아이는 내가 옆에 있든 앞에 있든 아무런 관심도 움직임도 없었다. 아이의 손을 잡아 보았다. 아니 손을 잡는 상상을 했다. 아무런 움직임이 없고 따뜻하지도 차갑지도 않은 회색빛깔의 아이 손…… 아주 마르고 작은 체구에 머리카락을 길게 늘어뜨리고 고개 숙인 아이…… 아이를 안아 보았다. 아무런 반응이 없었다. 가만히 안고 있었다. 그래도 반응이 없었다. 나는 다시 옆에 섰다. 아이는 바닥에 낙서를 했다. 나는 아이를 다시 불러 보았다. 그리고 미안하다고 했다. 아이가 고개를 들었다. 그런데 아무런 표정이 없다. 눈에 초점이 없고, 무표정에, 내가 보는 것을 느끼는지 못 느끼는지조차 알 수 없는 표정이었다.

어떻게 표현할 수가 없었다. 너무나 충격적이었다. 이 세상의 어떤 잔인한 장면보다도 내 가슴을 더 찢어 놓는 듯했다. 계속 눈물이 났다. 내가 뭘 하고 살았는지 이제는 더 이상 모르겠다. 뭘 추구했는지…… 뭘 위해서 살았는지…… 겁이 나서 이 상황에서 도망치고 싶었다. 너무나도 차가운 내 마음의 아이…… 내가 그렇게 만들었다고 생각하니 견딜 수가 없었다. 그토록 오랜 세월 그 장소에서 내가 오기를, 손을 내밀어 주기를, 말을 걸어 주기를 기다린 아이…… 미안하다고 소리쳤다. 눈물이 계속 났다.

"나를 사랑해 주셔요." 아이가 한마디 한다. "미안해. 혼자 둬서…… 사실 널 볼 자신이 없어 늘 도망 다녔는데……." 두렵지만 아이가 앉은 그 벽으로 다가가 쪼그리고 앉아 땅바닥에 함께 낙서를 했다. 아이를 웃게 해 주고 싶다. 그냥 미소를 돌려주고 싶었다. 아이에게 이제 아무것도 요구하지 않는, 그냥 바라만 봐도 좋은 사랑을 약속했다.

원장님이 이완을 마치고 현재 의식으로 돌아오게 했을 때, 눈물과 콧물이 얼굴에 범벅이 되어 있었다. 부끄러웠지만 뭔지 모르게 가슴속에서 오랫동안 들고 있던 짐이 내려진 듯 가벼움이 느껴졌다.


## 자기 정체성

요즘 우리나라 젊은 사람의 83%가 대학에 진학한다고 한다. 나는 상담을 진행하면서 자신의 미래와 앞날에 대해 걱정하고 방황하는 젊은이들에게 "공부를 왜 하는가?"라고 물을 때가 가끔 있다. 그러면 그들의 대답은 대부분 잘살기 위해서, 좋은 직업을 가지려고, 해야 하니까, 남들이 하니까, 공부를 잘하면 기회를 많이 가질 수 있으니까 등등으로 대답한다.

배움과 공부는 지식의 축적도 중요하지만 그보다는 자신을 바르게 알기 위함이 되어야 한다. 성공한 많은 사람들이나 큰일을 이룬 사람들은 대부분 지식이나 정보를 많이 가진 사람이라기보다는 자신을 잘 아는 사람이라고 할 수 있다. 왜냐하면 인생이란 순간순간 선택의 연속이기에 자신을 잘 이해하지 못한 상태에서 주변의 분위기나 사회의 유행에 따른 선택들은 스스로에게 패착이 되는 경우가 많기 때문이다.

　나 또한 젊은 시절 어머님을 기쁘게 해 드리고, 주위의 인정을 받고, 힘든 집안을 일으켜야 한다는 명목으로 대학을 법대로 선택했고, 대학에 들어가자마자 그 흔한 미팅 한 번 하지 못하고 오직 공부에만 전념한 적이 있었다. 하지만 법의 딱딱함은 나와 맞지 않았고 억지로 책상에 앉아 집어넣는 공부는 시간이 지날수록 가슴에 공허감과 방황만을 낳았다. 남들은 장학생으로 법대를 다니는 나를 부러워했지만, 나의 삶은 고시 공부의 심한 압박감과 벗어날 수 없는 깊은 수렁으로 힘들었다. 삶이 도대체 어디로 가고 있는지, 무엇을 위해 살아야 하는지 수없이 이유와 해답을 찾으려 했지만 마음은 좌절과 절망뿐이었다.
　군대를 갔다 온 후에는 더욱 공부에 대한 의미를 잃어 갔고, 대학 졸업은 점점 다가오는데 어디로 가야 할지, 어떻게 살아야 할지 모르는 삶은 하루하루가 지옥이었고, 밤에 잠을 자면서 차라리 아침이 오지 않기를 수없이 기도했다. 머리로는 나를 채찍질하고 다잡았지만 그것은 그때 잠깐뿐이었고, 다시금 밀려오는 가슴의 공허감은 나를 좌절과 분열 속으로 더욱 세차게 밀어 넣었다. 달려가야만 하는 현실의 상황과 힘들어 거부하는 가슴 사이에서 나의 젊은 시절은 방황과 고통의 연속이었다.
　고생하시는 어머님과 동생을 보면서 장남의 책임감을 다하지 못하는 나 자신이 싫었고, 더 나은 미래와 무언가가 되고자 하는 이상을 향해 달려가지 못하는 나 자신이 초라하고 못나 보였다. 가슴과 머리에서의 오랜 방황과 무기력은 그동안 주변 사람들에게 쌓아 올린 나에 대한 기대와 바람들을 모두 무너뜨렸고 그들에게 실망만을 주었다. 그 과정에서 나는 철저히 고립되고, 무시받으며, 버림받기도 했다.

자신이 자신으로서 바로 서는 시작은 자기 내면의 외로운 감정을 홀로 만날 수 있을 때부터이다. 신이 우리에게 외로움이라는 감정을 주신 까닭은 아마도 "외로움 안에서 너 자신과 함께 있으면서 너를 찾고 너를 만나라."는 이유일 것이다. 하지만 나는 외로움이 싫었다. 아니 외로움이 두려웠다. 나도 저 많은 사람들의 무리에 뒤섞여 사회와 주변이 원하는 성공과 안정의 길에 편안하게 편입되고 싶었다. 그 당시 나는 내 가슴의 공허감과 외로움을 진정으로 이해하고 만나기보다는 철학과 자기계발 서적, 그리고 종교와 깨달음이라는 관념으로 현실을 도피하려 했다. 하지만 현실을 회피할수록 내 앞에 놓인 현실적인 문제들은 더욱 나를 옥죄었다. 주위 친구들은 모두 취직을 하고 결혼도 했는데, 나는 앞으로는 공부한다는 핑계로 현실을 도피하며 뒤로는 사실상 무력감에 빠져 있었다.

정신적 고통과 신경증은 대부분 정체성의 혼란에서 오는 경우가 많다. 어릴 때 우리는 힘이 없었기에 우리를 반영하고 보호해줄 부모님이나 주위 어른들의 시각과 기준이 필요했다. 정체성은 생존을 위해 자신을 지키고 안정되고자 하는 방어 패턴이자 생존 전략이다. 그러기에 정체성은 개인이 가진 본래 성향과 삶의 경험이 만든 조건화된 인격들로 형성된다.

정체성의 혼란이란 상황이 변함에 따라 자신을 보호하던 정체성의 보호막이 더 이상 유용하지 못한데도 계속 과거의 방어 패턴에 집착하는 마음이 만들어 내는 심리적인 갈등이다. 신경증과 정신적 고통은 우리에게 과거의 습관에 묶여 있던 마음을 내리고 새로움으로 나아가길 원한다. 하지만 우리는 두려움 때문에 자기 존재에 안정감을 주는 익숙한 것들을, 비록 힘들고 고통스럽더라도 포기하지 않으려는 경향이 많다.

상처받은 마음은 자아를 지키는 힘이 약해져서 스스로를 방어하고 보호하는 경계선이 쉽게 침범 당한다. 상처는 결국 스스로 지금껏 유지해 온 자기 정체성에 흠집이 난 상태이다. 심리학은 상처입어 작아지고 약해진 자기 정체성과 경계선을 바로 세워 튼튼한 보호막을 만들어 주는 학문이라고 할 수 있다.

나는 정체성의 변화와 혼란을 겪는 내담자들을 상담하면서 그런 혼란의 상황에서 그들이 취하는 태도를 3가지로 분류해 보았다. 첫째 부류는 현실적으로 더 이상 유용하지 못한 정체성을 바꾸거나 변화시키기보다 그것에 더욱 집착하여 새로운 가능성을 외면하는 사람들이다. 이들은 현실과 변화에 대한 두려움으로 자신을 합리화하는 경향이 많다. 이런 사람들은 자기방어의 기준과 틀 안에 더욱 고립되어 신경증이나 정신적 고통을 가중시키거나 연장하는 경우가 많다.

둘째 부류는 과거에 가졌던 자기 정체성을 부정적으로 평가하거나 판단하여 더 나은 이상과 새로운 정체성에 도달하려 안간힘을 쓰는 사람들이다. 이런 사람들은 상담에서 언제나 더 나은 방법과 해결책을 찾으려 하며, 성공을 위한 자기계발 서적에 탐닉하거나 성취를 위한 긍정적인 자기암시를 찾는 경우가 많다. 이들은 자신을 진실로 이해하고 받아들이기보다는 현재의 불만족스러운 자신을 회피하는 수단으로 더 나은 정체성을 가지려고 노력한다.

셋째 부류는 자기 아닌 더 나은 다른 존재가 되려고 애쓰는 마음을 모두 내리고, 자신의 현재 경험에 마음을 열고, 문제를 있는 그대로 직면하고 받아들이려는 사람들이다. 물론 자신의 문제를 직면하고 받아들인다는 것이 쉬운 일은 아니다. 왜냐하면 그동안 우리 안에 오랫동안 최면되어 온 신념이나 기대, 과거 경험과 기억의 습관들이 사물과 상황을 있는 그대로 직면하지 못하게 하기 때문이다.

첫 번째 사람들은 정체성이 혼란스러운 시기에 고통과 문제를 만들어 내는 자기 정체성에 더욱 집착하여 놓지 않으려는 사람들이며, 두 번째 사람들은 자기 정체성의 더 큰 확장을 통해서 외부적인 안정을 추구한다. 이들은 목표의 달성으로 잠깐의 만족은 느낄지 몰라도 더 나은 만족과 성취를 향해 끝없는 투쟁에 쫓기는 삶을 살게 된다. 그리고 세 번째 사람들은 정체성이란 고정된 어떤 것이 아니라 그때그때의 상황과 여건에 따라 유연하게 바뀔 수 있는 자유로운 선택임을 아는 지혜로운 사람들이다.

정체성의 혼란에는 언제나 심리적인 불안과 두려움이 내면에 깔려 있다. 불안은 안정성을 추구하고 변화를 두려워한다. 하지만 삶은 고정되지 않고 언제나 변하기에 우리는 자신과 상황에 대해 열려 있는 마음을 가져야 한다. 그럴 때 정체성의 혼란은 혼란이 아닌 새로운 변화와 창조의 기회를 제공한다.


## 되고자 하는 마음

한 마리의 개미가 설탕이 가득한 산으로 올라갔다. 그곳에서 개미는 한 알의 설탕만을 먹고도 배가 불렀다. 개미는 설탕 한 알을 가지고 집으로 돌아가며 생각을 했다. "내일은 설탕 산 전체를 집으로 옮겨야지."

옛날에 엄청난 부와 권력을 소유한 왕이 있었다. 어느 날 왕에게 한 거지 성자가 찾아왔다. 그는 동냥 그릇을 내밀며 그것에 물건을 채워 줄 수 있는지 왕에게 물었다. 왕은 거지 성자를 비웃으며 시종을 시켜 그릇에 물건을 채우게 했다. 하지만 그 그릇은 아무리 채워도 채워지지가 않았다. 왕은 비로소 깨달은 바가 있어서 성자에게 가르침을 청했다. 거지 성자는 대답했다. "이 욕망이라는 그릇은 세상의 모든 보물을 담아도 채워지지 않을 것입니다. 아무리 채워도 채워지지 않을 욕망의 그릇을 깰 때 왕과 나라는 풍족할 것입니다."

우리는 모두 삶에 어떤 의미와 목표를 세우고 그것을 내면에 동기화하여 무언가가 되려고 노력한다. 나는 현재 '이것'이지만 미래의 언젠가 더 나은 '저것'이 되고자 한다. 현재의 자신에 대한 불만과 스스로를 받아들이지 못하는 마음은 미래에 주목받는 인간이 되려 하고 남들보다 뛰어난 무언가를 이루고 성취하고자 한다. 이런 되고자 하는 마음과 이루고자 하는 마음, 성취하고자 하는 마음을 우리는 '욕망'이라고 부른다. 물론 삶에서 욕망이 잘못된 것은 아니지만 욕망이 삶을 장악할 때 충족되지 못한 욕망은 마음을 위축시켜 자기비하나 자기부정에 빠지게 한다.

무엇이 되고자 하는 이런 성취와 목표의 추구는 불만족한 내면을 채우려는 자기욕망의 투영이다. 행복은 욕망의 이룸에서 얻어지는 충족감이 아니라 삶을 있는 그대로 수용하고 허용하는 데서 얻어지는 존재 자체의 향기이다. 욕망을 충족하기 위한 투쟁과 노력은 '현재 있는 그대로의 자신'과 '미래에 이루고자 하는 자신' 사이에 끝없는 분열과 갈등을 조장한다. 욕망은 관계 안에서 이해받고 싶고 사랑받고 싶은 욕구가 좌절될수록 더욱 강하게 일어난다.

삶에 특별히 살아야만 하는 어떤 이유를 찾는 마음은 어쩌면 진실한 현재의 자기 모습이 싫거나 불만족해서 다른 무언가 특별한 것이 되고자 하는 마음인지도 모른다. 삶이란 성취와 이룸에서 얻어지는 만족도 있지만 그보다는 존재함 그 자체가 목적이자 의미이다. 순수한 자신이 무엇인지도 모른 채 자신과 다른 무언가 특별한 어떤 것이 되고자 하는 마음은 진실한 삶이 주는 기쁨과 자유를 왜곡한다. 남들과 비교해서 그들보다 더 멋진 꽃을 피울 것이 아니라 그냥 있는 그대로의 자신을 받아들이고 자기만의 향기와 꽃을 피우는 것이 삶의 진정한 목적이다.

무엇이 되려는 마음과 무엇을 이루려는 마음은 현재의 자신을 받아들이지 못하는 마음에서 비롯된다. 그런 마음은 자신을 사랑할 수 없다. 되려는 마음이 일으키는 내면의 분열이 사라질 때, 갈등이 사라질 때, 무엇이 되려는 투쟁을 그만둘 수 있을 때, 삶이란 있는 그대로 빛이며 사랑이다.

인생에 변화와 선택은 언제나 열려 있다. 하지만 우리가 변화를 두려워하고 선택권이 자신에게 주어져 있지 않다고 느낄 때 우리는 스스로를 삶의 피해자라고 생각한다. 우리는 현실이 힘들고 고통스럽다고 하면서도 변화를 두려워하여 익숙한 것에 집착하고 그것을 지키려 한다. 그때 익숙함은 습관처럼 고착화되어 변화와 유연함을 상실하게 한다. 정신적 방황과 정체성의 혼란은 우리에게 변화의 시작을 알리는 신호이다.


## 내 인생에 대한 탐구

내 인생을 돌아보면 나는 무지개 소년과 같이 어릴 적부터 무언가를 추구하며 달려 온 삶이었다. 조급함과 쉬지 못하는 마음은 가만히 정체된 나를 용서할 수 없었고, 성장과 진보와 성취가 없는 머무름은 퇴보한다는 두려움으로 끊임없이 배우고 읽으며 계속 축적해 왔다. 하지만 배움과 성취를 축적할수록 목마름의 갈증은 더욱 커지고 공허했으며, 다시 비워진 내면을 보는 것이 너무나 두려워 뭔가로 채우려고 또다시 밖으로 달려 나갔다. 끝없는 추구와 쳇바퀴의 반복은 나를 허망함과 무력감에 빠뜨렸고, 그 공허감은 나에게 삶을 다시금 돌아보게 만들었다.

나는 무엇을 원하는가?

나는 어디로 삶을 끌고 가려 하는가?

내가 추구하는 것은 진정 무엇인가?

지난 날 이런 의문을 풀기 위해 내가 걸어온 길에서 그 첫 번째는 종교 생활의 시작이었다. 어릴 적 가난하고 의지할 데가 없었던 나에게 처음으로 따뜻한 관심을 가져 준 곳이 교회였다. 10대에서 20대의 중반까지 교회는 내 삶의 모든 것이었고, 교회의 가르침은 내 인생의 등불이었으며, 교회 사람들과의 관계는 나를 나로 세우는 디딤돌이 되어 주었다.

그랬기에 나는 교회 생활에 열심이었다. 유치원 교사와 성가대 활동, 학생회 활동은 새로운 관계의 시작이었고, 고아원과 병원 환자들에 대한 봉사는 나를 가치 있는 사람으로 여기게 만드는 자부심을 주었다. 그렇게 그냥 아무 의문 없이 교회의 교리를 따르고 신앙하며 믿었을 때 나는 진심으로 행복했고 아무 문제가 없었다.

하지만 어느 때부터인지 몰라도 나의 가슴 한켠에는 의심과 알고자 하는 욕구가 싹트기 시작했다. 성경의 말씀을 읽어도 도무지 믿기거나 이해가 되지 않았다. 의심과 의문을 해소하고자 목사님이나 전도사님과 논쟁도 벌였고, 진정으로 알고 싶었다. 이해하고 싶었고 믿고자 했지만 돌아온 대답은 "그냥 믿어라."는 말씀과 "의심하지 말고 받아들여라."는 공허한 말들뿐이었다. 그때부터 목사님의 설교는 알맹이 없는 메아리였고, 사람들과 나누는 헌신과 봉사는 교회 내에서만 인정받고 저희들끼리만 나누는 자기만족이었으며, 사랑의 기도와 의식들은 남들에게 보여 주기 위한 외식으로 느껴졌다. 어느 곳에서도 진실을 발견할 수 없었다.

신앙의 교리는 앞으로 올 천국과 내생을 위하여 세속의 욕심을 버리고 현실을 초월하여 나중에 있을 빛나는 보상과 새로운 세상을 위한 헌신을 강요했다. 입으로는 사랑을 얘기하지만 그들의 태도는 불신앙인들보다 더욱 편협했다. 자신만의 교리와 관념에 묶여 현실을 포용과 사랑으로 보는 것이 아니라 관념의 기준으로 옳음만을 강요하는 바리새인이나 율법학자와 같았다. 나는 신앙을 통해서 내 영혼의 진실을 만나고 내면의 소리를 듣는 것이 아니라, 교리와 신념의 노예가 되어 두려움에 허덕이고 있는 나를 보았다. 그들은 내면의 진실이 아니라 외적으로 만들어진 교리와 관념에서 진실을 찾으려는 것 같았다.

그래서 결국 교회를 그만두고 20대 후반부터 30대 중반까지 나는 새로운 이상과 꿈을 향해 어느 명상 단체에 귀의했다. 그 단체는 이상주의와 실용주의가 겹친 새로운 비전과 꿈을 주는 유토피아와 같았다. 나는 단체의 이상과 비전을 나와 동일시하면서 새로운 목표와 비전을 향해서 모든 삶을 헌신했다. 그것이 나와 인류를 살리는 길이며, 세상을 아름답게 만들고 변화시킬 것이라는 확신을 주었기에 나는 자부심과 정신적 우월감을 가졌다. 가족과 나의 세속적 욕망들을 모두 희생하며 더욱 크고 가치 있는 삶을 추구한다는 착각에 나는 나를 버리고 이상과 비전에 모든 것을 걸었다.

하지만 스승과 제자의 관계는 결국 이용자와 이용되는 관계였을 뿐이며, 큰 사랑과 비전에 대한 집착은 내 안의 우월감과 자기만족이 되어 진실과 현실에 눈멀게 만들었다. 나는 이런 정신적 자기만족의 확대를 지성과 영성의 진보로 착각하면서, 내 안의 진실을 만나기보다는 지도자의 지식과 말을 내 것인 양 동일시하고 현실의 진실들을 회피했다. 명상 지도자라는 옷을 입고 이상과 비전의 허울을 썼지만 잠자기 전이나 홀로 있을 때면 현실의 무게감이 나를 압박했다. 아무리 열정과 간절함으로 비전의 불꽃을 가슴에 살리려 했지만 꺼져 가는 불씨는 나의 삶을 더욱 차갑게 만들었다.

명상 단체를 벗어나 현실의 삶으로 돌아온 나는 그동안 외면해 온 내 앞의 현실들을 진실로 책임지려는 마음으로 작은 일에도 최선을 다하려 했다. 하지만 내 안의 성장하고자 하는 욕구와 더 나아지려는 추구는 나를 현실의 삶에 가만히 내버려두질 않았다. 나는 다시금 나를 이끌어 줄 스승을 찾아 헤매었고, 또 다른 스승을 만났다. 그 스승은 사랑과 덕을 본질로 삶 자체의 행복을 강조했다. 나는 또다시 깨달음과 진실한 사랑과 덕을 찾아 열심히 수행했다. 수행의 욕망은 내가 얻고자 하는 무지개를 줄 것 같았고, 가끔씩 일어나는 영적 체험들은 나를 더욱 부추겼다. 하지만 그것은 단지 내 욕망의 투영이었으며, 내 에고의 자기확장일 뿐이었다. 나는 내면의 진실로 돌아온 것이 아니라 스승이 만든 또 다른 이상과 환상을 붙잡으려 했다.

나는 물질적인 욕망에 무관심한 척할수록 정신적인 성취와 영적인 보상으로 나의 욕구를 채우려 했으며, 현실에서의 인정과 성취가 부족할수록 수행과 초월의 결과치로 더 큰 인정과 보상을 받고 싶었다. 끊임없이 무언가 추구하고 무엇이 되려는 갈망은 나 자신을 더욱 확장하여 권위를 세우고, 인정받고 싶고, 안전해지고, 더 큰 만족을 얻고자 하는 욕망의 또 다른 형태였다.

어느 순간 나는 내가 진리를 알거나 진정한 행복을 얻고자 하는 것이 아니라 내 안의 충족되지 못한 욕망을 진리의 이름으로 추구했음을 깨닫게 되었다. 나의 마음은 바깥으로 나가 있었고 남들을 의식하고 그들의 인정을 구했다. 나는 나의 마음에 대해 철저히 무지했다. 나는 나의 아픔과 욕구와 현실은 외면한 채 어떤 진리의 관념과 나를 동일시하여 진실한 나의 문제로부터 회피했음을 알게 되었다.

나는 나에게로 돌아왔다. 탕자가 아버지의 집을 떠나 세상을 떠돌다가 다시금 아버지의 편안한 집으로 돌아가듯이, 어느 날 나는 발걸음을 나에게로 돌렸다. 나는 내 안의 상처받은 마음이 만든 열등감과 수치스러움이 나를 성취와 이루려는 마음으로 달려가게 만들었음을 보았다. 나는 그때부터 내가 이룬 업적이나 성취가 아니라 나를 있는 그대로 받아들이려고 노력했다. 부족한 나를 받아들이고 부끄러운 나를 더 이상 포장하거나 숨기려 하지 않고 받아들이려 했다.

행위(노력과 성취)는 존재의 기반 위에 설 때 빛을 발하지만, 자기 존재의 기반이 없는 허약한 곳에서는 아무리 많은 것을 이루고 성취할지라도 마음은 텅 빈 상실감을 줄 뿐이다. 먼저 내 존재에 대한 인정과 꽃피움이 없이 외적으로 무언가 되려 하거나 이루려 했던 마음은 언제나 방황과 고통의 연속이었다. 하지만 나를 있는 그대로 받아들이고 나의 존재 자체를 수용하자 현실의 모든 것이 있는 그대로 행복 자체임을 알게 되었다.

# 자기 정체성 테스트

* 자신에게 해당되는 사항에 체크하세요.

1. 새롭게 일을 하려고 계획할 때마다 걱정되거나 두렵다. ( )

2. 나는 많은 사람이 좋아하는 괜찮은 사람이지만 나 자신에 대한 확신이 없다. ( )

3. 나는 반항적이며 다른 사람과 다툴 때 살아 있다는 걸 느낀다. ( )

4. 내면 깊은 곳에서 무엇인가 내게 잘못된 것이 있다고 느끼고 있다. ( )

5. 내 마음은 마치 창고와 같아서 무언가 쌓아 두고 내버릴 수 없다. ( )

6. 남자로서 혹은 여자로서 부족하다고 느낀다. ( )

7. 내가 가진 성(남성, 여성)의 정체성이 혼란스럽다. ( )

8. 사람들과 다툼이나 갈등이 생겼을 때 나 자신을 두둔하면 왠지 죄책감이

   느껴져서 차라리 다른 사람들의 편을 드는 게 낫다. ( )

9. 새로운 일을 시작하거나 변화하기가 어렵다. ( )

10. 나만의 주관을 가져 본 적이 드물다. ( )

11. 일을 시작하면 끝내는 게 어렵다. ( )

12. 나의 부족함에 대해 계속해서 스스로를 비판한다. ( )

13. 나 자신이 죄 많은 사람이라고 생각하며 지옥에 갈까 봐 무섭기도 하다. ( )

14. 나는 아주 엄격하며 완벽주의자다. ( )

15. 한 번도 내가 능력이 있다고 생각해 본 적이 없고 제대로 일을 해 본 적도 없다. ( )

16. 내가 진정으로 원하는 것이 무엇인지 모른다는 생각이 든다. ( )

17. 완벽하고 잘 되기 위해 나 자신을 통제한다. ( )

18. 성적으로 매력적이지 못하면 아무것도 아니라는 생각이 든다. ( )

19. 인생이 공허하다. 그래서 항상 우울하다. ( )

20. 나 자신이 누구인지 정말 모르겠다. 나의 장점이 무엇이고, 내가 무엇을

   원하는지 모르겠다. ( )


* 10개 이상 해당되면 정체성에 심각한 문제가 있습니다.

# 상처로 인한 예민함

## 질문과 답변

이런 부분도 상담으로 괜찮아질 수 있을까요. 저는 우선 심리적인 부분보다 신체적인 부분에서 많이 힘이 듭니다. 기분이 우울한 것은 두 번째 문제이고 당장은 몸이 너무 안 좋아서 죽을 것 같습니다. 몸만 좋아지면 뭐든지 다 잘할 수 있을 것 같은 기분입니다. 구체적으로 어떻게 안 좋냐 하면 우선은 잠을 푹 자질 못합니다. 잠이 아예 안 드는 것은 아닌데 설핏 잠이 들었다가 다시 깨고, 또 잠이 들었다가 다시 깨는 걸 반복합니다. 그리고 가끔은 안 깨고 잠을 자기도 하는데, 문제는 그렇게 잠을 많이 자고 일어나도 다음 날 몸의 상태가 너무 무겁고 나쁘다는 겁니다.

그리고 몸에 힘이 안 들어갑니다. 무기력한 느낌이라고 해야 하나요. 몸에 힘이 안 들어가니까 아무것도 못하겠습니다. 그냥 하루 종일 누워만 있고 싶습니다. 힘이 없으면서 허벅지 쪽이 간질간질한 느낌이 들면서 몸에 전체적으로 힘이 안 들어가는 것 같습니다. 그리고 머리가 맑지 못하고, 식욕도 없고, 먹으면 항상 뭔가 체한 거 같은 느낌 때문에 속도 안 좋지만, 안 먹으면 힘이 안 나니까 억지로 먹고 있습니다. 어깨도 딱딱하게 굳어서 아프고 가끔 뒷머리도 당기고, 가끔은 심장이 철렁거리는 느낌도 듭니다.

작년 이맘때쯤에도 이런 증상들 때문에 엄청나게 고생을 했습니다. 그때 병원이란 병원을 다 다니면서 검사를 했습니다. 피검사, 소변 검사, 심전도, 산부인과도 가 봤지만 모두가 정상이었습니다. 그래서 정신과에도 가 봤습니다만 그곳은 그닥 믿음을 주지 못해서 그냥 나왔습니다. 그러다가 인터넷을 찾던 중 만성피로가 저와 증상이 비슷하다는 것을 알고 서울의 유명한 만성피로 전문 병원에 다녔었습니다. 그곳에 다니면서 몸의 치료와 함께 마음의 치료도 함께 해야 한다는 것을 알고 심리 상담 치료도 받아 봤습니다.

그 외에 굿도 해 보고, 정말 작년에는 안 해 본 것이 없을 정도였습니다. 그렇게 여러 가지를 하면서 차츰차츰 증상이 좋아져서 작년 10월쯤부터는 상태가 꽤 많이 호전되었습니다. 그리고 11월쯤부터 올해 4월 중순까지만 해도 무척 잘 지냈습니다. 이제는 다 나았구나~ 하는 생각도 했습니다. 그런데 올해 4월 말쯤부터 조금씩 뭔가 몸이 또 안 좋다는 느낌이 생겼습니다. 그러다가 5월에 들어와서 차츰차츰 몸의 상태가 나빠지기 시작하더니, 이번 주에 들어와서는 정말로 겨우겨우 일어나서 겨우겨우 회사에 출근해서 겨우겨우 하루를 어떻게든 버티는 수준이 되었습니다.

퇴근 후에 무언가를 하려고 하면 힘이 들어서 아무것도 할 수가 없습니다. 퇴근 후뿐 아니라 업무 시간 중에도 조금만 신경을 쓰고 일을 하면 극도의 피곤함을 느낍니다. 순식간에 이렇게 몸의 상태가 확 나빠질 수도 있다니 너무 기가 막힙니다. 작년에도 겪었기 때문에 이번에는 더욱 힘이 듭니다. 지난주까지만 해도 겨우겨우 마음을 추스르고 있었는데 이번 주에는 "아! 정말 이렇게 살면 뭐하나. 그냥 죽고 싶다."라는 생각이 듭니다.

몸만 좋아지면 정말 이번에는 열심히 제대로 살 수 있을 거 같은 기분입니다. 정말로 이게 그냥 신체만의 문제라면 어떻게든 치료를 하면 될 텐데 이런 경우는 어떻게 하면 좋을지 모르겠습니다. 작년에도 똑같은 말을 들었는데, 지금의 저는 마음이 몸을 지배하고 있어서 마음의 상태에 따라 몸의 상태가 달라진다고 하는데, 마음을 도대체 어떻게 해야 몸이 마음의 지배를 받지 않고 편해질 수 있을까요. 정말 어떻게 하면 좋을지 모르겠습니다.

작년에 아플 때도 다시는 재발하지 말았으면 했는데, 그게 너무 과도한 걱정이었기 때문에 또 이런 일이 벌어진 걸까요. 너무 힘이 듭니다. 정상적인 생활을 하고 싶어요. 가능할까요. 빨리 벗어나고 싶습니다. 이런 고통은 정말 너무 싫어요. 하고 싶은 것도 많고 만나고 싶은 사람도 많은데 몸이 따라주질 않으니 할 수가 없어요. - 동백

몸은 언제나 마음의 상태를 표현하는 거울 역할을 합니다. 몸 자체는 원래 스스로 병들지 않으며 단지 마음의 불편과 고통을 드러낼 뿐입니다. 님이 느끼는 여러 증상들은 한의 쪽에 가시면 기운이 위로 많이 상기되었다고 표현하기도 합니다. 아마도 님은 성향적으로 많이 민감하고 예민하여 매사에 긴장과 불안이 많은 성격이 아닌가 합니다. 현재 님은 직장의 일에 대해 스트레스를 심하게 받고 있거나, 아니면 대인관계에서 불편을 느끼고 있든지 간에 생활 속에서 습관적으로 긴장을 거의 편히 내리지 못하고 생각으로 불안을 계속 붙들고 있지 않은가 합니다.

님은 어쩌면 삶에서 편안함이라는 것을 거의 느껴 보지 못했을 수도 있습니다. 몸이 마음을 따른다면, 님이 가진 예민한 성향과 민감한 감각들은 외부 상황의 불안에 대해 은연중에 긴장과 저항으로 반응하고, 이런 과도한 방어 패턴과 에너지의 소모가 님을 쉽게 피로에 빠뜨리고 있는지도 모릅니다. 어쩌면 님이 가진 현재의 에너지 체계와 심리적인 방어 패턴은 사람이 많은 백화점이나 쇼핑센터에 가거나 야외 나들이와 같이 밖에 나갔다 오면 마음이 즐겁고 스트레스가 풀리는 것이 아니라, 몸은 더욱 피로하고 마음에는 더 많은 스트레스로 힘들 수도 있습니다.

상담은 님의 몸과 기운의 상태, 마음의 패턴과 습관 등을 종합적으로 점검하면서 님의 성향과 특징들을 잘 이해하여 스스로를 돌볼 수 있는 힘을 기르는 방향으로 진행될 것입니다. 님은 이제 외부를 향한 어떤 방법이나 해결책이 아니라 자신에 대한 진실한 이해가 필요하지 않을까 합니다. 상담을 하시면 자세히 드러날 것이라고 확신합니다. 감사합니다.

# 상담

그녀는 20대 후반의 공무원이었다. 갸름한 얼굴과 빈약한 가슴, 얼굴에 심하게 드러난 여드름은 외부의 작은 갈등조차 해결하지 못하고 회피해 온 그녀의 삶을 보여 주는 듯했다. 삶이란 원래가 갈등의 연속이다. 갈등은 우리에게 어떤 것을 선택하게 하고, 그 선택에 대해서 책임을 요구한다. 하지만 우리가 선택을 두려워하고 책임을 회피한다면, 갈등의 상황은 내면에서 만성화되어 끝없이 에너지를 소진시키고 심리적으로 의욕상실을 초래한다. 그러나 우리가 갈등을 회피하지 않고 직면하고 부딪쳐 간다면 갈등은 우리의 마음을 성숙하게 한다.

그녀는 제발 건강하게 살고 싶고, 마음이 편안하고 힘들지 않았으면 좋겠다고 했다. 상담 중에 "동백님은 병원에서 진단도 받고 각종 검사도 했지만 건강하다고 나오지 않았나요?"라고 물었을 때 그녀는 마지못해 그렇다고 대답했다. 그녀의 몸은 건강하고 아무 이상이 없었지만, 그녀의 내면무의식에는 힘들면 지난날 엄마처럼 정신적으로 문제가 생기지 않을까 하는 두려움이 쌓여 있었다. 그녀가 어릴 적에 엄마는 시댁과 오랜 갈등을 겪으면서 혼자서 중얼거리거나 심한 피해의식으로 정신분열증에 걸려 현재도 요양원에서 치료 중이라고 했다.

그녀의 내면에는 "삶이란 안전하지 않아. 나는 혼자이고 부족하기에 강하고 좋은 사람이 되어야 한다."는 뿌리 깊은 자기최면과 자기암시가 프로그램되어 있었다.

그녀에게는 정신병으로 정상이 아닌 엄마와, 술을 좋아하며 가정에 무책임한 아빠 사이에서 두 명의 동생이 있었다. 초등학교 저학년 때부터 그녀는 동생들과 집안의 일들을 돌보아야만 했다. 정신분열증으로 엄마는 기도원에서 1년 조금 넘게 있다가 나왔는데 그곳을 나온 후에는 상태가 더욱 나빠져 있었다. 그때 엄마는 기도원에서 음식을 훔쳐 먹는 버릇이 생겼다. 어느 날 세 들어 사는 주인집 음식을 훔쳐 먹다가 들켜서 주변 사람들에게 심하게 매를 맞는 엄마가 불쌍했지만, 힘이 없는 그녀는 뭐라고 하지 못하고 울기만 했다. 엄마가 정신적으로 정상이 아니라고 사람들이 막 대하는 모습을 보면서 그녀는 "엄마가 정상이었다면 그러지 않았을 텐데."라고 생각했다.

그녀는 살면서 "내가 정말 건강하구나."라고 생각해 본 적이 한 번도 없었다. 항상 "어디가 아프면 어떻게 하나." 하고 걱정을 많이 했다. 그래서 조금만 아프면 병원을 참 많이도 다녔다. 고등학교를 졸업하고 직업 전선에 뛰어들면서 일에 대한 과도한 긴장과 걱정은 신경성 위장병을 만들어 한 달 내내 죽만 먹었던 적도 있었다. 이런 불안은 20대 초반에 (마치 빨리 달리기를 하고 난 후처럼) 갑자기 머리가 어지럽고 심장이 심하게 두근거리면서 얼굴이 화끈거리는 증상을 낳았다. 그때 신경과에서 공황장애 진단을 받았다.

엄마의 빈자리를 메우고 그녀와 동생들을 돌본 건 할머니였다. 할머니는 시장에서 장사를 하며 번 돈으로 반찬과 음식을 만들어 주었다. 그녀는 할머니를 무척이나 좋아하고 사랑했지만 할머니에게는 언제나 남동생이 우선이었다. 할머니가 그녀를 좀 더 챙겨 주기를 바랐지만 그런 그녀의 마음을 몰라주고 항상 남동생만 챙기는 할머니에게 때로는 삐치고 속상해서 울기도 많이 했다.

작년에 갑자기 할머니가 돌아가시고 직장 일이 많이 늘어나면서 함께 일하던 사람들과도 많이 부딪치게 되었다. 그러면서 갑자기 의욕이 상실되고 기분이 바닥을 쳤다고 했다. 최근에는 자꾸 비관적인 생각이 들면서 "이렇게 힘든 세상을 왜 살아야 하는 걸까, 그냥 편안하게 죽으면 안 되는 걸까."라는 생각이 많이 든다고 했다. 그녀는 지금의 현실이 너무도 힘겹고 싫었기에 잠잘 때가 가장 행복하다고 했다.

상담 중 그녀는 감기에 심하게 걸려 3일 동안 아파서 누워 있었지만 아무도 돌봐 주지 않고 홀로 견뎌야 했던 초등학교 때의 기억을 떠올렸다. 아빠는 늦게 들어오고 엄마도 정신적으로 정상이 아니었기에 누구의 돌봄도 없이 혼자 외로워하고 고통스러워했던 내면의 아이를 떠올렸다. 갑자기 설움이 복받쳤고, 불쌍한 자신을 보면서 가슴 저 깊은 곳에서 슬픔이 올라왔다. 울음을 참으려고 손으로 입을 막았지만 슬픔은 흐느낌으로, 서럽게 서럽게 밀려나왔다. 그녀는 한 번도 제대로 된 보살핌을 받아 보지 못했고, 정상이 아닌 엄마를 보면서 "나는 절대로 엄마처럼 살지 말아야지."라고 결심했기에 조금만 아파도 걱정을 많이 했다. 그녀는 어쩌면 건강 염려증 환자로 살아왔는지도 모른다.

그녀의 모든 감각은 외부를 향해 너무나 예민하고 민감하게 열려 있었다. 아무도 그녀를 보호해 주지 않았기에 외부의 모든 상황과 작은 갈등조차도 그녀에게는 너무나 큰 불안으로 느껴졌다. 이런 불안에 대한 방어 패턴은 습관적으로 작동하면서 그녀의 신체는 언제나 긴장되어 있었고, 심장은 조이고, 머리에서 생각은 끊임없이 일어났다. 신체의 긴장은 신경성 위장병을 만들고, 심장의 조임은 공황장애로 드러났으며, 상황과 갈등에 대해 심한 걱정과 생각으로 통제하려는 마음은 불면과 어지러움을 만든 듯했다.

그녀는 자신의 예민함과 약함이 싫다고 했다. 차라리 둔감해져서 남들처럼 무감각하지만 편하게 살고 싶다고 했다. 하지만 그녀의 고통은 예민함 자체가 아니라, 예민함의 방향이 내면의 자신을 이해하는 쪽이 아니라 외부를 방어하고 내면의 진실을 직면하지 않으려는 쪽을 향했기 때문이었다.

우리는 사는 게 고통스럽기에 무감각해지기를 원하기도 한다. 둔감함은 자신의 고통을 이해하는 것이 아니라, 고통의 주위에 방어벽을 세우고 고통 자체를 잠재우거나 문제를 회피하게 한다. 정신적 고통의 대부분이 진실을 외면하려는 마음이라면, 치유의 길은 어떤 대가를 지불하더라도 문제의 진실을 직면하는 것이다. 마음은 스스로 숨기는 것만큼 병들고 어두워진다. 하늘 아래 숨길 것은 아무것도 없다. 치유의 길은 우리가 지난날 보려고 하지 않았던 아픈 과거로 다시 돌아가게끔 만든다. 돌아가서 진실을 보지 않는다면 고통은 반드시 되풀이된다.

그녀는 예민함을 자신의 장점으로 받아들이면서 어린 시절과 신체의 반응(긴장), 외부 상황에 대한 지나친 걱정 등을 탐구하기 시작했다. 예민함을 외부에 대한 방어가 아닌 그녀 자신에 대한 탐구로 돌리자, 그녀는 누구보다도 자신에 대해 많은 부분을 이해하기 시작했다. 모름이 불안과 두려움을 준다면, 사랑과 자유는 자신에 대한 올바른 이해가 주는 선물이다. 하나씩 이해될 때마다 그녀는 자신을 수용하고 받아들이면서 예민하고 불안한 마음이 점점 편안해져 갔다.


## 상담 후 나에 대한 관찰

상담을 하면서 나는 내 안의 사랑받고 싶은 마음이 건강 염려증을 만들었음을 보았다. 다른 사람들이 나를 좋아해 주었으면 해서 남에게 잘 보이려고 했고, 그래서 작은 갈등조차도 불안해하고 불편해했다.

상담을 마친 다음 날 아침에 양치질을 위해 화장실에 갔다가 거울 속의 나를 보았다. 축 처진 눈매, 우울한 표정…… "너!!!" 하고 소리를 쳤다. 그렇게, 처져 있고 불안해하며 힘없는 나를 다그치려다가 "아! 그래, 네가 힘들었구나. 미안해." 하고 마음으로 받아 주며 얘기를 하다 보니 복받쳐 올라오는 설움에 참을 수가 없었다. 도대체 뭐가 이리도 서러운지 자꾸만 눈물이 났다. 그래서 어린애처럼 입술까지 찡그리며 소리 내어 울었다. 그러면서 내 가슴을 도닥였다.

"미안해, 미안해. 다그쳐서 미안해. 많이 아프지. 힘들지. 힘들게 해서 미안해. 미안해."

그러면서 어릴 적 어느 추운 겨울 새벽에 깨어났을 때 엄마와 아빠가 없어서 찾아 헤맸던 불안하고 무서웠던 기억을 떠올렸다. 서러웠고 막막했으며 아무도 나와 함께 하지 않았기에 두려움에 홀로 남겨져 있던 그 심정……. 그렇게 힘들었는데 내가 나를 위해서 제대로 울어 주지도 못했구나. 미안해. 그렇게 울었다.

상담을 진행하면서 나는 나 자신이 힘들다고 느끼는 몸의 느낌과 감정들이 어쩌면 그냥 내 생각이 만든 착각인지도 모른다는 통찰을 가지게 되었다. 사실 내 몸은 아무렇지도 않은데 "나는 피곤하면 안 된다."는 생각이 스스로 피곤에 대한 두려움의 최면을 걸고 있었던 것은 아니었을까 생각했다. 상담 기간 중에도 나는 원장님이 말씀하시는 자기이해가 자기사랑이며, 치유를 위해 무조건 그렇게 해야 내가 좋아질 거라는 압박감으로 방법에 집착하는 나를 보았다. 이런 나의 습관화된 패턴들이 조금씩 이해되면서 나의 무력감이 어쩌면 현재 내가 떠맡은 삶의 책임들에서 벗어나고 싶어서가 아닐까 하는 생각이 들었다.

어릴 때 나는 굉장히 소심하고 내성적이고 말이 없는 아이였다. 아빠를 참 무서워했는데 아빠는 항상 술에 취해 집에 들어오셨기에 엄마 없는 집에서 돈이 필요하거나 반찬이 필요해도 말을 하지 못했다. 아빠에게 돈을 달라고 할 수 없었기에 어릴 때는 신문 접기 아르바이트를 하거나 라면으로 끼니를 때우거나, 술에 취해 자고 있는 아빠의 돈을 몰래 빼내곤 했다. 처음에는 굉장히 죄책감이 들었지만 나중에는 스스로 위로를 했던 것 같다.

언제부턴가 나는 집안의 기둥이 되었다. 그래서 내가 아프면 안 된다는 생각에 조금만 아파도 빨리 나으려고 용을 쓰게 되었고, 아픈 것을 무척이나 겁냈다. 나이가 들면서 아빠가 술만 마시고 우리를 제대로 돌보지 않고 정신병에 걸린 엄마를 책임지지 않은 것에 대한 원망이 많았다. 현재도 아빠는 술과 담배에

찌들어서인지 당뇨가 심하다. 아무리 조심하라고 해도 막무가내인 아빠.

이런 현실의 상황에 대한 생각이 들면 지금은 아빠에 대해 어떤 기대감도 없다고 포기했지만, 그래도 화가 나는 건 어쩔 수가 없다. 아빠에게 처음으로 "내가 아픈 건 다 아빠 때문이에요."라고 그동안 마음에 쌓아 온 불만들을 표현했다. 아빠에게 그렇게 얘기한 적이 없었기에 속은 시원했지만 아빠의 마음이 괜찮으려나 조금 걱정도 되었다.

세상은 나에게 너무나 두려운 곳이었다. 예전에 나는 조금만 힘들어도 "아! 죽고 싶다, 죽으면 편하지 않을까?" 했다. 하지만 지금 내가 깨달은 것은 난 행복하게 살고 싶다는 것이다. 나는 정말로 행복하게 살고 싶다. 잘살고 싶다. 그게 나의 진심이고 본심이다. 나는 어릴 적 불안하고 외로워도 내 옆에 아무도 없었던 내 안의 어린 나를 위해 편지를 썼다.


## 내 안의 어린 나에게

내 안에 항상 있던 너를 그동안 모른 척, 없는 척해서 미안해.
너는 계속 무서워 울고 있었는데,
가슴이 미어지도록 울고 있었는데
마음껏 울게 해 주지 않아서 더욱 미안해.
울고 싶을 땐 울어도 괜찮은데 울지 말라고 다그쳐서 미안해.
이제 울고 싶으면 울고, 아플 땐 아파도 괜찮아.

감춰 두고 없는 척, 모른 척하지 않을게.

항상 너와 함께 하면서 너의 편이 되어 안아 줄게.

세상 모두가 너를 비난하게 되더라도

나는 언제나 너의 편이 될게.

아픈 가슴을 보듬어 주고 세상에서 너를 가장 많이 사랑할거야.

남의 눈치 보고 남에게 잘 보이려 너에게 상처 주지 않을게.

사랑해. 세상에서 가장 너를 사랑해.


## 예민함과 둔감함

상담을 받으러 오는 많은 사람들이 자신의 성향을 얘기할 때면, 하나같이 자신들은 너무 예민해서 일상생활을 하기가 힘들다고 말한다. 그들에게 예민함은 다른 사람과 다른 유별나거나 상처받기 쉬운 약점이라고 생각하는 경향이 많다. 그렇다면 과연 예민함이란 나쁜 것일까? 기계나 전자제품의 경우에는 예민하고 섬세할수록 특별하거나 비싼 경우가 많다. 그렇다면 마음의 경우에는 어떠한가? 사람들은 대부분 심리적, 신체적으로 예민해지기보다는 둔감해지기를 원한다. 왜냐하면 예민함은 우리로 하여금 자기의 내면에 묻어 둔 두려움과 외로움, 공허감을 보게 만들기 때문이다.

우리 사회에서 예민함은 어쩌면 민감함과 섬세함이 아니라 약함과 신경질과 부정성으로 받아들이는 경우가 많다. 그래서 정신적, 감정적으로 고통을 받는 사람들을 신경증(예민함)이라고 하는

지도 모른다. 우리는 약함을 거부하고 강해지고자 한다. 사회적인 강함은 어쩌면 둔감함이며 힘과 권력과 권위를 지향한다. 힘에 중독된 사람들은 타인의 입장이나 다름을 받아들이지 않고 자기 뜻대로 하려고 한다. 그들은 자신이 추구하는 신념과 관념에 함몰되어, 그것이 주는 결과치만 성취할 수 있다면 잘못된 수단들을 모두 정당화해 버린다. 둔감함은 이기적인 자기도취이며, 물질적이고 감각적인 쾌락에 쉽게 중독되어 자기만족과 자기확대를 위해서라면 누구라도 이용하는 마음이다.

　무감각하고 둔감한 사람들은 스스로 무엇을 생각하는지, 자신들이 이 사회에 어떤 에너지를 표출하며 살고 있는지 모르기에 자신들이 뿌린 부정적인 상념들과 에너지에 대해 책임감을 느끼지 못한다. 어쩌면 둔감함은 책임을 지지 않으려는 무책임의 다른 말은 아닐까? 자기 생각의 가치 기준에 빠져서 상대에게 얼마나 힘든 폭력을 행사하는지 알지 못하는 부모나 권력을 가진 사람들, 자기의 종교나 교리를 신앙하며 사랑이라는 이름으로 분열과 갈등을 조장하는 사람들, 자기만의 이상과 관념에 집착되어 주위를 희생시키며 스스로를 정당화하는 사람들…….

　그들 모두는 진실에 예민해지기보다는 자신들이 믿고 싶고 붙잡고 싶은 가치와 관념에 중독되어 둔감해진 사람들이 아닐까? 우리는 진실에 눈감고 둔감해지면서 남들이 옳다고 하는 관념과 자기식의 경험에 집착되어 현재의 진실을 회피하고 있는지도 모른다. 현재의 내 안(있는 그대로의 나)에는 '두려움을 느끼는 나', '외로워하는 나', 밖으로만 달려갔기에 내면이 텅 빈 '공허한 나'들이 있지만, 이런 나를 보고 싶지 않아 스스로 둔감해지고 무뎌지기를 원하고 있는 것은 아닐까?

둔감함은 닫혀 있는 마음이다. 그것은 기준과 관념에 갇혀 있고, 틀지어진 마음이다. 그것은 두려움을 회피하고, 진실을 외면하며, 자신의 무지를 보지 않으려는 마음이다. 신경증(우울과 불안 등)은 외부의 상황으로부터 자신을 지키고 싶은데, 몸과 마음의 감각 자체가 예민하게 열려 있어 자신의 뜻대로 외부가 통제되지 못하는 데서 오는 고통이다. 그러기에 그들이 호소하는 고통은 자신의 뜻과 다르게 열려 있는 감각이나 신경 자체를 무디게 하여 다른 사람들처럼 무감각해지기를 원하는지도 모른다. 약물 치료는 신경과 감각을 무디게 만들어 그런 것을 원하는 사람들에게 도움이 될 수도 있다.

하지만 닫혀 버린 감각과 얼어붙은 신경은 생명력과 활력을 차단하여 삶의 행복과 진실이 무엇인지를 알지 못하게 한다. 어쩌면 신경증은 내면의 진실을 향해 열려 가고자 하는 얼어붙은 감각들의 외침이며, 둔감함과 무감각으로 죽어가는 감정과 생명을 살리려는 영혼의 선물인지도 모른다. 신경증에 걸린 사람들은 내면의 진실을 직면하지 않으려 온갖 행위들을 한다. 그들은 자신을 다른 무엇(종교와 같은 정신적인 것이나 재산과 지위 같은 물질적인 것 등)과 동일시하기도 하며, 자신이 만든 이미지(가치, 관념, 신념들)를 유지하고 지키려 자신을 정당화하기도 한다. 때로는 자신의 고통스러운 감정들로부터 회피하거나 도망치고자 (컴퓨터나 술, 오락, 게임, 도박, 쇼핑, 섹스 등) 중독에 빠지기도 한다.

신경증은 무의식적으로 굳어 버린 감각들의 새로운 열림이다. 그것은 습관적인 방어 패턴을 위협하여 스스로를 예민하게 만든다. 하지만 우리는 신경증이 요구하는 감각의 열림이나 삶이 요구하는 변화에 귀 기울이지 않고 저항하며 둔감해지려고 한다. 예민함이란 자신과 세상을 향해 마음을 여는 것이다. 신경증의 예민함은 아직 그들의 마음이 내면을 향해 열리지 못하고, 외부의 환경에 대해서만 감각들을 예민하게 만들어 부정적으로 방어하고 있음을 드러낸다. 이런 예민함은 관계 안에서 혼란을 일으키게 할 뿐이다. 하지만 이러한 자신의 습관적인 패턴을 인식하고 상황에서 방어하려는 습관이 일어날 때 열림을 선택한다면, 예민함은 삶의 진실을 가장 풍부하게 느끼는 최고의 수단이 된다.

예민함이 내면의 열림으로 나아가야만 우리는 진정한 자신의 내적 요구와 삶을 이해할 수 있다. 예민함은 진실을 알 수 있는 이해의 마음이며, 살아 있는 생명과 사랑을 있는 그대로 느끼고 숨 쉬게 하는 도구이다. 예민한 사람만이 진정으로 자신이 누구인지 알 수 있다. 하지만 둔감함은 신념에 최면당하거나, 신앙과 관념에 자신을 맡겨 버리고, 자신의 문제를 회피하여 중독으로 도망치게 만드는 어리석은 안전감이다. 둔감함은 무지의 또 다른 이름이다. 비록 예민하게 열려서 힘들고 상처받을 수 있을지는 몰라도 예민함은 우리를 진리로 이끌어 간다.

# 공황장애 테스트

* 아래 항목들은 공황발작 때 특징적으로 나타나는 신체 증상들로서 갑자기 나타나고 10분 이내에 증상이 최고조에 달하게 됩니다. 각 항목들을 읽고 스스로 체크해 보시기 바랍니다.

1. 심장이 심하게 두근거리고 맥박이 빨라진다. ( )
2. 심하게 땀을 흘린다. ( )
3. 몸이 떨리거나 전율을 느낀다. ( )
4. 숨이 가쁘고 숨 막히는 느낌이 든다. ( )
5. 질식할 것 같다. ( )
6. 가슴이 아프고 답답하다. ( )
7. 토할 것 같거나 복부가 불편하다. ( )
8. 현기증, 불안정감, 머리 띵함, 또는 어지럼증이 있다. ( )
9. 주위가 비현실적인 것 같고, 자신에게서 분리되는 듯하다. ( )
10. 자제력이 상실되거나 미칠 것 같아서 두려운 느낌이 든다. ( )
11. 죽을 것 같은 느낌이 든다. ( )
12. 몸이 마비가 되거나 찌릿찌릿한 감각이 든다. ( )
13. 오한이 나고 얼굴이 화끈 달아오른다. ( )

* 5개 이상 해당되면 공황발작을 의심해야 합니다. 6가지 이상이면 전문가를 찾거나 상담을 권합니다.

# 감정 통제의 어려움

## 질문과 답변

 먼저 저는 생활하면서 조화에 대해 많이 생각했습니다. 31살의 어느 날, 저는 저 자신을 지금껏 속여 왔음을 알았습니다. 9살 때 부모님이 이혼하고 제 곁을 떠난 날부터 지금까지 22년간을요. 어릴 때 외로움과 아픔을 느끼며 흘리던 눈물은 언제나 원망이었습니다. 하지만 저는 부모님을 원망하는 말을 입 밖으로 한 번도 꺼내 본 적이 없습니다. 친한 친구나 남편에게조차도 그런 말을 한 적이 없으니까요. 전 늘 이렇게 말했습니다. "서로의 성격에 차이가 있으면 헤어질 수도 있지 뭐. 마음이 아프긴 했지만, 부모님의 입장을 충분히 이해해. 부모님이 잘못을 한 건 절대 아니야."라고 말입니다.

어릴 적 가까운 친척 어른이 제 머리를 쓰다듬으며 "야! 너는 부모님이 이혼을 했는데도 성격이 참 밝구나."라고 했던 말이 기억납니다. 저는 그 후로도 줄곧 학교 선생님, 친구들에게 밝고 착하다는 말을 많이 들으며 자랐습니다. 저에게 따뜻하지 않았고 오빠와 차별했던 할머니도 이해하는 척을 했고, 법적인 양육권을 가지고도 저를 키우지 않고 외국으로 갔던 아빠도 이해한다고 했습니다. 특히 엄마보다는 아빠에 대한 원망을 감쪽같이 묻어 둔 것 같습니다. 선생님의 책 《나를 꽃피우는 치유심리학》을 읽고 내 안에 숨겨진 이런 왜곡된 감정을 보면서 섬뜩하고 놀랐습니다.

분명 다른 출구로 이 원망을 드러낼 수도 있었지만 아빠는 항상 제 증오의 대상에서 제외되었습니다. 엄마는 이혼을 했고, 제 곁에서 저를 보호하고 지켜 줄 사람이 아빠밖에 없다는 생각에 분노의 감정을 숨겼나 봅니다. 가끔은 혼자 지내는 아빠를 생각하면 가슴이 아프고, 감사한 것도 많습니다. 하지만 저의 마음 안에 다른 감정(원망과 분노)도 있음을 알았습니다. 지금 생각하면 그때 그렇게 울면서 그리워하던 엄마한테라도 보내 주지, 냉정하고 차가운 할머니께 맡겨 놓고 떠난 아빠가 많이 원망스럽습니다.

저는 그동안 제 안에 억압되어 왔던 감정들을 보았습니다. 그러면서 조화를 생각했습니다. 내 안의 조화(생각과 감정의 조화), 그리고 내면과 외부 세상과의 조화. 이 모두가 서로 연관되어 있음을 그동안 책과 얘기를 통해 많이 들었지만, 내 안이 얼마나 혼란스럽고 조화가 깨져 있었는지 이제는 알겠습니다. 이건 정말 물이 아래로 흐르는 것과 같다는 느낌이랄까요. 하지만 이제

막 발견한 제 안의 깨진 감정의 조각들을 어찌해야 할지 모르겠습니다.

섣불리 내 감정의 조화를 이루겠다든가, 반드시 조화롭게 살겠다는 다짐은 하지 않습니다. 다만, 과연 조화라는 게 뭔지 생각 중입니다. 제가 싫어하는 사람을 만날 때나 어떤 힘든 상황들을 피하고 싶을 때 현실적으로 어떤 선택이 조화인지 모르겠습니다. 저는 자주 내 것을 버리고, 겉으로 조화로워 보이는 선택을 했습니다. 저 자신을 사랑하는 것이 무엇이고, 내부와 외부의 조화가 무엇인지 잘 몰랐습니다.

요즘은 이전과는 다르게, 저 자신만을 아끼는 선택을 하려고 애씁니다. 며칠 전에도 남편이 "어깨 좀 주물러 봐."라고 얘기했을 때, 그 명령조에 갑자기 기분이 나빴습니다. 예전 같으면 이를 악물고는 '착한 척, 괜찮은 척' 하며 어깨를 주물렀을 것입니다. 하지만 지금은 쉽게 명령하는 남편의 모습을 보면서 과거의 일들이 떠올랐습니다. 제가 첫 임신으로 입덧이 심했을 때도, 결혼 초 식중독과 장염으로 고생할 때도, 얼마 전 다리가 아파 죽을 지경인데도 저는 남편의 눈치를 봐야 했습니다. 그 당시 어렵게 부탁했다가 남편의 피곤해하는 말투와 짜증스런 표정, 그리고 싫어하는 행동을 보고 저는 저의 요구를 곧장 포기했습니다. 이제는 어떤 부탁도 잘 하지 않았습니다. 그래서 그냥 저도 피곤하다며 잘 주물러 주지 않았습니다. 마음의 문을 닫은 걸까요?

비록 불편했지만 내 감정과 욕구를 더 챙기는 선택을 했습니다. 억지로 착한 척하는 것보다는 덜 불편했습니다. 그리고 "지금이 최선은 아닐 수 있지만, 조금씩 달라질 것이다."라고 다짐을 합니다. 전 남편을 사랑하고 싶고 아껴 주고 싶습니다. 근데 저도 사랑받고 싶거든요. 앞으로 어떤 행동과 선택을 할 때 상대가 아닌 나를 위한 조화에 대해서 깊게 고민하려 합니다. 사람들과 억지로 조화를 만들기 싫습니다. 어떤 상황이 생길 때, 내 감정이 껄끄럽고 불편하다면, 다시 한 번 생각하려 합니다. 저는 이제 이 방법을 선택하려 합니다. 과연 이게 실제로 도움이 되는 방법인지는 잘 모르겠습니다.

둘째, 저는 저 자신과 친구가 되고 싶습니다. 그런 고민은 자기훈련에 대한 생각으로 이어졌습니다. 어떤 TV 프로에서 자신의 행동과 감정을 통제하지 못하는 아이가 나왔고, 그 아이를 심리적으로 치유해 가는 과정을 본 적이 있습니다. 그 프로를 보면서 아이의 감정이 저와 비슷하다고 느꼈습니다. 그래도 프로에 나온 아이는 일찍 전문가를 만나 노력하고, 도와줄 이가 있어 다행이라고 생각했습니다. 왜냐하면 다 커 버린 저는 혼자 노력하고 훈련해야 하기 때문입니다.

저는 시댁 식구들이 저를 무시하고 비난하는 것 같아 싫습니다. 그래서 '시댁' 하면 바로 방어 자세로 들어갑니다. TV 프로의 아이도 자신을 해코지하지 않는 상대의 작은 행동에도 심하게 과잉 반응을 보였습니다. 저도 큰형님을 떠올리면, 저에게 이것저것 주문하고 눈을 부릅뜨고 손가락질하는 게 보입니다. 시부모님을 떠올리면 뒤에서 욕하고 무시하는 느낌이 듭니다. 시댁 식구들 틈에서 피해의식을 느낄 때면 머리가 횡횡 돌고 노래집니다. 모든 게 다 허상 같고 제가 저 아닌 것 같습니다. 꼭 수면제 먹은 것 같은 느낌입니다.

그분들이 처음부터 그럴 작정은 아니었겠죠. 분명히 그분들이 전적으로 의도한 것은 아닐 겁니다. 저에 대한 평가나 친정에 대한 편견이 처음부터 조금 있다는 것을 알았지만, 심각한 건 그런 상황에서 저는 피해의식과 열등감 때문에 저를 비난하는 말과 행동을 일삼습니다. 조금만 열 받으면 죽음이라는 극단적인 말을 쉽게 꺼내곤 합니다. 저는 저 자신과 정말 친구가 되고 싶습니다. 건강하고 싶고, 그래서 이젠 저를 올바르게 훈련하고 노력하고 싶습니다. 근데 어떻게 저를 사랑하고 훈련해야 할지 모르겠습니다.

다만 지금은 행동하기 전에 조화가 무엇인지 생각해 봅니다. 조화는 분명 지금껏 제가 생각해 왔던 그런 조화는 아닐 겁니다. 지금껏 저는 다른 사람들과 잘 지내는 것이 조화라 생각했습니다. 때때로 화가 나서 물건을 던지거나, 자신을 부정하는 말과 행동을 하고, 짜증이 머리 위로 솟구쳐서 돌발 행동이 일어날 때 단호하게 나를 지켜보며 저의 손과 발을 잡아 줄 훈련이 필요합니다. 스스로 그걸 해야 하는데 아직은 어떻게 해야 할지 모르겠습니다. 저 자신에게 스스로 하는 엄청난 잔인한 말들과 행동들을 제가 어떻게 해야 할까요? 저의 마음은 아직도 바다 밑에서 위를 향해 보고 있는 것 같습니다. - 버들

🍵 지나온 삶이 거울이라면, 님은 과거 부모님의 이혼과 주변의 상황들 때문에 깨지고 조각 난 거울을 맞추려는 시도로 '조화와 훈련'에 대해서 고민하고 성찰하는 듯합니다. 하지만 지금껏 님이 만들어 왔던 조화는 진정한 조화라기보다는 두려움(버림

받음)으로부터 자신을 지키고 생존하기 위한 방어 패턴의 이름인 지도 모릅니다. 외롭고 힘든 환경에서 님은 안전해지기 위해 세상과 타협했으며, 자신의 진실한 욕구나 감정들은 억압한 채 남들의 눈치를 보며 그들에게 맞추어 온 삶을 조화라고 이름 붙였는지도 모릅니다.

조화로운 사람은 자신만의 분명한 경계선을 가지며, 타인으로부터 철저히 개별화된 자기 정체성을 가지고 있습니다. 관계에서의 조화로움은 자신의 욕구를 포기하거나 감정을 무시한 채 상대방에게 의존하는 것이 아닙니다. 그리고 충동적인 반응으로 선택을 하는 것이 아니라 스스로의 선택에 책임을 지는 마음입니다. 조화의 중심에는 언제나 타인과의 조화 이전에 먼저 자신과의 조화가 필요합니다. 자기의 감정과의 조화, 생각과의 조화, 느낌과의 조화가 우선되어야 합니다.

조화가 '겉과 속이 같은 것'이라고 할 때, 어쩌면 님은 '속'보다는 '겉'의 조화를 만들려고 했는지도 모릅니다. 신라시대의 고승 원효대사는 '세상은 내 마음의 투영'이라고 했으며, "한 생각이 일어나니 만물이 일어나고, 한 생각이 사라지니 만물이 소멸한다."고 했습니다. 그러기에 조화는 먼저 자신의 감정에 정직해지는 것부터 시작해야 합니다. 자신의 감정을 속이고, 기분 나쁜 것을 참거나, 화나고 억울한 감정을 억압하는 것은 자신과 남을 속이는 거짓된 조화를 만들어 겉의 포장은 그럴듯한데 속은 썩게 됩니다.

겉의 조화를 추구하는 사람들은 어릴 적 상처가 많았거나, 수치심을 해결하지 못한 부모들이 아이들의 감정을 인정해 주지 않앉거나, 부모가 아이를 돌보는 것이 아니라 아이가 버림받기 싫어서 부모를 돌본 것처럼, 아이의 내면에 자기사랑이 부족한 경우에 많이 일어납니다. 그들은 부모를 돌보고 부모에게 용기를 주며 생존했기에 자신을 어떻게 사랑하는지 알지 못합니다. 현재도 그들은 부모를 불쌍하게 생각하며 자신의 욕구와 감정을 주장하는 것에 대해 죄책감을 가지거나 무감각한 경향이 많습니다.

그런 의미에서 본다면 님은 그동안 자신의 진실한 감정은 무시한 채, 착한 사람의 역할이나 밝고 좋은 사람의 역할을 하면서 욕구를 억압했는지도 모릅니다. 감정의 속임은 내면무의식에 억압되어 자신을 향한 분노가 되어 무기력을 만들고, 때로는 버림받음의 느낌과 외로움 때문에 심각한 피해의식을 만들기도 합니다.

조화에는 어떤 기준이 필요한데, 이때 기준이 되어야 할 것은 자신의 욕구나 감정과 같이 자기 것이 무엇인지 아는 것입니다. 자신의 것에 대한 확신과 중심을 가진 사람만이 상황과 때에 따라서 유연하게 조화로움을 만들 수 있습니다. 왜냐하면 조화란 어떤 기준이 정해져 있는 것이 아니라 사람에 따라, 때에 따라, 장소에 따라, 여건에 따라, 다를 수 있기 때문입니다. 그러기에 자기 것이 무엇인지 아는, 중심을 바로 세운 사람만이 그때그때 상황과 때에 따라 깨어 있는 마음으로 조화를 만들 수 있습니다.

둘째, 훈련이란 감정의 통제나 행동의 바로 세움이기보다는 스스로에 대한 따뜻한 지지와 사랑, 이해여야 합니다. 사랑에는 조건이 없습니다. 아무 조건 없이 자신의 편이 되어 줄 수 있는 든든한 지지와 이해가 훈련의 바탕입니다. 하지만 훈련에서 통제나 바로잡음을 강조하는 마음은 현재의 자신을 이해하거나 받아들이는 마음이 아니라, 어릴 적 상처로 인한 내면의 열등감과 수치심을 숨기려는 그릇된 의지의 산물인 경우가 많습니다. 상처받은 마음은 열등한 자신을 신뢰할 수 없기에 외부적으로 뛰어난 성취나 완벽함으로 인정받고자 훈련을 이용합니다. 이들은 내면의 초라함과 수치심을 들키지 않으려 모든 행동을 통제하려 합니다.

자신에 대한 이해와 신뢰는 자기의 삶을 책임지는 마음을 키워줍니다. 깨어 있는 마음으로 보면 삶은 언제나 순간순간 자신의 선택입니다. 그리고 선택에 대한 결과를 스스로 책임지는 사람만이 삶의 주인이 됩니다. 하지만 선택하고도 결과에 책임지지 않으려는 사람들은 피해의식에 빠져 삶의 주인이 아닌 노예로 살게됩니다. 책임감의 문제는 자기훈련에 있어서 매우 중요합니다.

정신적으로 성격 장애를 가진 사람들은 스스로에 대한 책임감이 약합니다. 이들은 어린 시절 부모가 책임감 있는 행동이 어떤 것인지 보여 주지 않았기 때문에 자신을 책임진다는 것이 도대체 어떤 것인지 알지 못하는 경우가 많습니다. 이와 달리 심리적으로 예민한 신경증을 겪는 사람들은 일찍부터 그들의 부모를 책임지거나 너무나 과중한 책임의 짐을 떠맡았던 사람들인 경우가 많습니다. 이들은 책임에 대한 심한 부담감 때문에 신경에 과부하가 걸린 사람이라 할 수 있습니다.

스스로에 대한 책임이 부족한 사람들은 그들의 불행을 다른 사람이나 세상의 탓으로 돌리거나 심지어 어린 자녀에게조차 자기만족을 기대합니다. 하지만 그들의 기대가 충족되지 않거나 불만스러울 때 그들은 노골적으로 다른 사람을 원망하거나 책임을 전가하려 합니다. 이들은 만족과 행복을 갈망하지만 거기에 수반되는 노력과 힘듦은 견디려 하지 않습니다. 어쩌면 자기의 책임을 보지 않으려는 마음과 내면의 아픔을 느끼지 않으려는 마음이 모든 신경증의 원인인지도 모릅니다.

우리는 때로 내면의 고통을 회피하거나 자신을 무감각하게 만드는 수단으로, 외부로 눈을 돌려 완벽한 성취나 강박적 자기통제를 위해 훈련을 이용하기도 합니다. 훈련이 현실에 대한 자기이해나 자기수용이 아니라 현재의 자신을 거부하고 다른 자신이 되려고 할 때, 우리는 내면의 진정한 욕구와 감정을 무시하거나 억압하는 수단으로 훈련을 사용하게 됩니다. 하지만 이런 태도는 우리를 자신의 진실과 단절시키며, 스스로를 대상화시켜 자신을 판단과 평가의 대상으로 전락시켜 버립니다. 이는 내면에 수치심을 키우고, 여러 가지 방어 패턴으로 삶을 무감각하게 만드는 원인이 됩니다.

사랑에는 조건이 없습니다. 때로는 물건을 던지거나 짜증으로 열 받거나 자신이 싫어서 스스로를 해치고 싶은 마음이 들 때도, 그렇게 행동할 수밖에 없는 자신을 따뜻한 이해로 봐줄 수 있는 마음이 필요합니다. 그렇게 스스로 자신의 편이 되어 줄 수 있을 때 님은 진정한 자신의 친구가 될 수 있을 것입니다. 감사합니다.


## 상담


그녀는 원래 아이를 임신했을 때 상담을 받고 싶었는데 차일피일 미루다가 이번에 큰마음을 먹고 상담을 신청했다고 했다. 아이는 아들인데 이제 태어난 지 백일 되었다고 했다. 현재의 결혼 생활은 남편이 이해를 많이 해 주어서 그런대로 괜찮다고 했다. 하지만 시댁 식구와의 불편함과 친정 부모님을 생각하면 화가 걷 잡을 수 없이 나고 눈물이 많아지면서 감정 통제가 잘 안 된다고 했다. 그러다 보니 남편이나 아이에게 짜증내는 것이 버릇처럼 되어서 이제는 가정의 행복을 위해 그녀의 마음이 편안했으면 좋 겠다고 했다.

어릴 때 그녀의 아빠는 사업차 중국으로 많이 나가 계시면서 현지에서 다른 여성과 살림을 차렸다고 한다. 엄마는 외로움과 배신감에 아빠를 비난하며 술과 도박을 즐겨 했다. 부모님이 이 혼을 하면서 그녀와 오빠를 할머니 집에 남겨두고 가 버린 데 대 해 상처가 많았다. 그녀의 내면무의식에는 "아무도 나를 사랑하 지 않아", "나는 혼자야", "아무도 믿을 수 없어."라는 부정적인 자기암시가 강하게 최면되어 있었다.

낳기만 하고 따뜻하게 돌보기는커녕 혼자 내버려둔 부모님에 대해 어릴 적에는 그녀의 감정을 표현하거나 드러낼 수 없었다. 어릴 적부터 서로 치고 박고 싸우는 모습이 무서웠고, 특히 아빠 를 두려워하여 아빠에게 하고 싶은 말을 해 본 적이 없었다. 아빠 가 집으로 들어오는 날에는 언제나 싸우는 날의 연속이었다. 엄 마에 대한 아빠의 폭력 앞에 그녀는 두려워서 그저 옆방에서 싸 움이 끝나기만을 바랄 뿐이었다.

싸우면서 엄마의 머리가 벽에 부딪히며 내는 "쿵쿵" 소리와 울 음을 들어야 했으며, 여자 문제와 돈에 대해 추궁하는 엄마에게 심한 욕설로 고함치는 아빠의 목소리를 들어야 했다. 그때는 힘없이 당하는 엄마가 불쌍했고, 그럴 때마다 아빠를 증오했으며, 차라리 이혼하기를 바랐다. 하지만 어쩌다 아빠가 없는 날에는 엄마에게 곗돈을 빌려 주었다면서 돈을 받으러 오는 사람들이 많았다. 지금 생각하면 엄마의 도박 빚이 아니었나 싶다고 했다.

아빠는 술을 마시면 그녀와 오빠를 불러놓고 했던 얘기 또 하고 또 하곤 했다. 그럴 때마다 그녀는 울면서 엄마에 대한 부정적인 얘기(술과 도박)들을 들어야만 했다. 어릴 때 그녀는 아빠는 나쁘고 엄마는 그래도 그녀를 지켜 준다고 생각했다. 하지만 어느 날 엄마는 그녀와 오빠를 할머니 집에 버려두고 도망갔다. 그 후 그녀는 할머니 집에서 오빠와 차별을 받으며 외롭게 지내야만 했다. 모두가 그녀를 버렸다는 생각에 누구도 믿지 못했고 언제나 혼자라고 생각했다.

상담 중에 그녀는 항상 혼자였으며, 누구도 그녀를 받아 주지 않고, 앞으로도 혼자 될 것 같다고 했다. 남편도 언젠간 떠날 사람 같아 진심으로 마음을 열 수가 없다고 했다. 마음을 열면 상처받고 그녀를 무시하고 싫어할까 봐 일부러 더 못되게 대한다고 했다. 믿고 의지할 사람이 없다는 최면은 세상 모든 사람들이 언젠가는 그녀를 배신할 것이라는 마음 때문에 경계심이 심했다. 그러나 막상 혼자가 되면 외롭고 두렵다고 했다.

그녀는 진실한 자신의 감정과 욕구를 억압했으며, 남들과의 조화는 사실상 버림받지 않으려는 두려운 마음이 만든 자기통제였다. 그녀는 언제나 관계 안에서 자신의 것을 보기보다는 남들의 눈치를 살피고 그들에게 맞추는 삶을 살아왔다. 그동안 삶의 조화를 위해 해 온 그녀의 모든 노력과 훈련은 진실한 자기이해가 아니라, 그녀의 감정과 욕구를 통제하고 억압하여 스스로 이기적으로 보이거나 욕먹지 않으려는 마음이었다.

상담을 통해 그녀는 자신의 상황들을 좀 더 긍정적으로 보고 덜 예민하게 감정에 반응하고, 다른 사람과 함께 있어도 항상 혼자라는 느낌에서 벗어나 진심으로 아이와 남편을 신뢰하며 행복하게 살고 싶다고 했다.

## 기억 속에 있는 그녀의 삶

어릴 적 나는 언제나 혼자였다. 아빠의 얼굴은 자주 본 적이 없었다. 매일 아침 어디를 나가는 엄마는 여느 때처럼 돈을 주면서, 먹고 싶은 거 사 먹고 집에 있으라고만 했다. 하지만 과자를 아무리 아껴 먹어도 다 먹을 때까지 엄마는 오지 않았다.

어느 날 저녁 즈음 엄마와 손을 잡고 택시를 타고 어디론가 갔다. 그곳은 담배 연기가 자욱했고 아줌마, 아저씨, 아이들이 있었는데, 엄마는 거길 다녀온 후 아빠에게 절대 얘기 하지 말라고 했다. 그 후 몇 번을 따라갔는데, 그곳에서 한 여자아이가 "넌 너희 엄마가 노름하는 걸 아냐?"고 물어보았다. 나는 모른다고 대답했다. 그 여자아이는 자기는 너희 엄마, 우리 엄마 모두 다 노름하는 것을 알고 있다고 했다.

어느 날 자다가 너무 시끄러워 눈을 떠 보니 아빠와 엄마가 싸우고 있었다. 덮고 있는 이불에 피가 묻어 있었다. 아빠는 오빠와 날 보더니 옷을 입으라고 했다. 깜깜한 밤에 어디론가 가면서도 아빠는 엄마를 계속 때렸다. 도착한 곳은 할머니 집이었다. 할머니 집에 우리를 데려다 주고 아빠와 엄마는 밖으로 나갔다. 나는 할머니가 말려 주길 바랐지만 할머니도 쳐다만 볼 뿐 말려 주지 않았다. 나는 할머니 집 앞 골목에 서서 멀어져 가는 두 사람을 울면서 지켜보았다.

엄마는 매일 아빠 욕을 나에게 했다. 너희 아빠랑 결혼 생활을 유지하기 싫었는데 너를 임신해서 어쩔 수 없이 살아야 했다, 나름 기회가 많았지만 너를 밴 채로 갈 수가 없었다, 너를 지우려고 사과나무에서 몇 번이나 뛰어내렸지만 너는 없어지지 않았다. 이런 말을 나는 어릴 적 몇 번이고 들어야 했다.

할머니는 나에게 엄마 욕을 많이 했다. 찢어죽일 년이니 뭐니, 자식 버리고 간 나쁜 년이라고……. 그래서 그런지 할머니는 나를 좋아하지 않았다. 그러던 어느 날 엄마에게 전화가 왔다. 그때 나는 할머니의 영향 때문인지 엄마에게 입에 담지도 못할 욕을 퍼부어 버리고 전화를 끊었다. 근데 다시 또 전화가 왔다. 전화 건너편에선 흐느끼고 울먹거리며 나의 이름을 부르는 엄마의 목소리가 들렸다. 약간 술에 취한 것 같은 목소리로, 뭐 필요한 것 없냐며, 엄마가 사다 준다면서, 엄마가 사 줄 게 필요한 거 있으면 말하라고……. 그래서 나도 좀 숙연해지면서 이내 엄마…… 하며 울먹거렸던 것 같다. 그 통화가 엄마와 가진 마지막 통화였다.

어릴 적 나는 친구와 다툴 때면 오해를 풀거나 내 감정을 표현해서 싸우는 대신 항상 혼자되는 것을 선택했다. 내 감정을 드러내거나 화해하는 방법을 알지 못했다. 그렇게 싸우고 나면 다시는 안 만나고 안 논다고 생각했다. 난 그저 당하고 가만히 듣고만 있었을 뿐 반격하지를 못했다. 나를 표현하는 데 익숙하지 못했다. 그러면서 나는 언제나 혼자되기를 선택했다.

## 남편과의 다툼일지

남편과 또 심하게 싸웠다. 하지만 이번엔 상처가 여느 때보다 더 깊은 것 같다. 남편의 얼굴도 목소리도 다 기억하고 싶지 않다. 소름이 끼친다. 지난날의 아빠처럼……

남편은 일요일 친구들과 축구대회를 한다며 아침 일찍 나갔다. 난 좀 일찍 들어오기를 바랐다. 오후 4시가 되도록 아무 연락이 없다가 문자로 밥 먹었냐고 물어본다. 이때부터 난 기분이 좋지 않았다. 체육대회를 내일까지 하냐고 화를 냈다. 그랬더니 운동 끝나고 시댁 일을 도와주고 있다고 했다. 사실 그게 더 속상했다. 나는 친구와 체육대회 하는 줄 알았는데 시댁에서 일하고 있다는 말에, 시댁에 가면서 왜 연락을 하지 않았냐고 따졌다. 남편은 미안하다며 저녁 6시쯤 친구들과 삼겹살 먹으러 가니까 아들과 나오라고 했다. 나는 고기 냄새며 담배 냄새 때문에 못가겠다고 하고 햄버거를 사 오라고 부탁했다.

하지만 9시가 지나도 연락도 없고 소식도 없었다. 배가 너무 고파 더 이상 기다리지 않고 배달시켜 먹겠다고 전화를 하니, 이제 와서 배달시켜 먹으라고 했다. 진작 얘기를 하든지……. 지금까지 기다린 것에 기분이 너무 상했다. 일찍 올 줄 알고 햄버거를 사 온다고 기다렸는데 아직 출발도 안 하고 햄버거는 살 생각도 안 하고 있었다니 너무 서운했다. 기분이 무척 상한 채로 아이를 목욕시키고 아이가 감기 기운으로 칭얼거려서 억지로 아이를 재우는데 남편이 왔다. 술에 취해 혀가 꼬인 채 옷에는 고기 냄새와 온갖 냄새가 잔뜩 밴 채로 자려는 아이에게 큰 소리로 얘기했다. 순간 분노가 폭발할 것 같았다. 당장 나가라고 소리쳤다.

그랬더니 남편은 최대한 일찍 왔는데 왜 그렇게 화를 내냐며 혀 꼬인 소리로 얘기했다. 아기는 다시금 칭얼대기 시작했고, 지금까지 기다렸는데 약속한 햄버거는 사 오지 않고 기다린 나에 대한 배려가 없음에 무척 기분이 나쁘다고 몰아붙였다. 남편도 그때부터 목소리가 커지기 시작했다. 그게 그렇게 화낼 일이냐며 자초지종도 얘기하지 않고 화를 내니 기분이 나쁘다며 기껏 일찍 왔는데 화를 낸다고 고함을 쳤다. 그 순간 아이가 울자 남편이 아이에게 "조용해!"라고 소리를 쳤다. 순간 나는 감정이 얼음이 되었고 흥분한 남편과 맞섰다.

서로 언성이 높아지면서 아이가 울어, 남편에게 조금 있다가 얘기하자고 했지만 남편은 끝을 봐야 한다며 계속 소리쳤다. 나의 인내심도 바닥이 났다. 술 취해서 고함치며 욕을 하는 남편의 모습을 보니 아빠가 떠올랐다. 술 취한 모습, 술 냄새, 흥분해서 소리치는 모습까지…… 파노라마처럼 어릴 적 엄마와 싸우던 아빠의 모습들이 스쳐 지나갔다. 제어가 되지 않는 그 상황이 두렵고 싶었다. 남편이 그럴 때면 난 어떻게 해야 할지 모르겠다. 심장이 두근거리고 머리가 하얗게 되면서 눈물만 났다.

난 두려워하는 마음을 감추기 위해 최대한 겁먹지 않은 척한다. 그러자 남편은 사람을 뭘로 보냐며 으름장을 놓으며 계속 흥분을 키워 간다. 나는 급하게 옷을 입고 나가려 했다. 싫다. 그냥 벗어나고 싶다는 생각만 들었다. 남편은 나가려는 나를 가로막고 표정이 변하며, 나가려면 이혼할 것인지 확실하게 정하고 나가라고 했다. 순간 다 끝내고 싶었다. 싸울 때마다 항상 나는 그런 마음이 든다. 심장이 떨리고 눈물이 흘렸다. 아이를 놓아두고 도망치듯 집을 나왔다. 전화가 계속 왔지만 받지 않았다. 친구 집에서 새벽 다섯 시까지 고민하다가 아이가 걱정 되어 다시 집으로 돌아왔다. 들어오기 싫었는데 아이가 걱정이 되어 들어온 내 처지에 짜증이 났다.

몸도 힘들지만 마음의 상처가 컸다. 항상 싸울 때마다 우린 왜 이런 식일까? 정말 그렇게도 내가 싸움의 원인인가? 나는 왜 내 마음을 잘 드러내지 못하는 걸까? 남편은 꼭 그렇게 나를 무찔러야 하는 적군 대하듯이 해야 하는 건가? 앞으로 관계를 어떻게 조화롭게 하고 나의 마음을 훈련해야 할지 자신이 없다.


## 상담으로 느낀 나의 문제점

상담은 나를 다시금 돌아보는 좋은 계기가 되었다. 나의 어떤 부분들이 남편이나 다른 사람과의 관계에서 문제를 만드는지 생각해 보았다. 난 대부분 내가 원하는 대로 되지 않으면 화부터 많이 내는 것 같다. 특히 남편에게는 내가 생각하고 예상한 대로 일이 잘 진행되지 않으면 주체할 수 없이 화가 난다. 또한 상대방의 호의를 항상 의심하고 경계한다. 이건 워낙 어릴 적에 부모님과 친구들과의 관계에 선입견이 생겨서 고치려고 노력은 하지만 잘 안 된다. 또 다른 문제점은 내 식대로 생각하고 상황을 단정지어 버리는 경우가 많다.

하지만 남편의 분노와 욱 하는 성격을 어떻게 받아들여야 할지 많은 생각과 의문이 든다. 모든 사람을 나에게 맞출 것인가, 아니면 내가 그들에게 맞추어야 하는 걸까 고민이 많이 된다. 남편은 그래도 어느 정도 조화를 맞추기 편하고 쉬운데, 시댁은 내가 잘 할 수 있을지 모르겠다. 최근에도 아이의 양육 문제로 시어머니와 의견 충돌이 있었는데, 언제 얘기해서 풀어야 할지 생각하면 가슴이 답답하다. 지금껏 돌이켜 보면 나는 조금 불편하고 대하기 어려운 사람에게는 거짓으로 나를 드러내는 것 같다. 원래의 내 모습이 아니라 그 사람이 원하는 모습에 나를 맞추려하고, 그러면서도 내가 그러하듯이 상대도 그러하기를 기대하는 마음이 많았다.


## 아버지에게 하고 싶은 말

나는 당신이 차라리 죽었으면 좋겠어요. 진심입니다.
나는 당신을 좋아하지 않아요.

지난날 나에 대한 배려가 없었던 당신을 더 이상 아버지라고 부르고 싶지 않습니다.

이제 와서 힘들다고 문자 보내고 전화하는 당신이 싫습니다.

저를 그냥 내버려둘 수는 없나요?

왜 자꾸 스토커처럼 전화하고 또 전화하고……

결국 만취가 되어 저의 집까지 찾아오셨죠.

저에게 고함치고 악을 쓰고 남편을 욕하는 당신은 정말 미친 사람 같았어요. 정말로 한심하고 정신병자 같았어요.

예전에 당신이 어머니에게 항상 그렇게 했었지요.

그때는 당신이 괜찮고 좋아서가 아니라 무섭고 두려워서 아무 말도 못했지요.

이제는 당신 멋대로 내 인생을 휘두르게 내버려두지 않을 겁니다. 왜 날 배려하지도 않은 당신을 내가 보살피고 챙겨 주어야 하나요?

왜 나에게 끊임없이 바라나요?

당신의 자식으로 태어난 것을 저주하고 싶습니다.

제발 저의 인생에서 이제 없어졌으면 좋겠습니다.


## 상담 후기

상담을 진행하면서 어릴 적 혼자 집에서 엄마를 기다리며 외롭게 거울 앞에서 얘기하던 내 안의 아이를 보았다. 눈물이 주체할 수 없을 만큼 흘렀다. 상담이 끝난 후에도 계속 슬프고 가슴이 아팠지만 마음은 많이 가벼웠다. 평탄하지 않았던 인생, 혼자였던 아이, 그래서 지금의 내가 그토록 힘들었다는 것, 과거의 감정에 갇혀 현실을 보지 못하고 살아온 나…… 이런 사실을 누군가에게 인정받는 것만으로 큰 위안이 되었다. 나는 그동안 내 안의 분노와 자기중심적인 사고가 어릴 적 혼자였다는 핑계로 묻어갈까 봐 걱정했는데, 상담은 나를 있는 그대로 이해하고 받아 주는 데 도움이 되었다.

나는 이제 새로 태어난 기분이다. 조금씩 과거의 감정과 현실이 구분되고, 내가 나 자신을 얼마나 사랑하지 못하고 패배의식과 피해의식에 젖어 살아왔는지 알게 되었다. 아침을 먹고 나면 매일 마음은 바쁘고, 하루 동안 가쁘게 일을 하지 못하면 큰일이라도 나는 것처럼 긴장한 채 살았다. 하지만 지금은 긴장을 풀고, 마음을 급하게 먹지 않고, 그냥 편하게 하자는 마음을 가지니 실제로 조금씩 여유가 생겼다.

부정적이고 걱정되는 잡생각이 일어날 때마다 상담 중에 배운 명상 방법 중 '소리 듣기'에 집중했다. 처음엔 불필요한 생각들이 지배하는 듯했지만 소리에 집중하니 이내 편안해졌다. 피아노 연주곡, 세탁기 돌아가는 소리, 커피의 향을 느끼며 과거의 습관적이고 부정적인 감정의 패턴을 알아차리니 잡생각에 빠지지 않았다. 잡생각은 그야말로 잡생각이었다. 지금까지 내 인생은 어쩌면 잡생각의 노예였던 것 같았다. 이젠 지나간 시간보다는 현재를 중시하고 현실을 바로 보려 한다.

아이를 낳은 뒤로 시어머니의 간섭이 많아진 것 같았다. 어른의 방식, 옛날 방식을 자꾸 말씀하시니 일일이 설명 드리면 말

대꾸가 될 것 같아 "네, 네."만 하려니 힘들었다. 나는 늘 언쟁을 피해 왔고 어떤 일에 내 의사를 확실하게 표현하지 않았다. 나는 의사소통의 방법이 부족한 것 같다. 아니다 싶고 상처를 받으면 마음의 문을 닫아 버리고 만다. 유일하게 남편에게는 내 마음을 얘기하지만, 싸움이 되면 울면서 주저앉아 버리곤 한다. 상황에 맞게 듣는 태도와 말하는 방법을 이제 조금씩 배워 간다.

현재의 나…… 아직 연습이 필요하지만 많이 사랑해 주고 싶다. 앞으로의 인생은 즐겁게 나를 사랑하며 살고 싶다. 과거의 나를 만나면 그 자리에서 비난하고 숨기려 하기보다 "넌 힘든 상황 속에서 최선을 다했어."라며 달래 주곤 한다. 이제 더 이상 넋 놓고 과거의 감정에 묶인 채 살 수는 없다. 과거에 나는 남편이 늦게 들어오면 내 마음과는 다르게 "그렇게 친구 만나서 늦게 올 거면 집에 안 들어와도 된다."고 했다. 하지만 상담 후에는 "일찍 들어왔으면 좋겠다. 안 들어오면 걱정이 되고, 보고 싶고, 밤에 아이와 있으면 무서우니 일찍 왔으면 좋겠다."고 한다.

나는 이제 내 감정과 느낌에 충실하고 지혜롭게 표현하려고 한다. 여전히 남편에 대한 경계심이 자리 잡고 있지만 마음이 전보다는 편안해서 좋다. 이제는 조금씩 나를 사랑하는 것이 무엇인지 알아 간다. 힘들고 불안했던 나, 항상 경계하며 다른 사람에게는 온갖 신경을 쓰면서 정작 나를 버려두어 외로웠던 나. 이제 나는 지금의 나를 안아 준다. 감싸 준다. 나는 이제 언제나 내 편이다.

# 인격장애에 관한 심리 테스트

* 자신에게 해당하는 사항에 체크하세요.

## 자기애성 인격장애

1. 최고로 인정받기를 원하며 자신의 업적이나 재능을 과장한다. ( )

2. 성공을 끝없이 동경하며 이상적인 사랑이나 권력에 대한 공상에 자주 빠진다. ( )

3. 자신을 특별한 존재라고 생각하며 특별한 사람과만 어울려야 한다고 생각한다. ( )

4. 상대방에게 과도한 찬사를 요구한다. ( )

5. 특별한 대우를 받을 상황이 아닌데도 이를 요구하며 특권의식을 가지고 있다. ( )

6. 자신의 이익을 위해서는 다른 사람을 악의적으로 이용하는 것도

   마다하지 않는다. ( )

7. 다른 사람의 감정과 요구를 이해하지 못하며 그럴 생각도 없다. ( )

8. 다른 사람을 질투하며, 다른 사람도 자신을 질투하고 있다고 믿는다. ( )

9. 거만한 태도나 행동을 보인다. ( )

* 5개 이상 해당되면 전문가의 상담이 필요합니다.

## 의존성 인격장애

1. 다른 사람들의 충고가 없으면 일상적인 일을 잘 결정하지 못한다. ( )

2. 자신에게 아주 중요한 일인데도 결정을 내려 줄 다른 사람을 필요로 한다. ( )

3. 자신에 대한 지지를 철회할까 봐 의지하는 사람에게 반대 의견을 말하지 못한다. ( )

4. 자신감의 부족으로 혼자서 일을 시작하거나 진행하는 것이 어렵다. ( )

5. 다른 사람의 지지를 얻기 위해서라면 불쾌한 일도 할 수 있다. ( )

6. 혼자 있으면 혹시 일이 잘못될까 봐 괜히 두렵고 무기력해진다. ( )

7. 친한 사람과의 관계가 끝나면 보호자가 될 다른 사람을 찾는다.　　　( 　)

8. 스스로를 돌봐야 한다고 생각하면 두려움 때문에 비현실적인 생각에 빠지게 된다.( 　)


\* 5개 이상 해당되면 전문가의 상담이 필요합니다.


## 회피성 인격장애

1. 자신을 비난하거나 거절할까 봐 사람들과 만나는 것을 피한다.　　　　　( 　)

2. 상대방에게 호감을 주고 있다는 확신이 서지 않으면 만남을 피한다.　　　( 　)

3. 창피와 조롱을 당하는 것이 두려워서 친밀한 관계를 극소수의 사람으로 제한한다.( 　)

4. 자신이 비난을 받거나 버림받을지 모른다는 생각에 사로잡혀 있다.　　　( 　)

5. 스스로를 부적합하다고 생각하기 때문에 새로운 사람과 만날 때 위축된다.　( 　)

6. 쩔쩔매는 모습을 들킬까 두려워 새로운 일을 시작하는 것을 꺼린다.　　　( 　)


\* 4개 이상 해당되면 전문가의 상담이 필요합니다.


## 히스테리성 인격장애

1. 여러 사람이 있는 자리에서 자신이 관심의 대상이 되지 못하면 불편해한다.　( 　)

2. 다른 사람과 만날 때 상황에 어울리지 않게 성적 유혹 또는 도발적 행동을 한다. ( 　)

3. 감정 변화가 빠르며 감정 표현이 즉각적이고 직설적이다.　　　　　　　( 　)

4. 관심을 끌기 위해 육체적 특징을 부각하려고 한다.　　　　　　　　　　( 　)

5. 상대방에게 인상을 심으려고 현란하게 대화를 꾸미지만 내용이 없는 경우가 많다.( 　)

6. 연극 대사를 읊듯 말하거나 과장되게 감정 표현을 한다.　　　　　　　　( 　)

7. 주변 환경이나 사람들에게 쉽게 동화되고 영향을 잘 받는 편이다.　　　　( 　)

8. 다른 사람과의 친밀도를 실제보다 더 과장되게 해석한다.　　　　　　　　( 　 )

* 5개 이상 해당되면 전문가의 상담이 필요합니다.

## 강박성 인격장애

1. 사소한 규칙, 계획, 형식에 집착해 일의 큰 흐름을 잃고 만다.　　　　　　( 　 )

2. 완벽주의를 추구하다가 일을 제대로 끝내지 못한다.　　　　　　　　　　( 　 )

3. 여가를 즐기지 못하고 지나치게 일에 몰두하며 생산성을 중요하게 여긴다.　( 　 )

4. 도덕, 윤리, 가치에 대해 지나치게 양심적이고 고지식하며 융통성이 없다.　( 　 )

5. 쓸모없는 물건을 버리지 못한다.　　　　　　　　　　　　　　　　　　( 　 )

6. 다른 사람이 자신의 방식을 따르지 않으면 일을 함께 하지 못하거나

　 맡기지 않는다.　　　　　　　　　　　　　　　　　　　　　　　　　( 　 )

7. 자신과 다른 사람 모두에게 인색하다.　　　　　　　　　　　　　　　　( 　 )

8. 일상생활이 경직돼 있고 완고한 편이다.　　　　　　　　　　　　　　　( 　 )

* 4개 이상 해당되면 전문가의 상담이 필요합니다.

# 연인에 대한 집착과 의심

## 질문과 답변

저는 올해 결혼을 앞둔 31살의 직장 여성입니다. 그동안 마음의 고통으로 인해 힘든 날들이 많아 심리학에 관심을 가지게 되었어요. 원장님이 쓰신 책《나를 꽃피우는 치유심리학》도 읽었지만, 책만으로는 마음의 고통이 근본적으로 치유가 잘 되지 않아 이렇게 글을 적습니다. 직접 상담을 받으러 가기엔 아직 용기가 필요할 것 같네요.

저의 문제점은 결혼까지 약속한 사랑하는 사람을 자꾸만 의심한다는 것입니다. 무엇 하나 정말 사소한 것이라도 조금 이상한 점이 발견되면 그게 의심이 되고, 또 그걸 넘어서서 최악의 상황까지 상상하면서 저 자신을 괴롭히게 됩니다. 물론 겉으로 내색을 안 하려고 노력은 하지만 당연히 상대방에게도 피해가 갈 거라고 생각합니다. 제 연인이 저와 사귀면서 바람을 피우거나 뭔가 의심스런 행동을 하는 것도 아닌데, 작은 행동 하나에도 저의 감정은 자꾸만 확대 해석해서 의심하고 집착하는 것 같습니다.

지금 남친뿐만 아니라 과거에도 사람을 사귀어 좋아하고 사랑하게 될수록 조금씩 집착이 심해져 갔습니다. 이전 연인은 같은 직장의 동료였기에 매일 같이 보다가 그 사람이 다른 직장으로 옮긴 이후 제 의심은 현실이 되었습니다. 그는 저보다 나이가 5살이나 많고 외모는 별로였지만 집도 잘살고 배운 것도 많은 다른 여자를 사귀게 되었습니다. 그 사람은 저더러 그 여자가 가진 거 나에게는 없다는 식으로 말하더군요. 벌써 그 여자에게 마음이 빼앗겼으면서도 나와 그녀 둘 사이에서 계속 방황하는 그 사람 때문에 한동안 너무나 힘들어서 제가 먼저 정리했습니다. 하지만 저는 그 이후로 자신감을 많이 상실했습니다.

지금 연인과는 처음에는 의심과 집착이 없었습니다. 초반에는 사랑이 깊지 않아서 그랬을 것입니다. 하지만 제가 이렇게 집착하고 의심하게 된 계기가 있었습니다. 지금 연인에겐 친한 여자 친구가 있는데 그 여자 친구는 당시 외국에서 유학 중이었습니다. 오랜 기간 유학을 하다 보니 과거 친구들이 하나둘 떨어져 나가 많이 외로웠다고 합니다. 제 연인과는 초등학교 때부터 친하게 지내 온 터라 자주 연락을 주고받더군요. 매번 제 연인은 그 여자 친구를 자랑스럽게 얘기하니 여자인 저로서는 솔직히 질투가 생기더라고요. 그리고 그 여자 친구가 일이 늦게 끝나서 매번 밤늦게 전화가 오고, 거의 한 달에 한 번씩은 꼭 연락하는 거 같았어요. 제 연인은 제가 기분 나쁠까 봐 일부러 제 앞에서는 전화를 받지 않았지만, 꼭 저 몰래 통화하는 거 같아 기분이 더 나빴습니다.

그러다 우연히 서로 싸이 방명록에서 주고받은 글을 보게 되었는데, 제 연인이 그 여자 친구를 정말 걱정하고 신경 써 주는 것이 글 속에 묻어나더군요. 자기는 정말 친한 친구고 타국에서 고생하고 있는 것이 안쓰러워 그랬다고는 하지만 점점 저는 불신이 커져 갔습니다. 그 일로 거의 1년 넘게 싸우고, 헤어지고, 만나기를 반복했던 것 같습니다.

그러다가 결국 제 연인이 그 여자 친구와 연락을 끊게 되었지만 솔직히 저는 아직도 그 일에 대한 의심이 남아 있습니다. 정말 노이로제에 걸릴 만큼 심한 스트레스를 받았거든요. 그 여자 친구는 지금 유학 생활을 접고 한국으로 돌아왔습니다. 아직도 저 몰래 그 여자 친구와 연락하거나 만나지 않을까 의심을 합니다. 그런 생각들을 하다 보면 의심들이 하나둘 떠오르고 또다시 저 자신을 괴롭히게 됩니다. 그때부터 다시금 연인에게 화를 내고 다투기 시작합니다.

그냥 친구랑 술을 마시러 가거나 일 때문에 며칠 다른 지역에 가게 되면 너무나 불안하고 여자랑 엮이진 않을까, 바람을 피우진 않을까, 저 몰래 나이트나 노래방 같은 데 가서 여자랑 어울릴 것 같은 생각이 막 들면서 온갖 상상을 하게 됩니다. 아는 여자 친구나 동생들이 연락 오기만 해도 제가 의심하고 난리를 치는 바람에 싸운 적이 많습니다.

현재 연인은 주말을 거의 저와 함께 보내고 평일에도 자주 보며, 사는 집도 가까운 편입니다. 어디를 가더라도 연락이 안 되거나 한 적이 거의 없는데도 저는 왜 이렇게 의심을 많이 하는 걸까요? 제가 과거 사람을 용서하고 잊었다고 생각했는데도 그러질 못해서 그런 건가요? 자꾸 과거의 기억이 떠올라 현재의 연인이 과거처럼 저보다 더 능력 있고 잘사는 사람에게 끌리면 어쩌나 불안합니다.

저는 어릴 때 안 좋은 기억이 많습니다. 처음에 우리 가족은 정말 단란하고 행복한 가정이었습니다. 하지만 아버지가 우연히 어릴 때 같은 동네 동생이었던 여자와 바람이 나면서부터 엄마를 죽일 듯이 때리는 날이 많았습니다. 그 당시 저와 여동생은 초등학생이라 아빠의 폭력을 말리기에는 너무나 어렸습니다. 저는 일방적으로 당하는 엄마에게 너무 미안했고 불쌍했습니다. 아빠를 죽이고 싶을 만큼 미워했지만 우는 것밖에 할 수가 없었습니다. 그래서 그런 저 자신이 너무나 싫었습니다. 엄마를 도와줄 수 없는 저 자신이 한없이 미웠습니다. 여자로 태어난 것도 너무 한스러웠고요.

엄마는 아빠를 길들이고자 집을 나간 척도 했지만 엄마의 뜻대로 되질 않았고, 아빠의 끈질긴 이혼 요구에 어쩔 수 없이 도장을 찍었습니다. 아빠가 엄마를 죽일 듯 협박했기에 엄마도 너무 겁이 났다고 하더군요. 고등학생 때까진 아빠에게 복수를 해야겠다는 생각을 가지고 살았던 것 같습니다. 20살이 되면서 아빠랑 떨어져 지금은 엄마랑 살게 되었고요.

이러한 과거의 상처가 문제가 되었던 걸까요? 하지만 제 동생은 아무런 문제 없이 결혼해서 잘살고 있는데, 저는 내년에 결혼을 앞두고 이런 문제로 인해 도저히 평탄한 결혼 생활을 할 수 없을 것만 같습니다. 딸은 엄마의 팔자를 닮는다고 하는 말이 있는데 그 말도 너무 무섭고, 또 어릴 때 내가 엄마와 같은 인생을 살면 아빠는 나의 불행을 보고 자신이 잘못한 걸 알게 되지 않을까, 그러면 그걸로 복수가 되지 않을까 생각했던 적도 많습니다. 하지만 그건 어릴 때의 생각일 뿐 지금은 솔직히 그렇게 될까 봐 두렵습니다.

의심하고 집착하는 하루하루가 너무 힘이 듭니다. 미친 듯이 나쁜 쪽으로 자꾸만 상상하게 되는 저 자신이 너무나 싫습니다. 제 연인이 저를 속일까 봐, 바람이라도 날까 봐, 마구 불안해서 아무것도 못하게 되는 것도 너무 힘겹습니다. 이런 제가 마음을 치유하면 정상적으로 결혼 생활을 할 수 있을까요? - 달빛

🍵 현재 사랑하며 결혼까지 약속한 연인이 있는데, 상대에 대한 의심과 집착하는 마음 때문에 많이 힘든가 봅니다. 우리가 누군가를 사랑하고 좋아한다는 것은 상대에게 자신의 가슴을 열어 심장을 내어주는 것과 같습니다. 가슴을 연다는 것은 가장 순결하고 아름다운 행위이지만, 그 순간 우리의 마음은 너무나 상처받기 쉬운 가장 연약한 상태에 놓이게 됩니다. 반대로 우리가 누군가를 미워하고 싫어하게 되면 마음을 좁히고 심장을 거두게 되겠지요. 마음이 열린 상태는 사랑하는 사람과 따뜻함과 편안함을 주고받기도 하지만, 다른 한편으로 과거의 상처들로부터 자신을 보호하고 지켜 왔던 자신만의 방어 패턴도 함께 놓거나 열어야만 하는 문제에 직면하게 됩니다.

누군가를 사랑할 때 우리는 어릴 적 해결되지 못한 채 무의식에 숨겨 두었던, 과거 고통스러운 상처의 문제들을 다시금 직면하게 됩니다. 사랑을 하고 마음의 문을 연다는 것은 내 안에 간직된 온갖 두려움과 불안, 신경증을 자극하는 다양한 고통들이 의식의 표면으로 떠오르기 때문입니다.

사랑을 단순히 따뜻함과 달콤함을 제공하는 수단으로만 본다면, 사랑하는 사람과의 만남이 외면하고 싶었던 내 안의 수많은 어둠들을 직면하게 할 때 말할 수 없는 끔찍한 경험이 되기도 합니다. 이때 우리는 상대를 자신의 익숙하고 안정된 패턴으로 집어넣으려고 시도합니다. 하지만 상대는 나와 다르기에, 내 뜻대로 기대를 충족시켜 주지 못하는 상대에게 실망하고 갈등을 겪게 됩니다.

사랑은 내면의 결핍감을 충족시켜 만족감도 주지만, 때로는 내면에 억압되고 얽혀 있던 상처받은 어둠들을 드러내기도 합니다. 하지만 우리가 사랑을 스스로 닫고 있던 마음의 벽을 여는 새로운 기회로 삼는다면, 사랑은 우리를 존재 자체의 행복과 자유로움으로 이끌어 줍니다. 마음을 열려고 할 때 우리는 무의식 속에 오랫동안 억압되고 해결되지 못한 고통스러운 감정들이 자연스럽게 드러나는 것을 경험합니다. 그러기에 누군가를 진심으로 사랑한다는 것은 어쩌면 자기 인생에서 가장 큰 도전이며 위험한 선택인지도 모릅니다.

그동안 님이 가진 의심과 집착의 마음들은 어쩌면 님 안에서 오랫동안 해결되지 못한, 어린 시절 경험한 상처받은 마음과 이로 인해 얼어붙은 감정의 응어리들인지도 모릅니다. 무의식의 벽 안에 얼어붙은 감정의 응어리는 님이 누군가에게 마음을 열려고 하는 순간 엄청난 저항감과 두려움으로 느껴집니다. 그것은 다시는 상처받고 싶지 않아 스스로를 보호하기 위해 만든 견고한 방어의 벽입니다.

제가 쓴 책《나를 꽃피우는 치유심리학》에 보면 '버림받은 블랙독'이란 내용이 있습니다. 이런 블랙독을 내면에 가진 사람들은 어릴 적 부모님의 이혼이나 주위 가까운 사람들로부터 감정적으로 버림받는 상처를 경험한 사람들이 많습니다. 블랙독이란 '치유되지 못한 어린 시절의 반복된 상처로 인해 야기된 무의식적이고 습관화된 부정적인 감정의 패턴'을 말합니다.

버림받은 블랙독을 내면에 가진 사람들은 관계에서 상대를 잃거나 상처받기 싫어서 먼저 스스로 친밀한 관계를 의심하고 회피하려 합니다. 이들은 가까운 상대의 사소한 말과 행동에도 지나치게 반응하면서 상대가 자신에게 조금만 소홀해도 관계에 더 충실하고 집중하지 않는다고 화를 내거나 상대를 비난하는 경향이 많습니다. 이런 사람들은 한편으로는 사랑하는 사람을 의심하면서 밀어내고, 다른 한편으로는 그들에게 집착하고 매달리곤 합니다. 이들은 불안정한 감정과 분노의 감정을 오가며 자신과 상대를 힘들게 하는 경우가 많습니다. 이들의 내면은 언제나 텅 빈 외로움에 힘들어하고, 삶의 모든 에너지를 상대와의 관계에 쏟아 붓곤 합니다. 그리고는 자신만큼 몰두하지 않는 상대에게 피해의식을 느끼면서 갑작스럽게 화를 내거나 짜증을 내곤 합니다.

님의 내면무의식에는 어릴 적 바람나서 엄마를 때리고, 이혼을 강요하며, 엄마를 버렸던 아빠에 대한 분노와 불신의 상처가 치유되지 못하고 그대로 남아 있을 것입니다. 님에게 세상의 모든 남자는 어쩌면 아빠로 인식될 수도 있습니다. 전 남자와의 관계에서 경험한 버림받은 상처 또한 님 내면의 '버림받은 블랙독'을 더욱 강화시켰을 것입니다. 아이러니하게도 이런 블랙독을 가진 사람들이 연인을 선택할 때면 자신에게 집중해 주며 좋다고 따라다니는 사람에게는 별 관심이 없는 경우가 많습니다. 대신에 상대가 자기중심적이거나 바람둥이처럼 양가감정을 쉽게 왔다 갔다 하는 사람들에게 매달리곤 합니다. 이들은 선택의 순간에 착하고 성실한 사람보다는 이기적인 나쁜 남자를 선택합니다. 그리곤 또다시 버림받음의 상처를 경험하면서 그 감정에 대한 자기 신념을 더욱 강화시켜 현실에서 그런 삶을 반복적이고 습관적으로 만들곤 합니다.

님은 지금의 연인을 못 믿는 것이 아니라 세상의 모든 남자를 못 믿는 것인지도 모릅니다. 님의 무의식에서 남자는 모두 아빠와 같은 이미지인지도 모릅니다. 상대가 님을 아무리 믿게 하려고 노력해도 님의 내면은 근본적으로 불신의 프로그램이 최면되어 의심과 불안을 떨쳐 버리기 힘들 것입니다. 문제는 상대가 아니라 님의 마음입니다. 님은 어릴 적 자신을 보호하려고, 다시는 상처받지 않으려고, 엄마와 같은 삶을 살지 않으려고, 마음에 단단한 불신의 방어벽을 쌓았는지도 모릅니다.

님의 집착과 의심은 현재의식의 마음이라기보다는 과거 버림받은 상처로 인한 두려움의 감정입니다. 이성과 생각으로는 이런 의심과 불안이 터무니없고 진실이 아님을 알지만 무의식의 감정에서 올라오는 불안감은 님의 생각만으로는 통제하기 힘들 것입니다. 지난날 님은 아빠가 밉고 싫었지만 생존 때문에 어쩔 수 없이 20살이 될 때까지 의존했듯이, 지금은 사랑하는 연인이 없으면 겪어야 할 외로움 때문에 항상 주위에 누군가를 필요로 하고 집착하는 의존적인 성격일 수도 있습니다.

"딸은 엄마의 팔자를 닮는다."라는 말은, 우리가 누군가를 믿고 사랑하면 상대와 가장 깊게 가슴으로 연결되기 때문입니다. 이때 우리는 상대가 가진 내면의 아픔과 슬픔, 불안과 고통의 감정들까지 흡수하게 됩니다. 하지만 님의 인생은 엄마의 인생과 다릅니다. 님은 엄마와 다른 영혼이며 다른 사람입니다. 그리고 지금의 연인은 과거의 아빠가 아닙니다. 하지만 님 안에 습관화된 '버림받은 블랙독'은 님의 삶을 의심과 집착으로 물들이고, 누구도 님을 버리지 않건만 님 스스로 자신을 버리는 삶을 반복적으로 경험하게 하는지도 모릅니다.

과거의 상처가 만든 경험은 현실과 상황을 있는 그대로 보는 것이 아니라 부정적인 생각들로 왜곡시켜 그때의 감정으로 퇴행시키기도 합니다. 버림받을까 봐 불안해하며 집착하는 님 안의 상처받은 마음을 진심으로 이해해 보세요. 그리고 그때 힘이 없어 엄마를 지키지 못했다고 죄책감을 가졌던 아이에게 "괜찮다."고 "너의 잘못이 아니야."라고 따뜻하게 얘기해 보세요. 님 안의 의심하는 마음을 이해하고 받아 줄 수 있을 때 외부 관계도 신뢰로 받아들일 수 있습니다.

우리가 누군가를 사랑한다는 것은 우리를 알 수 없는 미지의 세계로 이끕니다. 사랑에 빠지는 것은 우리 안에 잠들어 있는 따뜻함과 수용력을 일깨우는 축복이면서도 어린 시절 사랑받지 못해 안으로 움츠러들고 자신을 보호하기 위해 만든 방어의 껍질들을 만나야만 하는 두려움이기도 합니다. 사랑할 때 우리는 가슴을 열어야만 하기에 내면에 억눌린 방어의 껍질들은 위협받게 됩니다. 관계가 깊어질수록 더 많은 과거의 어둠과 고통들이 방어의 껍질을 깨고 드러나게 됩니다. 관계가 깊고 가까울수록 그 관계는 내면의 상처와 두려움이 만든 조건화된 패턴들을 보여 주는 거울의 역할을 합니다. 하지만 우리가 사랑을 신뢰하고 상대에게 다가갈 때, 사랑은 우리의 얼어붙은 마음을 녹여 내고 상처받아 막힌 부분을 부드럽게 뚫어 줍니다.

사실 우리가 내 안의 사랑에 문을 닫기란 불가능합니다. 왜냐하면 사랑은 그 자체로 빛나는 모든 것이기 때문입니다. 그러기에 우리가 할 수 있는 것은 고작 사랑의 빛 주변에 의심과 두려움의 벽을 만들고 사랑의 빛이 흐르는 통로를 막는 일입니다. 하지만 사랑은 거대한 밀물처럼 방어의 벽을 깨려 합니다. 이때 우리가 엄청난 두려움과 저항감을 느끼면서 그 벽을 지키려 한다면, 그 마음은 고통이 됩니다.

님이 느끼는 집착과 의심은 그만큼 상대에게 마음을 열었다는 신호이기도 합니다. 사랑을 가로막는 장애물을 싫어하거나 부정하지 말고, 집착과 의심 아래에 있는, 상대를 더욱 신뢰하고 싶고 사랑하고 싶은 님의 진심을 만나 보세요. 의심과 집착의 장애물을 회피하지 않고 진심으로 만난다면 그것들은 님을 괴롭게 하는 어둠이 아니라 님 안에 힘들었던 고통들을 녹여 내는 사랑의 선물이 될 것입니다.

# 상담 1

그녀는 조금 작은 키에 둥근 얼굴, 수수하고 예쁜 모습을 하고 있었다. 그동안 감정적으로 많이 힘들 때면 신경과에서 우울증 약물을 처방받아 복용했다. 하지만 사람을 사귀게 되면 일어나는 집착과 의심의 고통은 언제나 반복되었다. 애인과는 내년 3월에 결혼을 약속했는데 며칠 전에도 사소한 일로 심하게 싸워서 가슴이 답답하다고 했다. 서로 간에 반복되는 감정의 패턴들로 애인이 혹시 그만 만나자고 할까 봐 겁이 났지만, 애인의 감정을 풀어 줄 방법도 모를 뿐더러 자신도 없다고 했다. 싸우기 시작하면 그녀는 자신도 모르게 이성을 잃고 말을 함부로 했다.

그녀의 내면에는 "나는 혼자야." "아무도 믿을 수 없어." "공개적으로 말하는 것은 안전하지 않아."라는 무의식적인 프로그램이 내면화되어 있었다. 그녀는 과거에 자신감의 상실과 피해의식으로 많이 힘들었다. 부모님의 이혼 후에 억압된 감정을 먹는 것으로 해결하면서 학창 시절 몸무게가 거의 70kg이 나갈 정도로 살이 쪘다고 했다. 어느 날 쇼윈도에 비친 그녀의 볼품없는 모습이 싫어서 하루에 한 끼를 먹으며 거의 미친 듯이 20kg을 감량했다. 그러면서 작은 소음에도 스트레스를 심하게 받으며 날카롭게 반응했으며, 뜻대로 되지 않는 일상의 모든 것들에 저항하면서 무력감에 빠졌었다.

그녀는 학교에 다닐 때 모범생이었고 친구들 사이에서 고민을 들어 주는 중재자 역할을 했으며, 친구들은 그녀에게 비밀 이야기를 해 주며 그녀를 신뢰했지만, 그녀는 자신의 가정과 부모에 대해 친구들에게 말할 수가 없었다. 그래서 늘 죄책감과 수치심을 가슴에 안고 살았다. 그녀가 자신의 비밀과 씨름할수록 친구들을 사귀는 폭은 점차 줄어들었다. 자존심 때문에 아빠와 가정에 대해 거짓말한 게 밝혀질까 봐 언제나 마음을 졸였다. 그녀는 과거의 집안일들과 자신에 대해 드러내는 것이 부끄럽고 익숙하지 않았다.

그녀는 22살 때 처음으로 남자를 사귀었다. 사귄 것도 아니고 처음에는 일방적으로 남자가 좋아한다고 매달렸다. 그녀는 의지할 곳이 없어서 만났는데 점차 상대에게 집착하고 싸우고 헤어지곤 했다. 한번은 남자가 헤어지자고 해서 연못에 빠져 죽으려고 뛰어든 적도 있었다고 했다. 하지만 그 남자는 다른 여자를 사귀면서 결국 헤어졌으며, 그 다음이 전 남친이었는데 사귀는 내내 상처를 많이 받았다. 지금 애인과는 3년 가까이 사귀었는데 내년 3월에 결혼을 약속했는데도 불안하고 잘못될 것 같고 조금만 섭섭해도 견딜 수 없다고 했다. 이제는 정말 자신감을 가지고 과거의 피해의식에서 벗어나 행복한 삶을 살고 싶다고 했다.

## 상담 후 느낀 점

상담을 마치고 집으로 오는 길에 심장의 한쪽이 무겁게 느껴지고 마음이 허하게 느껴졌다. 이 허함은 어디에서 오는 걸까? 외로움? 요즘 나는 마음의 여유가 없다. 괜히 서운해지고 화도 나고 실망스럽고 그렇다. 애인이 요즘 내 얘기에 관심이 없고 시큰둥한 반응을 보여서 더욱 밉고 서운하다. 나에게 관심이 없다고 느껴질 때, 내 말에 집중해 주지 않을 때, 내가 어렵게 꺼낸 말에 아무런 대꾸가 없을 때, 나는 굉장히 갑갑함을 느끼고 버림받을 것 같이 불안해져서 자꾸 뭔가 안심할 수 있는 대답을 원한다. 애인을 통제하고 싶어진다.

원장님은 이런 내 허함은 내 것이기에 남이 채워 줄 수 없는 것이라고 했지만, 나는 상황이 되면 기대하고 실망하고 화를 낸다. 이 모두가 나를 보호해 주지 않고, 지지해 주지 않고, 아껴 주지 않고, 믿어 주지 않아서 그렇다고 아빠를 탓하고 엄마를 탓한다. 제대로 부모 노릇을 했으면 내가 이렇게 되지 않았을 거라고, 모두가 당신들 탓이라고 외치고 싶다.

"난 피해자니까 사람들은 날 불쌍하게 봐야 하고 위로해야 한다."고 마음속으로 늘 외치며 살았던 것 같다. 나는 나의 인생을 책임지는 주인이기보다 자신을 안쓰럽고 불쌍하게 보면서 나를 돌봐 주고 감싸 주길 원했던 아이와 같이 살았다. 어떤 상황이 생기면 항상 내가 피해자라고 생각하며 나를 챙겨 주길 원했다. "나는 착한 사람이기에 나랑 부딪히는 사람은 나쁜 사람이다. 날 못살게 구는 거다. 가만히 있는 나를 괴롭히고 짓밟는 나쁜 사람들이다."라는 생각이 늘 있는 것 같다. 이것이 피해의식일까?

나는 어떤 사람을 만나거나 모임에 가면 나랑 맞을 것 같은 사람, 내게 잘해 주는 사람, 이런 사람을 내 곁에 두려고 약간의 이간질도 시키고, 상대에 대해 나쁘게 말하는 습관적 패턴이 있다는 것이 상담을 진행하면서 확 드러났다. 맘속으론 그 사람을 내 사람으로 만들고 싶다는 욕망이 끓어올라오지만 쿨한 척 외면한다. 그러면서 질투심을 강하게 가진다. 그 사람과 친한 사람을 나쁘게 말해서 나쁘게 생각하게끔 조종하려는 나의 모습을 보면서 나는 어쩌면 좋은 사람이 아닐지도 모른다고 생각했다.

애인에게도 그냥 나는 당신을 사랑하고 사랑받고 싶다, 나에게 좀 더 관심을 가져 달라고 요청하면 될 텐데, 나는 자꾸 몰래 들키지 않게 애인을 조종하려 든다. 이것이 나의 소유욕이고 집착의 마음인가? 쿨하지 못한 내가 밉고 초라하게 느껴진다. 모두가 나를 좋아해 줬으면 좋겠는데 그렇지 못한 현실이 못마땅하다. 이런 생각들이 생각의 꼬리를 물면서 결국 나를 자신감의 상실과 자기비하로 빠지게 한다.


## 상담 2

그녀는 관계 안에서 일어나는 문제를 통해 자신을 이해하고 변화하기보다는 언제나 상대를 탓하고 상대가 바뀌기를 원했다. 연인 관계란 친밀감과 서로 간의 공감이 기본이 되어야 한다. 하지만 그녀는 모든 관계 안에서 자신만의 생각과 기준의 장벽을 세우고 고립되어 있었다. 그녀는 장벽의 한쪽에 서서 애인에게 책임과 의무만을 요구할 뿐 사랑의 공감이 무엇인지 알지 못했다. 그녀는 애인을 사랑한 것이 아니라 지난날 충족되지 못한 만족감과 안전을 찾으려는 수단으로 애인과 상대를 이용했다. 그녀는 자기만족에 빠져 상대가 그녀의 요구를 충족시켜 주지 않을 때 분노를 느끼며 난폭한 소유욕을 드러냈다.

그녀는 너무나 자기중심적이고 이기적이고 자기도취에 빠져 있었다. 더욱 곤란한 것은 그런 자신을 과거의 상처와 피해의식으로 포장하고 합리화하여 자기의 문제가 무엇인지를 전혀 인식하지 못하고 있는 것이었다. 그녀의 '버림받은 블랙독' 아래에는 자기합리화와 자기정당화가 깔려 있었다. 때때로 이런 자기중심적인 성향을 가진 사람들을 상담할 때 과거 상처에 대한 이해는 그들의 마음을 여는 것이 아니라 그들이 삶의 피해자라는 자기합리화를 더욱 강화시키는 경우가 많다.

　사람들은 내면에 각각 자신만의 독특한 성격 구조를 가지고 있다. 이런 성격 구조는 어린 시절 환경과 관계에서 체험한 경험을 토대로 만든 관념과 믿음의 체계들이다. 성격 패턴은 너무나 무의식적이고 습관적이며 즉각적으로 표출되기 때문에 관계 안에서 스스로 인식하기가 쉽지 않다. 이런 성격의 구조는 어릴 때 힘없는 자신을 보호하기 위해 만든 특정한 두려움에 대한 반응이자 방어 패턴이기 때문에 관계에서 상대를 밀어 내는 벽으로 작용하는 경우가 많다.

　그녀는 어릴 적 강압적이고 너무나 자기중심적인 아빠로부터 살아남기 위해 외부적으로는 단단한 감정의 보호막을 쳤지만, 내적으로는 겁먹고 무능하고 약하고 의존적이었다. 그녀는 충격과 상처로 인한 외로움과 두려움, 보살핌과 배려의 결핍으로부터 탈출하기 위해 그녀만의 특별의식을 길렀다. 그리고 성인이 된 어느 때부터는 속는 것이 두려워 먼저 상대에게 지나치게 요구하고 통제하려 했다. 그녀는 상대와 말할 때 상대의 작은 실수라도 꼬투리를 잡아 독선적이며 우세한 위치를 차지하려 했다. 그녀는 다른 사람의 감정은 공감하지 못하면서 가까운 사람들에게는 약하고 무능한 그녀의 감정들을 돌봐 줄 것을 기대했다. 하지만 상대가 그녀의 기대를 채워 주지 못하거나 제대로 돌봐 주지 못한다고 느낄 때면 스스로를 피해자라고 느꼈다.

상담이 진행되면서 그녀는 기대와 다르게 지난날 가졌던 상처와 고통이 따뜻하게 이해되고 감싸이는 대신, 자기중심적인 그녀의 마음 구조가 적나라하게 드러나자 무척 힘들어했다. 지금껏 직면하고 싶지 않았던 심리적인 패턴과 성격 구조에 대한 직설적인 얘기들을 들으며 그녀는 무척 자존심 상해 하며 인정하지 않으려 했다. 하지만 치유의 길은 자신을 정직하게 인식하고 이해하는 것뿐이다. 그녀가 자존심을 지키려 하고 상처받지 않으려 감정을 닫을수록 관계에서 거부당하고 배신당했다는 고통은 커질 수밖에 없다. 그녀가 과거의 피해의식에서 벗어나 행복으로 나아가기 위해서는 자신이 옳다는 생각과 다른 사람을 비난하는 마음을 내리고 자신의 연약함을 드러낼 필요가 있었다.

자신이 피해자라는 피해의식은 때때로 다시는 피해 받지 않겠다는 무의식의 결심과 함께 마음의 바깥에 탄탄한 벽을 쌓게 한다. 이런 마음의 벽을 심리학에서는 자아방어기제라고 한다. 내적인 혼란은 우리로 하여금 외적인 안전을 추구하게 한다. 자신을 지키려는 욕구가 커질수록 우리는 다른 사람에게 더 많이 공격적이게 된다는 것을 잊어버리거나 안 보려는 경향이 있다. 피해 받지 않으려는 마음이 결국에는 남들에게 피해를 준다는 사실을 우리는 인식하지 못한다.

우리는 진실을 보기보다는 자기 입장에서 만든 생각의 환상을 붙들고 현실과 상황을 왜곡되게 본다. 우리가 피해자라는 관념을 붙들고 있는 한 우리는 극도로 예민해지고 상처받기 더욱 쉬워진다. 하지만 우리는 진실을 알고 싶지 않기에 자신을 지켜 온 기준과 관념을 깨뜨리는 어떠한 말이나 충고에 대해서도 저항한다.

자신이 피해자라는 생각과 관념은 남들이 자신에게 베풀어 준 많은 것들은 외면하고 다른 사람들이 자신에게 주지 않은 것에만 초점을 맞추어, 상대가 준 것은 축소하고 자신이 상대에게 베푼 것은 확대하는 경향이 많다. 우리가 진실의 눈을 가리고 자기 기준의 벽 안에서 아무리 현실을 외면하고 자신을 합리화시키려 해도, 상황은 언제나 그대로 남아 있기에 현실의 불안과 고통은 커질 수밖에 없다. 우리 모두는 어쩌면 진실에 잠들기를 원하고, 환상을 원하며, 현재의 자신을 회피하고 싶은지도 모른다.

처음 그녀의 방어막을 깨려고 했을 때 너무나 심하게 저항하여 그녀의 마음을 이해시키기가 쉽지는 않았지만, 그녀는 한걸음씩 자기 안의 불안과 두려움을 향해 나아갔다. 고통은 스스로의 진실을 직면하고 인정할 때까지 지속된다. 방어는 현재의 고통을 회피하려는 시도인 경우가 많다. 방어는 결국 마음의 문을 닫게 하고 현실을 더욱 부정적으로 보게 만들며, 자기만의 환상에 빠져 스스로를 합리화하고 정당화하여 자기만족감에 중독되기 쉽다. 자기방어는 결국 다른 사람에 대한 공격임을 알아야 한다. 우리가 스스로를 방어할수록 세상과 상대를 향한 공격성은 더욱 커지기 때문이다.

## 상담 후 느낀 점

원장님이 상담 중에 나에게 물었다. "나는 강자인가? 약자인가?" "나는 피해자인가? 피해를 주는 사람인가?" 나는 그동안 나를 강자라고 생각해 본 적이 별로 없고, 내가 피해자라고 생각했지 누군가에게 피해를 준다고 생각해 본 적도 없었다. 그래서 원장님의 나에 대한 성격 구조와 패턴에 대한 상담은 나에게 충격이었다. 그리고 집착과 욕심을 놓으라는 말에 의문이 들었다. 집착과 욕심은 상대를 사랑하기 때문에 일어나는 당연한 감정이 아닌가? 그것은 상대를 더 사랑하고 나를 위한 삶을 살아갈 수 있는 원동력이 아닌가?

상담은 나에게 겨우 중독이라는 이름으로 얼려 놓은 나의 가슴을 헤집고 스트레스를 받게 했다. 갑자기 눈물이 튀어나오며 생각들이 제멋대로 돌아갔다. 마음이 가라앉지 않고 안 좋은 생각들이 속력을 내며 달려갔다. 정말 절벽의 끝에 서 있는 것 같은 느낌이 들었다. 차라리 착해 보이고 순진해 보여서 샌드백 취급을 받는다고 느꼈을 땐 힘들지만 마음은 편했는데, 이제는 정말 숨을 곳이 없는 느낌이었다. 눈을 감으면 자꾸 잡생각이 나면서 울음이 났다. 나는 내가 싫었던 것 같다. 나는 무의식중에 힘을 갈구했다. 하지만 언제나 나는 투명한 우산을 걸치고 비를 피하려 했다. 혼자서 우산의 벽 안에 고립되었지만 투명한 우산은 의지도 보호도 되지 못했다.

원장님의 지적대로 나는 시샘도 많고 질투 많은 성격에 소유욕과 독점욕도 강했다. 어릴 적 엄마는 동생과 나를 비교하며 자꾸

동생만 예뻐했다. 나는 성격이 뭐 어떻다는 둥, 안 좋은 얘기들만 하고 친척들이나 주위 사람들에게 내 흉을 보곤 했다. 그래서 나는 행여 엄마가 학교에 찾아오면 나의 이미지에 손상이 갈까 봐 엄마에게 "엄마는 못 생겼으니까 학교 오면 내가 창피해. 학교에 오지 마."라고 맘에 없는 말로 상처를 주었다. 그때 엄마에게 엄청 맞고 혼난 기억이 난다. 본의 아니게 엄마에게 상처를 준 것 같아 아직도 그때를 생각하면 너무 미안하고 사과하고 싶다.

부모님이 이혼을 하여 엄마가 집을 떠난 뒤, 나는 동생이 조금이라도 내 말을 안 듣거나 내게 피해를 줄 것 같으면 완전히 이성을 잃어버리고 미친 사람처럼 동생에게 모질게 군 적이 많았다. 평소의 온순하던 모습은 온데간데없이 사라지고 사이코 같았다. 이렇게 추악한 면모가 내 안에 있다는 사실이 역겨웠지만 모두가 동생 때문이라고 생각하며 화를 냈다. 동생을 내 앞에 굴복시키고 위엄을 부리고 싶어서 더욱더 발악을 하고 미친 짓을 서슴지 않았다.

그렇지만 동생이 내 소유의 것을 침범하지 않고, 내 것을 빼앗지 않고, 내 신경을 건드리지 않고, 내 눈치를 보며 행동하는 것이 느껴질 때면, 나는 금방 마음이 누그러져 세상에서 제일 다정한 친구 같고 천사 같은 언니가 되곤 했다. 동생이 말하기를 나는 잘해 줄 땐 너무 잘해 주고, 화낼 땐 너무 화내고, 너무 극단적이라 중간이 없어 나를 어떻게 대해야 할지 모르겠다고 했다. 아빠로부터 억압된 내 분노와 원망과 스트레스들을 나는 가끔씩 기형적으로 동생에게 표출하고 화풀이를 한 것 같다. 조금이라도 건수가 생기면 여동생을 다그치고 혼내고 소리치고 때리기도 했다. 모든 게 내 뜻대로 되어야 했고, 동생을 억압하며 나의 피해의식을 충족하려 했다.

나는 언젠가부터 속은 썩을 대로 썩었지만 겉으론 착하고 성실하고 좋은 사람인 척했다. 벼락치기로 얻어낸 훌륭한 성적표를 면죄부 삼아 나의 죄책감을 덜어 내며 모든 상황을 '언 발에 오줌 누기' 식으로 대처했다. 아빠는 나보고 고집 세고 자기 욕심만 부리는 이기적인 년이라고 욕을 했다. 너무 속상하고 섭섭했고 억울했다. 나는 어디에 얽매이는 것을 굉장히 싫어하고 감정 위주로 행동하는 타입이라 단체 생활과 틀에 맞추는 삶은 너무나 숨이 막히고 싫었다. 나는 왜 이렇게 욕심과 질투심이 많을까? 피해의식에 절어 아무것도 못하는 나 자신이 가여우면서도 역겹다. 나는 왜 이렇게 세상과 사람들에 대해 서운함을 많이 느끼는 걸까? 나는 마치 서운해 하기 위해 태어난 사람 같다. 채워지지 않는 공허감에 늘 외롭고 슬펐다.

상담을 하면서 원장님이 해 주시는 말씀을 하나도 흘려듣지 않고 꼼꼼히 새겨들으려고 노력했다. 그 중에는 내 맘에 확 와 닿지 않는 말도 간혹 있었지만 대체로 나에게 많은 깨달음을 주는 얘기라 참 감사하는 마음이 컸다. 상담 중에 나를 분석해 주신 원장님의 말씀은 나에게 좋은 자극과 가르침이 되었다. 내가 간과하고 있던 부분, 내가 잘못된 시각으로 바라봤던 부분들을 짚어 주셔서 여러모로 느낀 점이 많았다. 왠지 모르게 마음이 무겁고 툭 건드리면 금방 눈물이 나올 것 같은 기분이지만, 내 문제를 객관적이고 합리적인 관점에서 바라보는 일이 중요하다는 걸 상담을 통해 크게 깨달았다.

지난번 상담에서 이완 후에 내 가슴의 통증을 형상으로 느껴 본 적이 있었는데 그때는 볼링공처럼 둥글고 단단한 것이 내 가슴 안에 들어 있어 꾹꾹 누르는 듯한 느낌이 들었다. 하지만 이번에는 새로운 가슴 통증이 느껴진다. 가슴 안에 뾰족하고 단단한 것이 들어 있어 자꾸만 콕콕 찌르는 듯한 통증이 불현듯 찾아온다. 내가 얼마나 마음이 좁고 욕심이 많고 시기심이 많은지 깨닫게 될 때마다 왠지 모르게 불편하고 껄끄럽고 답답하고 우울하고 괴롭다. 나는 이번의 상담을 내 인생의 마지막 기회라고 생각했다. 만약 이번에 나를 치유하지 못하면 더는 갈 곳이 없을 것 같고, 나를 낫게 해 줄 곳도 없을 것 같다. 나는 이제 이 고통스런 방황에 종지부를 찍고 싶다.


## 상담 후 동생에게 쓴 편지

동생아, 힘들었지?

내 밑에서 내 눈치를 보며 억압받고 지냈을 너를 다그치고 괴롭히고…… 네가 얼마나 숨이 막혔을까. 다른 사람한테는 안 그러면서 유독 너한테만 참 모질게 굴어서 미안해.

너한테 피해의식을 갖게 된 것도 따지고 보면 모두 너의 잘못이 아닌데…… 내가 스스로 내 상처를 감당하지 못해 애꿎은 너한테 분풀이를 했던 점이 많았던 것 같구나.

네가 뭔가 조금이라도 내 맘에 거슬리는 행동을 하면, 네가 나한테 조금이라도 피해를 주거나 스트레스를 주면, 나는 이성을 잃고 너에게 몇 배로 되갚아 주려고만 했었지.

언니로서 너에게 너그럽게 대해 주고 싶었는데 그러지 못했던 건 내 마음에 치유되지 못한 상처가 너무 깊고 컸기 때문인 것을 이제는 알게 됐어.

그렇게 내 마음에 여유가 없다 보니 사소한 걸로도 너한테 화를 내고, 너를 못마땅하게 여기고, 아직도 언니가 마음이 넓고 크지 못한 걸 이해해 주었으면 좋겠구나.

언니 마음 안에 채워지지 못한 사랑이 너무나 크기 때문에 늘 내 생각만 하고 내 상처만 생각했던 것 같아.

네 입장에서 생각해 보면 너도 너 나름대로 상처가 많았을 테고 사랑받고 싶은 마음도 많을 텐데…… 그리고 이렇게 감정적이고 극단적이고 예민한 언니 밑에서 더 많이 힘들었을 텐데……

만약에 나한테도 나와 같은 언니가 있었다면 나는 현재의 너만큼 잘 버틸 수 있었을까.

언니는 현재 치유되지 못한 상처와 채우지 못한 사랑 때문에 늘 불안하고 우울하고 슬프고 위태롭지만, 나 스스로 내 상처를 치유하고 일어서려고 노력하고 있어.

상담을 하면서 너를 괴롭힌 지난날의 나 자신이 보여서 싫더라.

내 안의 그런 잔인함과 피해의식이 뭐길래 내가 너한테 그래야만 했을까. 너의 탓이 아닌데도 네 탓으로 돌리고 분풀이를 해서 미안해. 내가 받은 상처가 억울해서 너한테 상처를 주며 나 자신을 위로하려 했던 것 같아.

지금은 내가 너무 힘들어서 너의 마음을 전부 다 헤아려 줄 순 없겠지만 언젠가는 꼭 그렇게 될 거라고 믿어.

네가 점점 커 가면서 나한테 대들거나 나를 이기려 든다는 느낌을 받을 때가 많았고, 그것 때문에 자존심이 상해 너를 더욱 억눌러 버리려고 했지. 하지만 나는 아직도 언니 말을 잘 따르고, 언니가 힘들 때마다 옆에서 재밌게 해 주던 예쁜 동생의 모습이 기억나.

너를 동생으로만 생각하고 억눌러 버려야 하는 존재로만 생각하기보다 이제 '하나의 영혼'으로 생각하고 이해하기 위해 노력할게. 스스로 상처를 치유해 가는 언니를 보며 너도 네 상처를 잘 치유해 나갈 수 있기를 바란다.

이 편지에 답장은 쓰지 말고 그냥 마음으로 언니를 응원해 줬음 좋겠다. 언제가 될진 모르겠지만 언니가 일어설 수 있을 때까지 기다려 주렴. 그때는 꼭 좋은 언니가 되어 줄게.


## 상담 후기

상담 후 애인에 대한 집착과 의심이 줄어들고, 잦았던 다툼이 거의 없어졌다. 물론 가끔씩 힘겨움이 찾아올 때도 있다. 그럴 때마다 원장님께 자문을 드리고 싶은 마음도 들지만, 이제는 그런 힘겨움도 영원하지 않고 순간적이라는 것을 알기에 크게 걱정은 안 한다. 어느 순간부터 지난날의 힘듦도 마치 옛날이야기인 것처럼 기억도 안 나고, 현재를 있는 그대로 받아들이고 즐기고 있는 나를 본다. 예전에는 상황이 조금만 안 좋아도 걱정을 참 많이 하고 부정적인 생각에 심하게 집착하곤 했었는데……

불과 얼마 전까지만 해도 난 불운의 여주인공인 양 현실을 한탄하며 벗어나고 싶은 마음만 가득했고, 주변 사람들이 날 힘들게 한다고 생각했다. 늘 뭔가에 불안해하고 의심하며 정말이지 하루하루가 죽지 못해 사는 삶이었다. 어디서부터 잘못된 건지 알 수 없었다. 걷잡을 수 없이 일어나는 분노와 증오의 마음으로 사랑하는 사람을 할퀴고, 그의 아픔을 외면하며, 등 돌리고, 차마 입에 담지 못할 말로 화를 냈다.

원장님을 만나기 전에 두 군데의 심리 상담센터에서 몇 차례 상담을 받았지만 내가 원하는 해답을 찾을 수 없었고, 이건 아닌데…… 하는 의구심과 함께 상담을 중지할 수밖에 없었다. 뾰족한 방법도 없고 도움을 받을 곳도 없었기에 연인과 싸울 일이 생길 것 같으면 무조건 입을 다물고 참았다. 그러다 보니 원인을 알 수 없는 두통에 시달리며 하루에도 진통제를 서너 알씩 복용하며 힘든 날들을 보냈다.

책을 읽고 상담센터를 알게 되었다. 난 주저하지 않았다. 긴 세월 너무 힘들었고, 유일한 어떤 희망만 있어도 절대 놓지 않으리라 생각했으며, 고통에서 벗어나서 정말 간절하게 나도 행복해지고 싶었다. 상담을 하면서 불쌍하고 안쓰러운 나를 만나 감정이 북받쳐 엉엉 울기도 많이 했다. 그리고 더 이상 상처받지 않으려 기준의 벽을 세워 온 나를 보았다. 그 기준이 엄마와 동생을, 사랑하는 애인을, 나를 힘들게 했음을 알아차렸다. 더 이상 내 안의 기준을 들고 있을 이유가 없었다. 옳음과 기준의 관념에 집착된 안정을 벗는 순간 난 너무 행복했고, 한결 가벼운 나를 만날 수 있었다. 더불어 애인에 대한 기대감과 내 마음대로 하려는 집착을 내려놓을 수 있었다.

원장님께서 하신 말씀이 생각난다. "스스로에 대한 자존감을 가진 사람이 다른 사람의 자존감도 지켜 줄 수 있다."는…… 난 결코 불운의 여주인공도 아니었고 누구도 날 힘들게 했던 것도 아니란 사실을 알았다. 이런 날이 올 수 있었던 건, 간절히 행복해지려고 노력했던 나의 마음과, 나를 완전한 인간으로 봐 주신 원장님이 계셨기에 가능했던 일이 아닌가 한다. 감사합니다.

## 사랑의 성장 단계

우리는 모두 사랑받길 원하며 사랑하고자 한다. 사랑은 우리를 웃게도 하고 울게도 하는 인생의 모든 것인지도 모른다. 그러기에 사랑에 대한 이해와 태도는 그 사람이 지닌 의식의 성숙도를 나타내는 척도가 되기도 한다. 그런 의미에서 나는 사랑을 4가지 단계로 나누어 설명을 해 보았다.

1. 받으려는 사랑  받으려고만 하는 사랑은 자기중심적이고 성장이 덜 된 미숙한 어린아이와 같은 사랑이다. 그들은 자신의 부족한 욕구를 채우려 상대를 이용하고 맹목적으로 소유하거나 집착하려 한다. 그들은 상대 또한 그들의 욕구가 있음을 인정하지 않고 오직 자신만을 중시하여, 상대가 자신을 채워 주지 않을 때 떼

를 쓰거나 화를 낸다. 그들은 줄 줄을 모르며 어떤 것이든 자신의 수중에 들어온 것은 움켜쥐고 내놓지 않으려 한다. 그들은 자신들의 닫혀 있는 마음과 인색함은 보지 못하고 세상과 상대를 탓하곤 한다.

2. 주고받는 사랑  주고받는 사랑은 '기브 앤 테이크'(give and take)와 같이 거래적이며 조건적인 사랑을 말한다. 이것은 내가 이만큼 주면 너도 이만큼 주어야 한다는 욕망에 기초한 사랑이다. 우리는 때로 무조건적인 사랑을 꿈꾸거나 그런 사랑을 상대에게 바라지만, 현실의 사랑은 언제나 주고받음이다. 그 중에서 특히 남녀 간의 사랑은 주고받는 사랑의 전형이라 할 수 있다. 우리는 상대를 만나기 전부터 조건을 따진다. 성격을 보고, 키를 보고, 학력을 보고, 직업을 보고, 장래성을 보며, 이것저것 자신의 조건과 맞을 때 상대에게 마음을 내고, 마음을 낸 만큼 기대하고 받고자 한다. 조건이 맞지 않으면 상대와 만날지 헤어질지 갈등하고, 우리가 내준 만큼 상대에게서 돌아오지 않을 땐 실망하고 화를 낸다.

그렇다고 해서 주고받는 사랑을 너무 계산적이라고 할 필요는 없다. 왜냐하면 사랑의 주고받음을 명백히 인정할 때 우리는 상대와의 관계를 보다 투명하고 진실되게 할 수 있기 때문이다. 우리는 때로 주고받는 마음을 이기적이라고 생각하는 까닭에, 자신의 받고자 하는 욕구를 드러내지 않거나 억압하는 경우가 많다. 원만한 사랑은 언제나 준 만큼 서로 나누는 사랑이어야 한다. 주기만 하고 받지 못한다면 우리 안의 결핍감은 상대를 밀어 내게 만들고, 조금 주고 더 많이 받으려는 이기적인 마음은 자기중심성으로 흐르기 쉽다. 사랑은 함께 나눔이며, 나눔은 내 것을 주고 상대의 것을 자연스럽게 받아들이는 주고받음이다.

3. 기르는 사랑  부모가 자녀를 양육하는 사랑이나 주인이 동물을 사랑하는 마음은 기르는 사랑에 속한다. 선생이 제자를 가르치고 키우는 마음 또한 기르는 사랑일 것이다. 기르는 마음에는 상대를 책임지는 마음이 있어야 하고 성실함이 뒷받침되어야 한다. 때로 우리는 기르는 사랑을 가장 조건이 없는 무조건적인 사랑이라고 말하기도 한다. 하지만 자녀를 양육하는 부모나 동물을 키우는 주인조차 아이와 동물들이 그들의 뜻대로 따르지 않거나 기대에 부응하지 못할 때는 실망하여 상처를 주기도 한다. 왜냐하면 기르는 사랑에는 아직도 키우는 자녀나 동물들이 자기 것이라는 미세한 소유의식이 남아 있기 때문이다. 하지만 기르는 사랑에는 온전히 상대를 받아들이고 있는 그대로 키우려는 무조건적인 사랑의 형태가 가장 많이 담겨 있다고 할 수 있다.

4. 지켜보는 사랑  지켜보는 사랑은 기르는 사랑에 남아 있던 미세한 소유의식을 내리고, 상대로 하여금 그들이 스스로 자생력을 가지도록 지켜보는 마음이다. 이때 그들은 상대에 대한 자기만의 애착과 편견을 놓아 버리고 상대가 상대로서 자유롭도록 보호막을 걷어 준다. 그렇다고 지켜보는 사랑이 상대에 대한 관심을 없애는 것은 아니다. 그보다는 상대에 대한 더 깊은 신뢰를 가지고 내 뜻대로 하려는 마음을 놓는 것이다. 놀이터에서 놀고 있는 아이는 부모가 든든하게 지켜보고 있다는 신뢰감을 가질 때 좀 더 새로운

도전과 변화로 나아간다. 하지만 부모가 아이를 보호하려고만 하고 놓아주지 않는다면 아이의 독립심과 호기심은 억압될 수도 있다. 아이는 부모의 사랑을 신뢰하는 만큼 안전하게 독립할 수 있다. 그러기에 지켜보는 사랑은 상대를 진실로 있는 그대로 믿어주는 마음이 있을 때 나올 수 있는 성숙된 사랑이다.

우리는 상황과 여건에 따라 네 가지 사랑을 지혜롭게 사용할 줄 알아야 한다. 조건이 필요한 곳에 기르는 마음을 가지는 것은 피해의식을 키우며, 받는 사랑이 필요한데 지켜보려는 마음은 내면에 분노가 쌓이게 하여 관계를 불편하게 만든다. 우리는 자신이 만나는 사람과의 관계에서 어떤 단계의 사랑을 많이 사용하고 있는지 이해해 볼 필요가 있다.


## 부부, 연인 간 애정과 존중심 테스트

상대방에 대한 배려와 존중하는 마음은 두 사람 사이에 애정의 꽃을 피우고, 그 꽃을 언제까지나 지지 않게 하는 가장 중요한 요소이다. 행복한 결혼 생활을 하고 있는 부부라도 상대방의 인격적인 결함을 보면 때때로 상대방을 매도하고 싶어질 것이다. 결혼 생활이 수렁에 빠져 있는 부부나 서로 싸우고 있는 연인에게서 현재의 상대방을 이해하고 칭찬하는 말을 끄집어내려면 힘이 들 수밖에 없다. 하지만 과거의 행복하고 좋았던 이야기에 이르면 종종 그들에게 아직도 좋은 감정들이 많이 남아 있는 경우가 많다. 과거의 좋은 감정들을 다시 되살릴 수 있는 부부나 연인은 거의 대부분 다시금 행복한 관계를 만들기 쉽다. 그렇게 서로에 대해 좋은 감정이 남아 있는 연인이나 부부는 작은 감정의 골이 생기더라도 그것을 뛰어넘는 힘이 있기 때문이다.

상대방을 배려하고 존중하는 마음은 상대방에게서 들은 모욕의 말을 해독하는 작용을 한다. 배우자를 존경하는 마음이 있으면, 비록 의견이 어긋나고 그 속에 모욕적인 말이 끼어들더라도 상대방에게 화를 내거나 오해하는 일이 적어지게 된다. 따라서 서로 간에 배려와 감사의 마음을 갖는 것은 부부나 연인관계가 위험 요인으로 깨지는 것을 막아 주는 중요한 요소이다.

---

※ 상대방에 대한 배려와 존중하는 마음을 잘 실천하고 있는지 알기 위하여 다음 질문에 정확하게 대답해 보세요. 맞으면 '예'에, 그렇지 않으면 '아니오'에 체크하세요.

1. 남편(아내)의 칭찬할 만한 점 3가지를 바로 말할 수 있다.    (예 / 아니오)
2. 떨어져 있으면 보고 싶어진다.    (예 / 아니오)
3. 사랑하고 있음을 어떤 형태로든 표현할 수 있다.    (예 / 아니오)
4. 남편(아내)의 몸을 자주 어루만지거나 키스한다.    (예 / 아니오)
5. 남편(아내)은 나를 정말로 존중한다.    (예 / 아니오)
6. 남편(아내)은 나를 사랑하며 나에게 마음을 써 준다.    (예 / 아니오)
7. 남편(아내)이 나를 이해하고 사랑한다고 믿는다.    (예 / 아니오)
8. 남편(아내)은 나를 섹시하고 매력이 있다고 생각한다.    (예 / 아니오)
9. 남편(아내)은 성적으로 나를 흥분시키는 무엇인가를 갖고 있다.    (예 / 아니오)

10. 두 사람 사이에는 불타는 듯한 정열이 있다.                                    (예 / 아니오)

11. 두 사람 사이에는 아직까지 로맨틱한 감정이 남아 있다.                      (예 / 아니오)

12. 남편(아내)을 참으로 자랑스럽게 여기고 있다.                                 (예 / 아니오)

13. 남편(아내)은 내가 성취한 일을 기뻐해 준다.                                  (예 / 아니오)

14. 남편(아내)과 결혼한 이유를 바로 열거할 수 있다.                            (예 / 아니오)

15. 다시 태어나도 지금의 남편(아내)과 결혼할 것이다.                          (예 / 아니오)

16. 잠자기 전에 반드시 어떤 형태로든지 서로 애정 표현을 한다.                (예 / 아니오)

17. 내가 옆에 있으면 남편(아내)은 내 얼굴을 보고 기뻐한다.                    (예 / 아니오)

18. 남편(아내)은 내가 하는 일들에 고마움을 표시한다.                           (예 / 아니오)

19. 남편(아내)은 전부는 아니더라도 대체로 내 성격을 좋아한다.                (예 / 아니오)

20. 성생활에 불만이 없다.                                                         (예 / 아니오)


＊ '예'라고 답한 개수를 세어 보세요.

＊ 10개 이상: 결혼 생활에서 부부가 서로를 가치 있는 존재로 생각하고 있습니다. 가끔씩 마이너스 감정이 어느 한쪽에 싹튼다 하더라도, 두 사람의 관계가 파괴될 정도는 아닙니다.

＊ 9개 이하: 점수가 낮다고 비관할 필요는 없지만 개선할 부분이 있습니다.

# 9

# 불안으로 인한 떨림과 말더듬

## 질문과 답변

🌀 안녕하세요. 취업 준비 중인 20대 후반의 남자입니다. 저는 어릴 때 웅변대회에도 나갈 만큼 남들 앞에 서는 걸 좋아했습니다. 하지만 초등학교 4학년 때 책을 읽다가 단어가 틀리고 말을 버벅거려서 반 애들에게 웃음거리가 된 뒤로는 남들 앞에 나서서 발표하는 게 힘들어졌습니다. 그리고 중학교 1학년 음악 발표 시간 때 손과 발이 떨리는 경험을 한 후에는 목소리, 얼굴까지 떨리면서 낯선 사람들과 대화할 때면 말까지 더듬게 되었습니다. 중학교 때는 어린 맘에 부끄러웠고 상처도 많이 받았습니다.

고등학교 때는 한동안 괜찮더니 고2 때부터 또 떨리고 더듬기 시작해서 혼자 노래하듯이 책을 읽으며 노력도 많이 했지만 고쳐지지는 않았습니다. 항상 발표할 때면 손과 발이 떨리고, 심장은 쿵쾅거리고…… 그러다가 대학교에 입학하게 되었는데 발표와 손발 떨림 때문에 망신당할까 두려워 군대로 도망쳤습니다. 하지만 군대에서도 계급이 올라가면서 보고를 하게 되어 힘들었습니다.

요즘은 더 심해져서 사회생활을 하기가 너무 힘이 듭니다. 이제 취직을 해야 하고, 그러려면 면접도 보아야 하는데 걱정입니다. 여자들을 만나면 내 딴에는 잘하려 해도 더욱 떨리고 힘이 듭니다. 여자들과의 만남이나 소개팅에서 둘이 있을 때면 손발이 떨리면서 말까지 더듬게 됩니다. 며칠 전에도 미팅에서 한 여자 분이 수전증이 있냐고 물어보더라고요.

저는 성격이 수줍음도 많고 내성적이며 소심한 편이라 남들 앞에 나서는 걸 불안해하고 두려워했습니다. 그러다 보니 발표나 모임 같은 것들이 있으면 먼저 피하게 되면서 친구들과 멀어지는 건 당연사가 되었고, 요즘은 특히 불안하고 긴장되면 목이 많이 아프고 두통까지 심해져 미칠 지경입니다. 정신과에서 우울과 더불어 대인기피증, 무대공포증이라는 진단을 받아 약물 치료도 오랫동안 해 보았지만 별 효과가 없었습니다. 그리고 한의원에서는 화병이라는 진단을 받고 몇 달간 다니기는 했지만 약에 의존하게 된다는 생각에 그만두고 현재는 그냥 피해 다니는 식으로 지내고 있습니다.

공부를 더 하고 싶지만 사람들을 만나고 발표하는 게 두려워 사이버 대학원에 진학했으며, 이제 마지막 학기라 논문 발표 과정만 남았습니다. 마지막이라는 생각에 의욕은 넘치지만 발표할 생각에 몇 날 며칠을 불안으로 잠 못 들다 목과 머리가 너무 아프고 혼란스럽습니다. 사람을 만나면 왠지 가슴이 두근거리고 불안과 긴장 때문에 만남 자체가 무섭습니다. 술을 먹으면 실수를 자주 하는 편인데 그에 대한 죄책감과 수치심도 큽니다. 그래서 다음 날이면 항상 큰 실수를 하지 않았음에도 괴로움에 싸여 아무것도 못하고, 밖에도 나가기 싫고, 사람들과 마주치는 것도 불안해합니다. 그렇게 혼자 막 괴로워하고 우울해합니다. 왜 자꾸 술을 먹으면 안하던 짓(말이 많고 싸우려 합니다)을 하는지, 내가 지금 원하는 게 뭔지 알고 싶습니다.

그리고 왜 이렇게 자신감이 없고 나의 행동에 당당하지 못한지, 솔직히 이제는 제 성격도 잘 모르겠습니다. 성격에 대해 이렇다 저렇다 딱히 말할 것도 없고, 내가 어떤 사람인지 점점 모르게 되니까 더욱 자신감도 없어집니다. 저 자신이 무섭고, 밉고, 싫습니다. 가끔은 사람이 아무도 없는 곳에서 살았으면 좋겠다고 생각합니다.

저도 발표를 잘하고 싶습니다. 근데 심장이 너무 쿵쾅거리고, 가슴이 답답하고, 손도 떨리고, 얼굴에 열이 나고, 목소리가 떨립니다. 떨리니까 안 떨려고 힘을 주면 경직되어 버립니다. 그리고 발표하다가 시간이 지나 안정됐다 싶으면 식은땀이 정말 많이 흐릅니다. 발표를 해도 준비한 건 많은데 빨리 끝내려 하고, 그러다 보니 말이 빨라지고 중요한 내용까지도 생략하곤 합니다. 청심환 먹고 들어가도 이러니 그런 저 자신이 너무 싫습니다. 이번에 취직할 때 서류는 다 통과되어 면접까지 갔는데 면접에서 심장이 심하게 뛰니까 몸이 떨리고, 대답하려 하니 말이 더듬거리고 떨려서 면접에서 떨어졌습니다.

대인관계도 너무 서툽니다. 대화를 잘 이어 가질 못합니다. 사람들과 있을 때는 꿀 먹은 벙어리처럼 가만히 있게 되고, 다행히 몇 마디 이어 가면 또 할 말이 없어져서 가만히 있게 되는 상황이 어색하고 불편합니다. 항상 뭔 말이라도 해야 할 텐데 하는 생각이 들어서 긴장합니다. 최근 들어 더욱 대인기피증이 심해진 것 같습니다. 만나면 또 이야기를 해야 될 텐데 하는 부담감 때문에 마땅히 할 말도 없고 그냥 나 홀로 집 안에서 TV 보면서 멍하게 있게 됩니다. 너무 걱정이 됩니다. 정말 고치고 싶습니다. 너무 힘이 듭니다. 상담으로 저의 이런 증상들이 좋아질 수 있을까요. - 창공

사람을 만나거나 발표할 때면 목소리가 떨리고 말을 더듬는 문제로 많이 힘드셨나 봅니다. 발표할 때 사람이라면 누구나 어느 정도 긴장하고 떨리는 것은 자연스러운 현상입니다. 하지만 무대공포증은 많은 사람들 앞에서 자신을 드러내거나 관계를 맺을 때 과도하게 긴장하면서 불편을 심하게 느끼는 것을 말합니다. 님은 자신의 이런 문제의 원인을 어릴 적 느꼈던 경험 때문이라고 생각합니다. 하지만 이런 긴장은 어쩌면 님 스스로 남들 앞에서 너무 잘하려는 부담감 때문이거나, 아니면 남들 앞에서 떠는 자신을 용납하지 못하는 완벽주의 성향 때문인지도 모릅니다.

말더듬은 대부분 말의 문제라기보다는 마음의 긴장과 불안 때문에 말의 흐름이 자연스럽게 흐르지 못하고 목에서 걸리는 문제입니다. 이런 현상은 불안한 감정을 통제하려는 마음에서 목구멍을 가능한 한 좁게 만들 때 일어납니다. 그러기에 말더듬은 말의

잘못이라기보다는 말을 할 때 스스로를 위축시키고 긴장시키는 내면무의식의 긴장이 문제입니다.

스피치 연습이나 긍정적인 마음으로 말더듬을 바꾸거나 고치려고 아무리 노력해도 내면의 불안과 긴장을 이해하지 못하면, 실전에서는 예전 같은 떨림과 말더듬으로 돌아가는 패턴을 반복하게 됩니다.

우리가 추우면 몸을 떨듯이 몸의 떨림은 단지 우리 내면의 긴장된 마음을 풀어 주려는 자연스러운 행위이기 때문에 떨림 자체는 아무 문제가 없습니다. 문제는 몸이나 말이 아니라 내면의 불안과 긴장이며, 몸의 떨림과 말더듬은 단지 불안한 마음을 정직하게 외부로 표현하고 드러내 보일 뿐입니다.

님의 내면에는 불안과 긴장이 가득 차 있는지도 모릅니다. 님의 삶은 두려움과 불안을 회피하는 삶을 살아왔는지도 모릅니다. 두려움은 우리 마음의 내면에 있기에 우리는 자신 안의 두려움으로부터 도망칠 수는 없습니다. 님이 진정 무엇을 두려워하는지 자신을 바로 바라보고 님의 두려움과 직면할 수 있을 때, 떨림은 님을 괴롭게 하는 문제가 아니라 내면의 진실을 보여 주는 영혼의 안내자가 될 것입니다. 님은 이런 자기 안의 두려움을 외면한 채 외부에 드러난 증상(떨림과 말더듬)에만 초점을 맞추어 이를 무대공포증이라고 이름 붙이고, 이것만 극복하면 된다고 착각했는지도 모릅니다.

인간에게는 두 개의 중심이 있습니다. 하나는 감정과 느낌을 가지는 심장이며, 또 다른 하나는 이성적 판단과 합리적 사고를 하는 두뇌라 할 수 있습니다. 두 개의 중심이 서로 균형을 이룰 때 삶은 조화로워질 수 있습니다. 하지만 현대를 살아가는 대부분의 사람들은 느낌과 감정을 등한시하면서 모든 상황을 생각으로 통제하려는 경향이 많습니다.

님의 경우처럼 머리가 멍해지고 두통이 자주 오는 이유 역시 감정보다는 머리를 지나치게 강조하기 때문입니다. 이것을 의학적으로 긴장성 두통이라고도 합니다. 긴장성 두통은 현실의 문제나 상황에 대해서 심장(감정)과 머리(생각)가 유기적으로 조화를 이루기보다는 감정을 억압하여 생각으로 모든 것을 통제하고 처리하려는 마음에서 일어납니다.

어쩌면 님은 가슴에서 느껴지는 두려움과 불안이라는 감정을 느끼지 않으려고 생각으로 두려움의 감정 자체를 억압하고 통제하지는 않는지요? 님은 두려움에 대한 감정적인 이해보다는 이런 불편함을 없애고 극복하는 데에 초점이 가 있는 듯합니다. 하지만 이런 태도는 자신에 대한 회피이거나, 실질적인 자기 문제에 대한 도피입니다.

자신감은 자신을 인정하고 받아들이는 자기신뢰와 자기확신을 말합니다. 하지만 님은 자신보다는 남들에게 좋은 사람으로 인정받고자 했는지도 모릅니다. 끝없이 남을 의식하고 남에게 맞추는 이런 태도는 더 많은 사람을 만날수록 긴장이 커질 수밖에 없습니다. 왜냐하면 내가 아무리 남들에게 맞추려 해도 남들이 나에 대해 갖는 싫거나 좋은 인식은 내 문제가 아니라 그들 마음의 문제이기에 내가 어찌할 수 없기 때문입니다.

어쩌면 님은 자기중심이 없거나 자기의 주관대로 삶을 살지 못하고, 겉과 속이 다르게 살았는지도 모릅니다. 속은 텅 비어 있는데 겉으로는 있는 척, 많은 척, 강한 척, 괜찮은 척했을 수도 있습니다. 그래서 내면의 이런 텅 빔과 불안을 보기보다는 외부적으로 잘하면 괜찮을 것이라는 착각으로 남들이 보기에 잘하는 것처럼 보이려 가면 쓴 삶을 살았는지도 모릅니다. 하지만 관계의 어색함과 떨림과 말더듬은 님이 쓴 가면을 흔들어 대기 때문에 그것이 싫고 불편한지도 모릅니다.

님은 자신이 가진 감정 자체에 대한 이해보다는 단지 이런 불편함을 없애고 극복하는 데에 초점이 가 있는 듯합니다. 이런 태도는 실질적인 문제에 대한 이해와 해결책이 되지 못합니다. 문제는 떨림이나 말더듬, 무대공포증이 아니라 어쩌면 님 자신인지도 모릅니다. 님은 자신의 진실한 문제 자체를 회피하면서 외부적인 관계나 발표를 어떻게 잘할까에 초점을 맞추고 있는지도 모릅니다. 상담은 우리 내면에 문제를 만드는 진실을 만나고 직면하는 과정입니다. 때로는 두렵고 힘들지만 스스로 자신을 바르게 이해하고 자신을 있는 그대로 받아들일 수 있다면 문제는 자연스럽게 정리될 것이라고 믿습니다.


## 상담

28세인 그는 눈에 걱정과 불안이 많이 어려 있고 낯선 상황을 경계하는 긴장감으로 몸을 잔뜩 움츠리고 있었다. 첫인상이 마치 신경과민처럼 보였다. 그는 말더듬과 떨림 때문에 발표하는 것이 너무 두렵다고 했다. 하고 싶은 말은 많은데 표현을 다 할 수가 없어서 어떤 때는 죽고 싶다고 했다. 초등학교 이후 언어 치료와 스피치 학원, 신경과의 약물 치료, 한의원, 긍정적인 마인드를 심기 위한 NLP, EFT 등 많은 노력을 했지만, 최근에 면접에서 크게 실패한 후 이제 더 이상 어떻게 살아야 할지 모르겠다고 하면서 눈물을 흘렸다.

말더듬도 문제지만 매사에 마음이 편하지 않고 항상 긴장하며, 주위 사람들과 작은 오해나 감정적인 문제가 생기면 자신의 불편한 감정들을 표현하기 어렵다고 했다. 그의 심리적인 고통은 신체적으로 목의 긴장과 두통, 심장과 손발의 떨림으로 표현되고 있었다. 그는 미래에 대한 걱정으로 생각이 많았다. 자신의 불편과 고통들을 끊임없이 생각하고 고민하며 어떻게 하면 해결할까에 언제나 쫓기는 듯했다. 그는 시도 때도 없이 일어나는 불안감과 떨림과 두통에 미칠 것 같다고 했다.

그는 어릴 때부터 내성적이며 소심하고 두려움이 많았다. 7살 무렵 아버지가 술을 마시고 친구 분의 차를 타고 오셔서 그분에게 인사를 시켰는데 인사가 마음에 들지 않는다고 큰 소리로 다시 똑바로 하라는 말에 겁을 먹고 밖으로 도망을 쳤던 기억이 있다. 그 후에는 아버지가 술을 마시고 들어오면 언제나 무서워서 계속 신경 쓰고 옆방에 피해 있었다. 학창 시절에는 괴롭히는 친구에게 싸워 보지도 못하고 그 친구의 가방을 들어 주며 심부름도 했다. 발표할 때뿐만 아니라 전화할 때조차 긴장해서 심하게 말을 더듬었다. 음식점이나 슈퍼에서 물건을 살 때면 이응(ㅇ) 자가 들어가는 단어가 나올 때면 너무 긴장되어 말이 안 나오는 경우가 많았다. 그의 삶은 눈치와 긴장에 언제나 무기력하기만 했다.

그는 매사에 완벽함을 추구하여 어느 정도 분위기와 환경을 조성한 후에 일을 하겠다는 마음 때문에 어떤 일도 시작하기가 힘들었다. 그러다 보니 일상생활은 특별한 목표도 없으면서 언제나 바쁘고, 열심히 해야 한다는 강박관념에 빠져 있었다. 무언가 제대로 해야 한다는 생각은 이것저것 해야 할 것에 대한 생각들로 머리를 가득 채웠다. 하지만 결국에는 너무 부담스러워 아무것도 하지 못하는 자신을 피해의식과 열등감에 빠지게 만들었다.

"……을 해야 한다. ……가 되어야 한다."라는 생각은 언제나 그를 따라다니며 삶을 힘들게 만드는 부담이었다. 그는 이런 자신에 대해 화가 많이 나 있었다. "나는 왜 이렇게 살아야 하나?" "나는 왜 이럴까?" 마치 끝이 보이지 않는 어두운 터널 속을 계속해서 걸어야 하는 듯한 자신의 삶에 화를 냈다. 나름 노력을 했는데도 답은 보이지 않고, 나아지지도 않는 자신의 삶에 대해 억울해했다. 참 우습게도 그는 이 상황에서 배보다 배꼽이 크듯이 처음에는 떨림과 말더듬이 문제였다면, 이제는 더 이상 나아지지 않는 지금의 상황 자체를 불안해하고 두려워했다.

# 상담 후 나에 대한 탐구

## 두려움

처음에는 단순히 말더듬 현상을 해결하기 위해 상담센터를 방문했다. 말더듬 현상만 없어지면 무엇이든지 다 할 수 있겠다는 마음과, 떨림의 불편한 현실을 더 이상 피할 수 없어서였다. 상담을 받고 상담센터의 '아이수' 프로그램을 받으면서 나의 말더듬과 떨림이 내 안의 불안에 의한 긴장에서 일어나는 습관적 패턴임을 보게 되었다. 그리고 이런 현상은 나 혼자만의 문제가 아니라 인간이라면 누구나 발표를 하거나 긴장을 하게 되면 일어나는 자연스러운 현상임을 받아들이게 되었다.

상담은 그동안 나 자신에게 최면을 걸어 놓았던 "나는 말을 더듬는다. 남들은 나를 이상하게 볼 것이다."라는 암시를 "나는 말을 더듬어도 괜찮다. 누구나 발표할 때 긴장을 하면 말을 더듬는 것이 자연스럽고 당연하다."로 바뀌면서 마음을 자유롭게 해 주었다. 나는 상담 과정에서 나에 대한 인식과 관찰을 통해 내 안의 불안해하는 감정들을 탐구했다. 그리고 불안을 만드는 것은 실제의 상황이 아니라, 상황을 해석하는 내 생각임을 깨달았다.

그동안 나는 생활하면서 불안감이 올라오면 불안이라는 감정 자체를 느끼고 만나기보다는 생각으로 통제하고 억압하려는 습관적 패턴에 빠져 있었다. 지금은 불안하면 불안을 피하지 않고 느껴 보면서, 불안이 내가 생각하는 것만큼 실제로 불안한 것이 아님을 체험으로 알게 되었다. 이렇게 불안 자체를 느끼고 경험하게 되자 말더듬의 문제에서 어느 정도 자유롭게 되었다. 왜냐하면 말더듬은 결국 불안을 회피하고 보지 않으려는 마음이 만든 긴장이었기 때문이다.

하지만 아직도 현실 상황에서는 무언가 새로운 변화와 시도를 할 때면 두려움 때문에 과거의 익숙함으로 회피하려는 경향이 많다. 막상 불안한 현실에 부닥칠 때면 엄청난 두려움이 느껴지고, 그 순간 또다시 내 안의 불안한 감정들을 있는 그대로 느끼기보다는 회피하고 싶어 한다. 그럴 때면 나를 관찰하고 알아차림은 순간이고, 자동적으로 같은 패턴(회피 습관)을 반복하는 나를 인식하곤 한다. 하지만 그런 나 자신에 대해서 더 이상 자학하지는 않는다. 단지 그러함을 알아차릴 뿐이다.


말더듬과 떨림의 문제는 나에게 내 삶을 다시금 돌아보게 했다. 그동안 나는 사회가 이끄는 대로 그들이 요구하는 사람이 되려 했고 사회의 기준에 맞추려고 했다. 남들이 학교와 직장에 다가니 그냥 뒤처질까 하는 두려움에 휩쓸려서 남들을 뒤쫓으며 살아왔다. "나는 말을 더듬는다→말을 더듬는 것은 문제가 많다→말을 더듬지 말아야 한다→말을 더듬으면 다른 사람들이 나를 이상하게 볼 것이다."라는 반복된 패턴이 있음을 보았다.

내가 말더듬의 문제를 확실히 인식한 것은 중학교 때이다. 음악 시간에 발표할 때 많이 떨었고 긴장감에 말을 더듬거렸다. 친구들의 웃음소리가 들렸고, 떨리는 것이 들킬까 봐 두려웠다. 쪽팔렸다. '머리가 하얗게 되면서→(생각) 떨지 말아야 한다→말을 잘해야 쪽팔리지 않는다→긴장→떨림과 말더듬'이 반복되었다.

이렇게 되니 말을 할 때 첫 음절, 특히 이응(ㅇ)이 잘 발음되지 않았고, 그런 상황이 될 때마다 긴장 때문에 말을 더욱 더듬었다. 이럴 때면 나는 힘든 내 마음은 돌보지 않고, 상대방의 반응이 어떨까? 내가 말을 더듬거리면 나를 어떻게 볼까? 나를 바보, 멍청이로 보지 않을까? 얕보지 않을까? 라는 생각에 휩싸였다.

나는 공부를 잘해서 말더듬을 만회하려 했다. 성적을 나와 동일시했다. 공부를 잘해서 성적이 좋으면 말더듬이 있어도 상대방이 나를 괜찮게 보겠지, 얕잡아 보지 않겠지, 라고 생각했다. 하지만 자신감은 점점 떨어지고 의욕마저 잃어 갔다. 이렇게 되니 친구들과의 관계는 점차 멀어지고 남들과 비교하면서 피해의식에 빠지게 되었다. 나 혼자만의 세상으로 빠져 들었다.

어떻게 해서든지 공부를 잘해서 좋은 대학에 가면, 성인이 되면, 문제가 저절로 해결될 것이라고 생각했다. 나는 말을 잘하는 사람, 멋있는 사람, 무엇이든지 잘하는 사람이 되고 싶었고 그렇게 비춰지고 싶었다. 떠는 모습과 말더듬을 누구에게도 보여 주기 싫었다. 감추려고 했다. 하지만 떨림이 반복되면서 자신감을 잃었고 이런 나 자신이 싫었다. 친구들에게 얕잡아 보이지 않으려고 강한 척했다. 기분이 나빠도 말을 하지 않고 감정 표현을 하지 않고 무표정하게 있으면 강한 것이라고 생각했다. 말더듬과 떨림에만 집착해서 두려움의 감정을 느끼지 않으려 했다. 지독하리만큼 생각에 집착했다.

내 안의 두려움은 보지 않고 겉으로 드러난 현상에만 집착하며 해결하려 했다. 문제가 무엇인지도 모른 채 피하고 또 피했다. 그러면서 외부(환경)에서 모든 문제와 원인을 찾으려 했다.

이런 상황들을 내가 선택한 것이 아니라 어쩔 수 없이 선택당했다는 생각에 피해의식으로 예민해졌다. 조금이라도 거슬리면 속에서 화가 나고 짜증이 났다. 하지만 표현은 못하고 속으로 쌓아 두었다. 이런 감정들을 느끼지 않으려 생각으로 기준과 틀을 만들고 그것으로 나를 묶으려 했다. 나는 기준과 틀 속에서 나를 지키면서 점차 사람들과 고립되어 갔다. 기준과 틀에서 조금만 어긋나면 저건 친구가 아니라고 생각하고, 내 기준과 틀에 맞아야 친구라고 생각을 했다.

두려움→느끼지 않으려고 생각으로 간다→불안한 생각→긴장→말더듬과 떨림. 내면의 두려움이 말더듬과 떨림이라는 증상으로 나왔다. 하지만 말더듬 증상에 집착해서 내 안의 두려움을 회피했다. 말더듬 증상만 문제라 생각하고 그것만 고치면 모든 것이 괜찮을 것이라 생각했다. 하지만 나의 모든 증상은 두려움과 관련이 있었다. 선택, 관계, 피해의식…… 난 두려웠던 것이다. 말더듬과 떨림은 어쩌면 내 안의 두려움을 느끼지 않으려는 핑계였다. 무엇에 도전을 하려 하거나 무엇을 해야 하는 상황이 오면 "나는 말을 더듬는다. 말더듬이 해결되면 해야지." 하면서 현실을 회피했다.

상담을 하면서 느낀 내 인생은 지금껏 두려움을 회피해 온 삶이었다. 변화를 두려워하여 아무것도 시도하지 못한 인생, 거짓 인생, 빈껍데기 인생…… 두려움, 그것은 언제나 거기에 있었다. 항상 선택의 순간에 두려움의 마음으로 선택을 했다. 두려움을 느끼면 생각으로 두려움을 느끼지 못하게 했다.

내게 두려움은 무엇인가? 두려움의 실체는 있는가? 실체? 없었다. 두려움은 내가 경험을 해 보지 못한 실제에 대한 나의 생각들이었다. 두려움은 하나의 감정이었을 뿐이다. 나는 무엇을 계기로 이것을 극대화시키고, 보기 싫었고, 보지 않으려고 했을까? 두려움은 나의 인생을 막는 벽이었다. 나는 상담을 하면서 이 벽을 넘어 벽 뒤에 무엇이 있는지 알고 싶었고, 벽의 실체를 알고자 했다. 두려움은 그냥 단지 두려움이라는 감정이었다.

망상에 빠지거나 무엇에 중독이 되면 두려움이 없어지고 무감각해진다. 현재의 나를 보지 않고, 미래에 내가 있어야 할 곳을 생각하면 두려움이 올라온다.

나는 두려움이 올라오면 이것저것 생각으로 회피했고, 불안을 느끼면 다른 것들(인터넷, TV, 영화 등)로 도피했다. 두려움이 긴장을 만들면 그것을 해결하려고 말더듬과 떨림의 증상에 집착했으며, 증상에 집착할수록 더욱 두려움의 감정들을 회피했다.

두려움은 내 안에 있는 하나의 감정일 뿐이다. 피하지 말고 함께 가야 한다. 친구가 되어 두려움이 무엇인지 알아 가야 한다. 아직도 난 두려움이란 것을 움켜쥐고 알 속에 갇혀 있다. 이제 비로소 알을 깨고 나가려 한다. 깨어져야 속이 무엇인지 알 수 있다. 내가 항상 두려움을 가지고 살아야 할 운명이라면 이젠 회피하지 않겠다. 지금까지 나는 운명(습관)적으로 살아왔다. 하지만 이제 내 안의 진실을 본다.

## 나를 받아들이기

나는 상담을 진행하면서 내가 가진 목의 통증과 두통이 내면 무의식에 있는 '완벽하려는 마음'과 '무언가 되어야 한다'고 끊임없이 추구하는 마음임을 보았다. 나는 열심히, 효율적으로, 알차게, 보람차게 살지 못하면 불안했다. 나는 언제나 내가 잘살고 있는지 평가하기 위해 기준을 만들고, 목표를 설정하고, 뭐든지 제대로 해야 한다는 강박관념들에 묶여 살았다. 하지만 그것은 목을 긴장시키고 두통을 만드는 원인이 되었다.

열심히 산다는 것은 나에게 아무런 결점도 없는 순수한 진리와 같았다. 하지만 이런 완벽함의 추구는 어떤 일을 새롭게 시작할 때 일에 대한 압박감으로 자신감을 떨어뜨리고, 미루면서 스트레스는 커지고, 고민과 걱정의 굴레에 빠지게 했다. 무언가 제대로 해야 한다는 생각은 삶의 모든 부문(시간 관리, 공부와 영어, 이메일 정리, 청소 등)에 압박감을 주었고, 결국 너무 부담스러워 아무것도 못하고 목을 억누르는 느낌으로 드러났다.

나는 '현재의 나'를 부정하고 '미래의 다른 나'가 되고 싶었다. 나는 '이것'이 싫어서 '저것'이 되고 싶었다. 이런 부정은 피해의식과 열등감을 키웠으며, 다른 사람들을 의식하고 눈치 보게 만들었다. 밝고 긍정적인 모습이 아니어도 '나'이고, 열심히 좀 덜 살아도 '나'이며, 비효율적이고 유치하고 열등감에 절어 있는 것도 '나'였지만, 나는 그런 나를 받아들이지 못했다. 나는 내 안의 나와 분열되고 싸우면서 불안해했다.

"나는 성실하게 살아야 한다. 나는 의미와 목표를 가지고 살아

야 한다. 불안해하면 안 된다. 열심히 제대로 해야 한다." 등 나
는 언제나 나에게 "……해야 한다. ……가 되어야 한다."고 외치
면서 내 삶을 부담스러워했다. 나는 여태껏 신체적, 심리적 고통
의 증상을 없애는 것에만 치중했지, 무엇이 진실로 나를 힘들게
했는지 내 마음을 보려 하지 않았다. 이제 나는 나를 보려고 한
다. 나를 받아들이려 한다.

나는 있는 그대로의 나 자신을 사랑합니다.
나는 있는 그대로의 나 자신을 받아들입니다.
나는 늘 제대로 살아가고 있습니다.
나는 내 마음에 들지 않는 내 모습도 받아들이고 사랑합니다.
나는 내 안의 열등감을 있는 그대로 받아들입니다.
나는 내 안의 불안함도 있는 그대로 받아들입니다.
나는 내 마음에 늘 귀를 기울입니다.
나는 내 안의 유치함도 소심함도 있는 그대로 받아들입니다.
나는 말을 더듬어도 괜찮으며, 그런 나를 받아들입니다.

## 신체적 증상

신체적 증상은 우리에게 주의력과 관심, 에너지를 자신에게 돌
리도록 만든다. 우리는 고통이 있을 때만 변화를 원한다. 몸에서
일어난 증상은 우리가 어디에서 조화와 균형을 잃었는지 정보를
제공한다. 치유는 자신에 대한 이해 없이는 일어날 수 없다.

떨림과 말더듬  말은 마음의 흐름을 나타낸다. 말더듬은 마음이 흐르지 못하고 막히거나 쪼개짐을 드러낸다. 말의 떨림과 더듬음은 말이 흐르는 목구멍이 긴장으로 좁아지거나 막혀서 말의 흐름이 방해받을 때 일어난다. 그들의 내면은 불안과 심리적 압박으로 아래에서 밀려 올라오는 자신이 가진 욕구나 감정들을 억압한다. 모든 흐름이란 원래 인위적인 작용이 없을 때 자연스럽게 흐르는 법인데, 말을 더듬는 사람들은 말을 하기 전에 먼저 생각으로 자신이 할 말을 판단하고 통제한 후에 내보내려 하기 때문에 말이 정체되거나 막히게 된다. 또한 이들은 자신의 이런 떨림과 더듬는 현상 자체를 인정하려 하지 않으며 억압한다. 그러면 흐름은 더욱 정체가 심해지면서 처음에는 심장에서 손과 발로, 그리고 온몸과 말의 떨림으로 드러난다.

목의 통증과 두통  목의 결림이나 두통은 건강한 사람들도 쉽게 나타나는 증상인데 문명국일수록, 상류층일수록, 여성일수록 두통이 많이 나타난다. 두통은 가슴의 감정보다는 머리의 생각을 중시하는 사람들이 느끼는 고통이다. 두통에는 긴장성 두통과 편두통이 있는데, 둘 다 생활 속의 심한 압박감과 감정적 억압을 통한 스트레스에서 온다.

긴장성 두통은 어깨와 목덜미의 근육이 심하게 쑤시면서 머리에 통증이 오는 경우이다. 이는 심한 성과에 대한 압박감이나 모든 상황을 자기 뜻대로 하려는 욕심이 큰 사람에게 자주 일어난다. 때로 두통이 심하면 머리에서 '윙윙' 하는 경고음이 들리기도 하는데, 이런 증상은 그들이 뭔가 잘못된 욕심이나 생각의 틀에 사로잡혀 있음을 나타낸다. 두통은 우리에게 지금의 상황을 좀 더 이완하거나 벗어나기를 요구한다.

편두통은 머리로 피가 한꺼번에 몰려 압박감이 생기고 긴장이 높아졌다가 갑자기 이완되는 현상이다. 이들은 아래의 욕구(성욕)나 감정(분노나 공격성)들을 통제하고 억압하는 사람들에게 자주 나타난다. 두통은 삶의 현실에서 행동하기보다는 머리의 생각에 구속되어 두뇌가 과부하 상태임을 드러내는 것이라고 할 수 있다.

# 불안장애 심리 테스트

\* 자신에게 해당되는 사항에 체크하세요.

1. 몸에 경련이 일어나고 몸 전체가 떨리거나 흔들리는 느낌을 자주 받는다. ( )

2. 화가 나면 근육이 긴장되고 때로 통증을 느낀다. ( )

3. 몸에 불편한 느낌이 일어나면 어찌할 줄 모른다. ( )

4. 최근 피로를 쉽게 느낀다. ( )

5. 숨이 가빠지고 목이 조여 오는 듯한 느낌을 자주 받는다. ( )

6. 맥박이 빨라지고 심장이 빠르게 뛴다. ( )

7. 손에 차가운 땀이 나면서 끈적끈적해진다. ( )

8. 입에 침이 자주 마른다. ( )

9. 어지럼증을 잘 느낀다. ( )

10. 메스껍고, 설사가 자주 나며, 배가 차고, 통증을 자주 느낀다. ( )

11. 몸이 갑자기 뜨거워지거나 차가워진다. ( )

12. 끊임없이 화장실에 간다. ( )

13. 목에 뭔가가 걸린 것 같아 음식물을 삼키기 힘들다. ( )

14. 무언가 머리를 조이는 것 같은 기분이 들며 몹시 초조해진다. ( )

15. 조그만 일에도 매우 놀란다. ( )

16. 집중이 잘 안 된다. ( )

17. 불면증이 심하다. ( )

18. 아무것도 아닌 일로 쉽게 짜증을 낸다. ( )

\* 6개 이상 해당되면 불안 장애에 해당하며, 10가지 이상이면 전문가의 상담을 받아 보는 것이 좋습니다.

# 강박과 억눌린 감정

## 질문과 답변

🐌 저는 20대 후반의 직장인입니다. 중3 때부터 성격이 많이 내성적으로 변했는데, 그때부터 20대 초반까지 지나치게 외모 때문에, 즉 코가 비뚤어진 거 같다는 생각으로 혼자 마음고생을 많이 했습니다. 하지만 학교생활이나 친구들 사이에 별 문제 없이 잘 지내면서 시간이 지나고 나니 제 얼굴 중에 코가 제일 잘생겼다는 생각이 들었습니다. 그땐 왜 그렇게 코에 신경을 썼는지……. 그 당시 아버지는 다른 여자랑 바람을 피웠고, 가정적으로 무능력했으며 책임감도 너무 없었습니다. 엄마는 이런 아버지 때문에 마음고생을 많이 했습니다. 저도 그때 화가 나서 아버지가 죽었으면 좋겠다는 생각까지 했지만, 내성적인 성격 때문인지 얘기는 못하고 혼자 끙끙거리며 증오심만 키우며 지내야

했습니다.

그 후로 아버지가 정신을 차리고 나름 열심히 일을 했지만, 성격이 워낙 자기중심적이고 자기 식대로여서 무슨 일을 하더라도 잘 되지 못했습니다. 위로 형이 있는데 형도 아버지를 닮아서인지 자기 주관이 뚜렷하고 스스로를 잘 챙기는 이기적인 면도 많아서 아버지랑 싸우는 일이 많습니다.

3년 전 제가 강박증이 심해서 병원에 가기 전, 아버지와 형은 돈 문제나 집안 문제로 조용한 날이 없었습니다. 그 중간에서 엄마랑 저는 심적으로 많이 힘들었습니다. 형은 아버지가 어떤 일에 대한 처리나 집안일로 엄마를 힘들게 할 때마다 아버지랑 많이 부딪쳤습니다. 형은 개인 사업을 하면서 엄마와 저에게 돈을 빌려 달라는 얘기를 많이 했는데, 제가 느끼기에 형은 아버지와 다른 게 없는 것 같습니다. 제가 고생해서 모아 둔 돈을 엄마와 저는 거의 쓰지 못하고 형이나 아버지께 주로 갔습니다. 아버지와 형이 엄마에게 강압적으로 돈을 요구하는 모습을 볼 때마다 너무 속상하고 화가 나서 제가 가진 돈을 주어 엄마를 편하게 해드리려고 했기 때문입니다.

옛날부터 아버지는 가정에 무심했고 엄마를 힘들게 했는데, 이제는 형도 돈 문제나 형의 가정 문제로 엄마랑 저를 힘들게 합니다. 이런 상황이 생길 때마다 저랑 엄마는 너무 힘들지만 제 성격이 내성적이라 그런지 화도 내지 못하고 많이 참았습니다. 이렇게 감정을 드러내지 못하며 참다 보니, 3년 전부터 여러 가지 강박 증상 때문에 신경과에 다니며 약물 치료를 받고 있습니다.

제 강박증의 대표적인 것이 손을 오래 씻는 증상입니다. 실제로는 더럽지 않은데 어쩌다 더럽다는 생각이 들면 손도 오래 씻고 옷도 자주 갈아입습니다. 거의 모든 증상이 실제로는 제 몸에 해가 되지 않는다는 것을 알고는 있지만 찜찜한 기분이 들었다 하면 강박 행동을 꼭 해야 마음이 개운해집니다. 처음에는 제가 하는 행동이 잘못됐고 비합리적이라는 것을 확실히 알았지만, 이제는 워낙 오래되다 보니 제가 하는 강박 행동이 문제인지조차 알지 못하겠습니다. 그리고 특정한 장소에 사람이 죽어 있는 것은 아닐까? 내가 사람을 죽이지는 않았을까? 혹시 운전 중에 지나가는 사람을 치지는 않았을까? 라는 생각들이 끊임없이 일어납니다. 얼마 전에는 시골에서 밤길을 운전하면서 갑자기 앞쪽에 검은 물체를 본 후 바로 타이어에 뭔가(동물인지 돌인지) 밟히는 느낌이 들어서 혹시 내가 사람을 치어서 밟고 지나가지 않았을까 하는 생각에, 아무것도 없음을 확인했지만 생각을 놓지를 못하겠습니다.

3년이란 시간 동안 이와 비슷한 증상들과 반복되는 생각들로 너무 힘이 듭니다. 하지만 제가 다니는 병원의 선생님께서는 항상 같은 말만 합니다. "모든 것을 긍정적으로 생각해라."고 하면서 약물 처방만 해주시니 제 생각의 패턴을 도저히 벗어날 수가 없습니다. 물론 옳은 말씀이신 건 잘 아는데 도저히 불안한 생각들이 멈추어지지가 않습니다.

나름 열심히 치료를 받긴 하는데 좋아지기는커녕 새로운 증상들이 자꾸만 늘어나는 것 같아서 어떻게 해야 할지 모르겠습니다. 심리적으로 약해져서인지 자꾸 불안한 꿈을 꾸고, 잠을 자면서도 그런 강박적인 생각에 빠지면서 온몸에 힘이 없습니다. 숨은 꽉 막히고 너무 힘듭니다. 때로는 TV에서 재밌는 것을 보면 웃음이 나오는데 웃는 동시에 부정적인 생각이 또 맴돕니다. "너는 정신병이다. 그래서 웃는 거다."라고 말입니다. 남들이 모두 웃는 것도 내가 웃으면 이상하다는 이런 생각들……. 어쩌면 저는 제가 정신병이란 생각을 틀에 박아 버린 것 같습니다. 이런 저의 고통을 도와줄 수 있나요? — 태산

강박 장애에는 강박적인 사고로 인한 장애와 강박 행동으로 인한 장애가 있습니다. '강박 사고'는 우연히 의식의 표면에 떠오른 원치 않는 불쾌한 생각들에 대해 스스로 의미를 부여하여 그런 생각 자체를 통제하고 책임지려는 마음에서 일어납니다. 인간이라면 누구나 매우 음란하거나 잔인하고 공격적인 생각들이 예상치 않게 일어날 수도 있는데, 대부분 그런 생각들은 붙잡거나 집착하지만 않으면 자연스럽게 일어났다 사라지기 마련입니다. 하지만 강박 사고를 지닌 사람들은 불안을 유발하는 그런 생각들을 억제하거나 통제하여 의식에서 제거해 버리려는 경향이 많습니다.

하지만 억제하려는 생각은 집착이 되어 더욱 따라붙게 마련입니다. 그것은 울화가 치밀 정도로 끈덕지게 따라붙어 사람을 지치게 합니다. 우리는 우리가 지닌 생각으로부터 도망칠 수는 없습니다. 생각을 억압하고 통제하려 하지만 그것은 단 몇 초 만에 무자비하게 우리에게 달라붙습니다. 생각에는 휴식이나 침묵이 없습니다. 생각은 언제나 분석하고 추구하고 움직이며, 잘 때나 깨어 있을 때나 끝없이 일어나기에 생각 자체에는 고요함이 없습

니다. 생각은 상황의 변화와 도전에 대한 끊임없는 반응입니다. 도전에 대한 반응이 자신의 기준에 맞지 않거나 부적절할 때 우리는 불안해지고 생각이 더욱 꼬리를 물고 일어납니다. 생각은 기억이 만들며, 기억은 내가 체험한 과거 경험의 기록입니다. 생각과 관념은 한정된 기억의 반응이기 때문에 언제나 불완전할 수밖에 없습니다.

'강박 행동'은 강박 사고에 대한 불안을 가진 사람들이 불안감을 해소하기 위해서 같은 행동을 계속 반복하는 것을 말합니다. 강박 행동에는 주로 손 씻기, 정리정돈, 확인하기, 숫자 세기, 같은 단어 반복하기 등등 여러 가지 형태가 있습니다. 강박증을 가진 대부분의 사람들은 그들의 사고나 행동이 이성적으로 부적절하다는 것을 알고는 있지만 심리적으로 불안하기 때문에 이런 생각을 반복하며, 또다시 불안한 생각 자체를 해소하기 위해서 강박 행동을 반복하는 악순환에 빠지게 됩니다.

강박 장애를 일으키는 원인에 대해서 프로이트는 "어릴 적에 억압된 욕구나 감정의 충동들이 우연히 의식의 표면에 떠오르게 되면, 무의식적으로 불안을 느끼면서 이를 통제하려는 방어의 패턴이 강박으로 드러난다."고 했습니다. 하지만 생물학적 입장에서는 강박을 뇌의 신경전달 물질인 세라토닌과 관련된 전두엽의 손상 때문에 일어난다고도 합니다.

질문을 읽으며 느낀 님의 문제는 강박적인 사고와 행동이 함께 일어나고 있는 것이 아닌가 합니다. 이런 증상은 그동안 살아오면서 자신의 욕구를 제대로 표현하지 못하고, 억울함과 분노의 감정들을 드러내지 못했기 때문일 것입니다. 하지만 이런 문제가 생긴 원인은 님의 성향이 내성적이기 때문은 아닙니다. 우리는 모두 내면에 내성적인 모습도 있고 외향적인 모습도 어느 정도 가지고 있습니다. 하지만 심리적인 문제를 만드는 것은 성격이 내성적인 것과는 아무런 관계가 없습니다. 님은 어쩌면 자신의 성향을 내성적이라는 곳에 묶어 두고, 감정 표현이나 자기 의도를 정직하게 드러내는 것을 회피해 왔는지도 모릅니다.

인간이 자신과 가족을 보호하는 잠재의식의 가장 기본적인 성향을 프로이트는 "공격성(분노)과 성적 욕구(종족 번식)"라고 했습니다. 분노의 공격성은 우리를 지키고 방어하고 보호하며 내면에 힘을 가지게 하는 중요한 역할을 합니다. 하지만 님은 스스로 내성적이고, 힘이 없고, 약하다는 자기 최면에 빠져서 분노의 에너지를 억압해 온 것은 아닌지요.

형과 아버지의 부당한 태도에 속상하고 화가 났지만 표현하지 못했고, 돈 문제로 인해 마음이 불편했을 것입니다. 하지만 정작 자신을 위해서 어떤 행동과 조치도 취하지 않은 자기배신의 태도가 강박을 강화시킨 것은 아닐까 합니다. 어쩌면 강박이 말하는 내면의 진실은 삶 자체에 겁을 먹고 있는 님을 표현하는지도 모릅니다.

님의 가족 구성에서 형은 어쩌면 아버지의 무책임한 행동과 한탕주의의 습관을 물려받았으며, 님은 어머니의 자기희생과 복종의 습관을 물려받았는지도 모릅니다. 형의 성향은 자기 주관이 뚜렷한 것이 아니라 단지 자기중심적이고 자기 생각과 기준에 빠져 있는 어리석음이라면, 이에 대응하는 님의 태도는 두려움에 떨면서 자기의 책임을 회피하는 모습은 아닌지요.

문제는 외부에 드러난 강박 사고나 강박 행동이 아니라 내부에 있는 불안과 두려움입니다. 님의 가슴에 억눌린 분노와 불안을 이해하려 하지 않고 생각으로 감정과 욕구를 억압하고 통제하려고만 한다면 강박적인 증상은 더욱 커질 수밖에 없을 것입니다.

강박증은 마음의 불안을 통제하고 보지 않으려 일으키는 생각의 병입니다. 강박증에 빠진 사람들은 실제 삶과 사실은 외면한 채, 불안이 만든 생각의 구조에 빠져서 생각으로 문제를 만들어 그것을 마치 실제인 양 붙들고 부풀리는 습관을 가진 사람들이라고 할 수 있습니다. 강박의 생각들은 대부분 내면무의식의 불안과 혼란으로부터 회피하려는 마음입니다. 그러기에 억압된 감정이 만들어 내는 무의식의 상처나 마음의 구조를 있는 그대로 이해하지 못한 채 단순히 약물에 의존하는 것은 근본적인 치유책으로 부족할 수도 있습니다.

생각은 생각일 뿐 실재가 아닙니다. 실체 없는 그림자를 붙들고 싸워서는 결코 이길 수가 없습니다. 문제는 바깥의 어떤 상황 때문에 일어나는 것이 아니라 외부의 상황에 반응하는 생각이 문제입니다. 바깥을 아무리 바꾸어도 내면에 있는 불안이 이해되고 해소되지 않으면, 상황이 바뀔 때마다 새로운 강박적인 행동이 일어날 것입니다. 스스로 자신의 생각을 긍정적으로 가지지 않으려는 사람은 없습니다. 단지 아무리 긍정적으로 생각을 바꾸려고 해도 무의식에서 올라오는 부정적이고 불안한 감정들을 막을 수가 없는 것이 문제입니다.

신은 어쩌면 인간에게 행복을 위한 가장 큰 선물로 생각과 감정을 주었는지 모릅니다. 생각은 현실의 삶을 스스로 창조하고 에너지를 나누는 것이라면, 감정은 삶을 표현하고 누리는 풍요의 문이라고 할 수 있습니다. 하지만 우리는 어릴 적 부모님이나 주위로부터 버림받거나, 충족되어야 할 욕구들이 무시되는 경험을 하면서 조건 없는 사랑을 믿지 못하게 되었습니다.

우리는 언젠가부터 소외된 외로움의 결핍감과 두려움의 아픈 감정들을 내면무의식의 저장고에 가득 억압해 왔습니다. 이런 억압된 감정들은 삶을 왜곡된 시각으로 보게 하거나 관계에 부정적인 영향을 미치는 원인이 됩니다. 그리고 삶에서 무의식의 억압된 감정들이 자극되거나 분출되면, 불안이나 분노가 댐이 터지듯 한꺼번에 의식 밖으로 쏟아져 나와 스스로를 어릴 때의 감정으로 퇴행시키거나 그 감정에 압도되어 현실에 성숙하게 반응하지 못하게 합니다.

감정이란 하나의 에너지 흐름이며, 자신의 필요와 욕구를 채워주는 안내자입니다. 그것을 막거나 회피하거나 억압하는 모든 행위는 에너지의 자연스러운 흐름을 막아 버립니다. 무의식에 억압된 에너지는 나중에 삶에서 엉뚱하게 표출되곤 합니다. 님이 가진 강박의 증상 아래에는 두려움과 분노라는 감정이 억압되어 있습니다. 하지만 이런 감정을 이해하지 못하고 생각으로 통제하려 하거나 회피하려 할 때 강박 사고는 강박 행동으로 드러납니다. 그러기에 님 내면에 있는 감정에 대한 명확한 인식이 먼저이며,

분노나 두려움을 피하거나 억압할 것이 아니라 이해와 따뜻함으로 받아 주고 흐르게 할 때, 사고(思考)로 달아난 감정은 다시금 가슴으로 내려와 삶을 풍요롭게 할 것입니다.

고통과 문제를 일으키는 것은 님이 일으키는 생각들입니다. 님은 자기의 생각을 이해하지도 책임지지도 못하고, 생각의 노예가 되어 그 생각을 붙들고 집착하면서, 생각으로 자신을 고통 속에 빠뜨리고 있습니다. 억압된 고통스러운 감정들은 우리로 하여금 가슴이 아니라 머리에서 살게 합니다. 생각의 삶은 우리를 현실에 존재하게 하는 것이 아니라 관념과 상상과 환영의 세계에 살게 합니다. 생각은 생각일 뿐 진실이나 사실이 아닙니다. 생각을 생각으로 해결할 수는 없습니다. 생각이 일어날 때 먼저 느낌으로 가는 연습을 많이 해 보시길 바랍니다.


## 상담


그는 큰 키에 서글서글한 눈을 가진, 건축회사에서 설계를 맡고 있는 29세의 청년이었다. 그의 내면에는 경험되지 못하고 억압된 공포가 있었다. 그는 내면의 두려움을 회피하는 방법으로 항상 머릿속으로 상황을 이해하고 해석하려 했다. 마음속으로 자신과 쉬지 않고 대화를 하며, 자신의 감정과 몸의 느낌에는 전혀 접촉하지 못했다. 그래서 선택과 행동에 있어서 끊임없이 결론 없는 생각을 붙들고 갈등했다.

최근에 가족 간의 돈 문제로 잠을 푹 자지 못해서 그런지 머리가 계속 쑤시고 아프면서 목과 어깨가 결리고 무겁다고 했다. 저녁에 잠자리에 누우면 하루 동안 혹시 사람들에게 피해를 주지는 않았을까 죄책감을 느끼면서 불안해했다. 그는 자신이 만든 생각의 영역에 살면서 현실에 대한 대처 능력이 결여되어 있었고, 감정과 직감을 믿지 못하고 내면의 두려움을 회피하려 했다.

그의 아버지는 8남매의 막내로 태어나 고생을 많이 했다. 아버지는 술만 마시면 과거의 괴로움과 억울함을 감출 수 없었는지 억압적이고 독재적이었다. 항상 자기식대로 강요했고 엄마를 많이 괴롭혔다. 이완 중에 그는 8살 때의 기억 속에 있는 아버지를 떠올렸다.

그날도 아무 일이 없기를 바라는 조마조마한 마음으로 잠이 들었는데 12시가 넘어 아버지가 들어왔다. 조금 후 엄마의 괴로워하는 목소리가 들려서 형과 큰방으로 달려갔을 때 아버지는 엄마를 때리고 있었다. 어쩔 줄 몰라 무작정 아버지를 말렸지만 아버지는 아랑곳없이 계속 폭력을 행사했다. 어렵게 엄마와 집을 뛰쳐나와 이웃집으로 도망갔지만 아버지는 계속 쫓아왔다. 동네 어른들이 말렸지만 아버지는 손에 프라이팬까지 들고 막무가내였다. 엄마의 머리채를 잡고 집으로 온 아버지는 다시금 소주를 마시며 형과 나, 엄마를 앉혀 놓고 새벽까지 훈계와 생트집으로 소리쳤다. 어릴 적 아버지의 이미지는 집에 쳐들어온 강도처럼 무섭고 낯설게만 느껴졌다. 엄마가 조금이라도 대꾸를 하면 아버지는 항상 무시하는 말투와 폭력을 가했다.

엄마는 아버지와 다르게 옛날 사람치고는 학력도 높고 영어,

한문, 기본 지식을 많이 알고 음식도 잘했으며 인간성도 좋아 결코 천대받을 사람이 아니었다. 내가 기억하기로 엄마는 항상 피곤하거나 신경을 쓰면 입술이 부르터 있었다. 한겨울 연탄 하나 버릴 줄 모르는 남편에게 불만 한 번 내뱉지 못했고, 술에 취해 자정이 넘어 친구를 데려와 술상을 차리라고 해도 짜증 한 번, 눈치 한 번 줄 줄 모르고 불평 한마디 없는 엄마였다. 좋은 게 좋은 거라고 엄마만 참으면 조금이나마 조용히 지나갈 수 있으니 그렇게 평생을 참았던 모양이다.

형은 장남으로 아버지의 기대나 욕심을 비웃듯이 아버지와 부딪쳤다. 사춘기 때 나쁜 쪽으로 빠지기 시작해 중학교 때부터 담배를 피우고 술을 마시고 나쁜 친구들과 어울렸다. 중간에서 나는 엄마의 고생을 알기에 조금이나마 엄마를 편하게 해 주려고 형과 아버지에게 맞추어 주었다. 때로는 엄마가 형이 장남이라고 형만 걱정하고 챙기는 모습에 조금 미울 때도 있었지만 금방 미안하고 죄송한 마음을 가졌다.


그의 학창 시절은 겁이 많아서인지 친구들과 잘 어울리지 못했고 싸움도 못했고 거의 왕따였다. 과거에는 아버지가 그와 엄마를 힘들게 했지만 지금은 형 때문에 힘들어했다. 형은 어려서도 자기 하고 싶은 대로 살아왔는데, 지금도 그 버릇을 고치지 못하고 하고 싶은 것이 있으면 빚을 내서라도 해야 했다. 하지만 그 피해는 엄마와 그에게 고스란히 전해졌다.

정신적 혼란과 심리적 고통은 증상으로 드러나기 마련이다. 중요한 것은 외부에 드러난 증상이 아니라 내면에 있는 억압된 분노와 두려움이다. 그는 상황이 조금만 불안해도 어찌할 줄 모르고 문제를 과장해서 걱정하며, 생각하고 또 생각하곤 했다. 그의 삶은 한 번도 편안함이 없는 끊임없는 긴장과 경계의 연속이었다. 그의 강박적 생각과 행동들은 현실이 아닌 생각 속에서 안전을 확보하려는 습관적 패턴이었다.

## 상담 후 느낀 점

이완명상 중에 아버지에 대한 기억은 그동안 내가 지닌 초조함과 긴장, 불안과 뒷목의 통증이 왜 그런지를 이해하게 했다. 나는 스트레스를 받거나 긴장하게 되면 습관적으로 불안감을 생각으로 멈추려 했고 회피하려 했지만 모두 실패했다. 나는 내 안의 것들과 마주하기가 두려웠다.

내 안의 상처받은 아이(작은방에서 아버지의 폭언과 폭행 소리를 들으며 불안해하는 아이)를 만났을 땐 눈물이 펑펑 흘렀다. 나의 가슴은 고철이 가득 들어찬 황폐한 모습이었다. 고철 사이로 희미하고 작은 사람 형상의 아이의 손을 꼭 붙잡았다. 그동안 불안하고 어두운 방에 홀로 두어서 미안하다고 했다. 하지만 아이의 반응은 냉담했다. 오히려 손톱이 날카로운, 뼈가 앙상한 손으로 내 손을 꽉 쥐며 피가 뚝뚝 흐르도록 상처를 냈다. 아이는 무척 화가 나 있었다.

나는 내 안의 모습을 보기 싫고 두려웠다. 모른 척하고 살던 내 안의 숨겨진 모습을 드러내는 것에 대한 저항감이 느껴졌다.

내 안의 상처받은 나와 감정들을 만나 홀가분해지고 싶은 마음과, 드러내는 것을 두려워하고 저항하며 거부하고 싶은 마음이 계속 부딪쳤다. 뭔가 밝혀내고 어떤 사실을 알면 안 될 것 같은 두려움에 저항이 심하게 일어났다. 그럴수록 내면의 고통스러운 아이는 칼이 되어 나를 쳤다. 생각으로만 "너를 외면하지 않을 거야. 혼자 두지 않을 거야."라는 말은 진심이 아니었는지 아이와 화해하기가 힘들었다.

하지만 상담을 계속하면서 언제부터인가 집으로 돌아오는 내 내 가슴에서 느껴지는 말로 설명할 수 없는 편안함이 있었다. 그동안 나는 불안한 내가 싫었고, 하고 싶은 말을 하지 못하고 드러내지 못하는 내가 부끄러웠다. 원장님의 말씀처럼 진정으로 내가 나를 있는 그대로 받아 줄 수 있을까? 정말 갈 길이 먼 것 같다.


## 내 안의 폭력성

우리는 생활 가운데에서 스스로 행한 자신 안의 폭력성을 보기보다는, 남으로부터 받은 불친절과 무시, 때로는 상대가 준 상처에 대해서 쉽게 피해의식에 빠지곤 한다. 우리는 스스로를 '피해자'로 여기는 생각으로 다른 사람에게 행사하는 자기 안의 폭력성을 너무나 당연하게 합리화하고 포장한다.

버스를 타고 출퇴근을 하다 보면 여러 가지 상황들이 일어날 때가 많다. 운이 좋으면 편히 앉아서 목적지까지 갈 수도 있지만, 그렇지 못한 날은 사람들과 뒤엉켜 힘들고 불편한 일들이 일어나기도 한다. 어느 날 아침 운 좋게 뒷좌석에 앉아서 출근을 하고 있을 때 두 명의 아가씨가 함께 버스를 타면서 복잡한 뒷좌석으로 걸어왔다. 그 중 한 아가씨가 뒷좌석에 자리가 나자 빨리 자리에 앉으려고 서두르다가 손가방으로 앞 좌석 승객의 얼굴을 치며 자리에 앉았다. 아가씨는 자신이 한 행동에 대해 어떤 사과도 없이 자리에 앉아서 옷과 가방 등 매무새를 정리했다. 하지만 얼굴을 부딪친 여성 승객은 화가 나서 아가씨를 계속 노려보다가 다음 정류장에서 내리며 한 번 더 투덜거리면서 내렸다. 버스가 출발한 뒤 같은 일행인 아가씨가 "야! 왜 아까 사과하지 않았어."라고 묻자, 그때 아가씨는 "부끄러워서. 쪽팔리잖아."라고 대답했다.

상담센터 모임 시간에 이 일에 대해 다른 사람들과 함께 얘기를 나누어 보았다. 대인관계로 힘들어 상담을 받고 있던 남자 대학생은 "대인공포로 힘들어하는 사람들은 남들이 이해하지 못하는 어려움이 있기 때문에 이해해 주어야 하며, 자신 또한 그렇게 했을 것이다."라고 했다.

전화상담 문의를 받다 보면, 때때로 상담을 예약하고는 당일날이나 상담 시간이 임박해서 취소하거나 연기하는 경우가 종종 있다. 그럴 때 상대의 부당한 부분에 대해서 조금이라도 지적을 하거나 다음에는 약속을 잘 지켜 줄 것을 요청하면, "힘들어서 그런 건데 그 정도도 이해 못 해주느냐!"고 섭섭해 하거나 소리치는 사람들이 가끔 있다. 물론 본인이 힘든 것은 이해하지만, 본인이 힘들다고 다른 사람이 자신의 뜻에 맞추어 주는 것이 당연하다는 듯이 얘기할 때면, 그로 인해 상대 또한 상처받을 수 있음을 이해하지 못하는 것 같아 안타까울 때가 많다.

스스로 자신은 약자이고 피해자이기 때문에 마치 그것을 어떤 특권이라도 가진 것처럼 착각해서는 안 된다. 세상에는 약자도 강자도 없다. 단지 스스로의 선택에 책임을 지는 사람과, 자신이 선택하고서는 다른 사람의 강요나 탓으로 돌리며 책임을 회피하려는 사람이 있을 뿐이다. 우리가 생활 속에서 피해를 받는 폭력성은 어쩌면 강자가 드러내는 폭력성도 문제이지만, 때로는 약자들이 스스로 자신은 피해자이고 폭력이 없는 척 하면서 은연중에 상대를 무시하거나 자기의 책임을 회피하는 보이지 않는 폭력이 사회를 더욱 불편하게 만드는지도 모른다. 그들은 자신의 비겁함을 약함으로 포장하고, 때로는 자신의 무책임함을 힘들기 때문이라고 정당화하기도 한다.

사랑으로 가는 길에는 자신 안의 폭력성을 정확히 찾아내고, 그 폭력성 뒤에 숨어 있는 무책임과 자기합리화를 인정하는 과정이 필요하다. 자신 안의 폭력성은 보지 않고 외부의 폭력성만 바라볼 때, 우리는 스스로 피해의식 안에서 자신이 만들어 내는 폭력을 정당화하고, 스스로 다른 사람에게 얼마나 상처를 주고 있는지 보지 않으려 할 수도 있다. 자신이 약자이고 피해자라고 생각하는 사람들은 불편한 상황에서 스스로를 대변하지 못하였기 때문에, 자신이 다른 사람에게 피해를 주었을 때 다른 사람 또한 자신의 마음을 알아줄 것이라고 착각한다. 하지만 우리가 남으로부터 부당한 대우를 받았을 때 기분이 나쁘고 힘들었듯이, 상대 또한 그러함을 이해하고 자기의 실수에 대해서 표현할 수 있는 용기가 변화의 시작이다.

세상에는 언제나 고정된 강자도 약자도 없다. 상황에 따라 스스로 피해자가 되기도 하고 가해자의 입장에 서기도 한다. 스스로 자신이 처한 환경 안에서 자기의 마음을 바르게 이해할 때 지혜로운 선택이 나온다. "미안합니다. 감사합니다."라는 말들은 내 안의 폭력성을 인정하고 상대에게 던진 그 폭력성을 다시금 회수하게 해준다. 자신이 약자이고 상대는 자신을 괴롭히고 힘 있는 강자라는 생각은 관계에서 끊임없이 자신을 방어하며 상대를 밀어 내게 만들며, 상대를 미워하고 원망하면서 상대 또한 하나의 영혼을 가진 나와 똑같은 인간임을 잊게 한다.

간섭하는 시어머니에 대해서 갖는 약한 며느리의 생각, 잔소리하는 남편에 대한 약한 아내의 생각, 강요하는 부모에 대한 힘없는 자녀들의 생각, 소리치는 상사에 대한 무력한 부하 직원의 생각 등등 관계 안에서 상처와 공격은 서로서로 주고받고 나누고 있음을 잊어버리고 힘의 관계로만 삶을 바라볼 때, 우리는 상대의 폭력성은 보지만 자기 안의 폭력성은 숨기게 된다. 사랑은 자신 안의 폭력성을 인정하는 마음에서 시작한다. 나는 내 안에 어떤 폭력성을 얼마나 숨겨두고 있을까?

# 강박증 심리 테스트

* 자신에게 해당되는 사항에 체크하세요.

1. 병균에 감염될지 모른다는 생각 때문에 공공장소의 전화 사용을 꺼린다. ( )

2. 음란한 생각들이 자주 떠오르고 그런 생각들을 지워 버리기 어렵다. ( )

3. 정직함에 대한 관심이 많다. ( )

4. 매사를 제 시간에 끝낼 수 없어 일이 늦어진다. ( )

5. 동물을 쓰다듬고 나서 감염될까 봐 걱정한다. ( )

6. 가스밸브, 수도꼭지, 자물쇠 잠그는 것 등을 몇 번씩 확인하며 불안해한다. ( )

7. 나는 매우 양심적이라고 자부한다. ( )

8. 부정적이고 불쾌한 생각들이 매일 떠올라 기분이 상한다. ( )

9. 우연히 다른 사람의 몸과 부딪치면 지나치게 신경을 쓴다. ( )

10. 단순한 일상사에 대해 지나치게 신경을 쓴다. ( )

11. 어릴 적 부모에게 엄한 교육을 받으며 자랐다. ( )

12. 자기 일에 대해서는 훤히 안다고 믿는다. ( )

13. 다른 사람들보다 비누를 많이 쓰는 편이다. ( )

14. 편지나 메일을 보내기 전에 쓴 글을 몇 번씩 확인한다. ( )

15. 외출하려고 옷을 입을 때 시간이 많이 걸린다. ( )

16. 청결에 대해서 지나친 관심을 갖고 있다. ( )

17. 매우 깨끗이 정리된 화장실을 사용할 때는 주저하게 된다. ( )

18. 지나치게 세세한 부분까지 신경을 쓴다. ( )

19. 가장 문제가 되는 것은 무엇이든지 반복 확인해야 하는 것이다. ( )

20. 병균이나 질병에 대해서 지나치게 걱정하는 편이다. ( )

21. 사소한 일이라도 한 번 이상 확인하는 편이다. ( )

22. 일상적인 일을 할 때도 정해진 절차를 매우 엄격하게 따르려고 한다. ( )

23. 돈을 만지고 난 다음에는 손이 더러워졌다는 생각이 든다. ( )

24. 일상적인 일을 할 때도 숫자를 세는 버릇이 있다. ( )

25. 아침에 세수하는 시간이 오래 걸린다. ( )

26. 소독약을 많이 쓰는 편이다. ( )

27. 일들을 반복해서 확인하느라 매일 많은 시간을 허비한다. ( )

28. 저녁에 옷을 걸거나 개어 놓는 데 많은 시간을 소비한다. ( )

29. 어떤 일을 매우 주의 깊게 했어도 그것이 잘 되지 않았다는 생각이 든다. ( )

30. 어떤 숫자들은 매우 불길한 의미를 지니고 있다고 생각한다. ( )


＊ 14개 이상이면 전문가의 도움을 받는 것이 좋습니다.

# 영적 성취를 꿈꾸었던 그녀

## 질문과 답변

나는 언제나 나를 편안하게 받아들이지 못하고 작은 실수에도 끊임없이 다그치며, 사람을 믿지 못해서 긴장하고 신경이 곤두서는 그런 내가 밉고 싫었습니다. 나는 나의 마음이 얼마나 곪아 있는지 몰랐습니다. 내가 보는 바깥 풍경들만 다르게 보면 모두 다 해결될 줄 알았어요. 언제부터 이렇게 됐을까. 태어날 때부터 나는 이랬을까. 내 가족 때문일까, 남들 때문일까……. 살아온 환경이 나를 이렇게 만든 탓도 있겠지만, 현실에서 나조차도 나에게 가해자였습니다.

나를 위해 주고 사랑해 줄 사람을 찾지만, 나조차도 나를 사랑하지 못하는데 무슨 소용이 있겠어요. "왜 나를 진심으로 사랑해 주는 사람이 없을까?"에서 "왜 나를 진심으로 사랑하지 못할까?"로 요즘은 생각이 바뀌었습니다. 지난 여름 원장님의 책도 읽어 보고 상담센터의 홈페이지 글들을 읽으면서 문제들이 어느 정도 해결된 듯 했습니다. 그런데 머리로만 "아, 그렇구나!" 하는 건 실제 삶에서는 아무 소용이 없더라고요. 그래도 조금은 뭔가 해결된 듯 청량감이 한두 달은 갔던 거 같아요.

요즘 제 속은 너무도 썩어 있어서 악취가 나고, 아무리 덮고 또 덮어도 숨길 수가 없어요. 3월초쯤인가 심한 절망감에, 살아서 더 나쁜 꼴 보지 말고 죽자고 생각했을 때 지푸라기 잡는 심정으로 상담센터에 전화를 했었지요. 불안하고 떨려서 목소리가 잘 나오지 않아 애를 먹었지만 예약을 하고 한참을 생각했어요. 그리고 왠지 내 고통보다 상담비가 아깝다는, 스스로에게 말도 안 되는 변명을 하면서 상담 예약을 취소했죠.

하지만 또 이렇게 다시 글을 씁니다. 일말의 희망이 있어서 죽지 못하는 걸까, 아니면 엄마에게 또 다른 상처를 줄까 봐 미안해서일까. 가족들을 보면 상처도 다 같고 같은 현실에서 살아왔는데 왜 나만 이렇게 내 삶에 애정이 없는지 모르겠어요. 현실을 부정하고 피하려고만 했던 제 선택들 때문일까요? 그렇게 할 수밖에 없었던 저는 왜 그렇게 만들어진 걸까요? 살았던 흔적도 없이 사라졌으면 좋겠다는 생각을 합니다. 모두의 기억 속에 제가 없던 것처럼……

저는 그동안 큰 비전과 이상을 가졌다고 생각했지만 그것들이 다 현실을 부정하기 위해 만든 환상이었다고 생각하니 그 꿈들에 함몰된 제 인생이 비참하게 느껴져요. 현실의 나 자신이 싫어서 만든 그 꿈속에서 '원하는 나'가 되려고 처절하게 욕구와 감정을 죽여 왔던 저 스스로가 소름이 끼칩니다. 그래서 더욱 내가 싫고 나를 더 이상 사랑할 수 없을 거 같아요. 저는 스스로에게조차 진심으로 위로 한마디 할 수 없는 그런 인간이었나 봅니다. 나는 나를 위로하고 안아 줄 수 없어요. 왜냐하면 상처를 받은 사람도 나고, 상처를 준 사람도 나이니까요.

내가 진정 찾고자 했던 행복은 무엇이었을까요. 행복하기 위해 꿈과 이상을 위해 살아왔는데, 결국 내게 남은 건 공허하고 텅 비어 버린 빈껍데기의 마음뿐이니……. 상처받고 외롭고 약하고 썩어빠진 이 마음, 아니 이 생각들……. 또 다른 나와 나의 끊임없는 충돌, 어느 편에도 설 수 없는 불완전한 나. 삶은 원래 이렇게 고통인가요? – 주홍

님의 글을 읽으니 젊은 날의 저를 보는 듯합니다. 저 또한 님처럼 자신을 받아들이지 못하고, 자신을 사랑할 수 없어서, '현실의 나'가 싫어 '더 나은 나'가 되고자 발버둥 쳤었지요. 행복하고 싶었고, 큰 꿈과 이상에 나를 동일시하여 더 많은 인정을 받고 싶었고, 성취와 목표를 향해 달려가려 했습니다. 하지만 그렇게 되려고 노력할수록 현실의 초라한 내 모습은 나아지기는커녕 더 많은 분열과 갈등 속에서 방황했었지요. 성취를 향해서 열심히 달리지 못하는 약해빠진 내가 싫었고, 고생하시는 어머니와 병든 동생조차 열심히 살아가는 현실에서 아무것도 못하고 방황하며 정체되어 버린 내가 너무나 미웠지요. 그런 내가 싫어서 밤에 잠을 잘 때면 제발 아침이 오지 않기를 얼마나 기도했는지 모릅니다. 자신을 사랑한다 함은 현재의 자신을 있는 그대로 받아들일

수 있느냐는 문제이기도 합니다. 저 또한 행복의 무지개를 향해서 달려갔지만 언제나 제가 돌아온 곳은 바로 지금 현재의 나 자신이었지요.

삶은 경험이자 만남 그 자체이며, 삶은 그냥 삶일 뿐입니다. 하지만 님은 삶에 어떤 거창한 의미를 붙이고 그것과 자신을 동일시하여 '되고자 하는 자신'과 '현재의 자신' 사이에서 끝없이 분열하고, 갈등하며, 혼란스러워하는 것은 아닌지요? 삶의 고통은 '현재의 있는 그대로의 나'와 '되려 하고 이루려는 나' 사이의 간극이 크면 클수록 고통의 무게 또한 커지게 마련입니다. 신은 우리에게 무엇이 되라고 강요하지 않으며, 어떤 것도 나누거나 배척하지 않고 있는 그대로 온전하게 사랑을 줍니다. 하지만 우리는 현재의 아무것도 아닌 자신을 부정하여 더 크고 더 강하고 더 멋있어지려고 발버둥 칩니다.

나는 현재 '이것'인데 '저것'이 되고자 하며 갖고자 합니다. 님이 추구한 꿈과 이상이란 어쩌면 사회가 님에게 심어 놓은 기준이자 관념들의 찌꺼기였는지도 모릅니다. 관념과 생각의 기준 속에서 님은 현재의 진실한 자신을 한 번도 만나거나 이해해 본 적이 없는 것은 아닌지요? 상처를 받은 나도 없고, 상처를 준 나도 없지만 님의 생각과 기준의 틀에는 언제나 현실을 이렇게 저렇게 분별하며 자신을 괴롭히고 있는지도 모릅니다.

님은 언제나 생각의 기준으로 자신을 규정하고 판단하면서, 실제 현실에서는 한 발짝도 움직이지 못하고 붙들려 있는 것은 아닌지요? 님이 만든 기준은 님의 상처와 약함을 방어하고 보호하는 방어 패턴은 아닌지요? 님은 자신과 세상에 선을 긋고, 그 선

안에 들지 않는 자신이나 세상을 배척하며 스스로를 고립시켜 왔는지도 모릅니다. 그리고 님의 기준대로 움직이지 않는 세상과 자신을 받아들일 수 없어 미워하거나 싫어하지는 않는지요?

님은 어쩌면 자기 환상의 병에 빠져 있는지도 모릅니다. 책을 읽고 지식과 정보로 자신을 포장하고 합리화했지만 님의 실제 현실은 언제나 해결되지 못한 채 제자리였을 것입니다. 님이 아무리 멋있는 이상의 색안경을 끼고 외부의 현실을 바꾸려 해도 삶은 언제나 '있는 그대로'입니다. 님이 바꾸어야 할 것은 외부에 비친 현실의 풍경이 아니라 색안경을 끼고 현실을 보는 님의 마음은 아닌지요?

님이 생각으로 만든 행복은 원래 없습니다. 행복을 찾아 달려왔는데 남은 것이 불행뿐이라면, 그것은 불행이 아니라 님이 찾는 행복이 환상이고 착각임을 말하는 것은 아닌지요? 님 안의 끊임없이 갈등하고 투쟁하며 분열된 마음들은 무엇일까요? 님 스스로 집착하는 그 한 생각의 기준을 내린다면 현실은 언제나 있는 그대로 아무 문제가 없습니다. 하지만 님의 생각이 잘 내려지지 않는다면 함께 상담으로 풀어 나가도 좋습니다.


## 상담


30대 초반의 미혼이라고 스스로를 소개한 그녀는 단정하고 내면에 뭔가 알 수 없는 자신감을 가지고 있는 것처럼 보였다. 그 자신감은 약간의 우월감과 스스로의 삶에 대한 어떤 확신에서 나오는 것 같았다. 그녀는 20대 초반부터 거의 10여 년을 한 명상 단체에 소속되어 있었는데, 그 단체의 스승이 제시하는 비전과 이상이 그녀가 원했던 삶과 일치했기에 그것을 성취하기 위해서 열심히 수행했다고 했다. 하지만 최근 들어 몸이 아프고 힘들어지면서 휴가차 그 단체를 약간 벗어나 있는 동안 마음의 갈등과 무기력과 우울감의 원인을 알고자 상담을 신청하였다고 했다.

우리는 끊임없이 어떤 집단이나 단체, 혹은 종교나 이상을 자신과 동일시하려는 경향이 있다. 하지만 이런 동일시의 내면에는 자신의 현실로부터 회피하려는 마음이 깃들어 있거나, 마음의 자기만족이나 자기확대를 통해 인정과 안정을 얻으려는 보상심이 숨겨져 있는 경우가 많다. 무엇과의 동일시는 사람이나 사물, 관념을 붙들고 그것에 집착하는 욕망이다. 하지만 이런 소유와 집착은 삶의 불안으로부터 안전해지려는 마음이며, 두려움으로부터 자신을 지키고 방어하려는 마음이다. 우리로 하여금 어떤 사람이나 집단, 신념, 이상 등과 자신을 동일시하게끔 만드는 것은 내면의 두려움이다. 그러기에 동일시는 두려움에 대한 회피이며, 더 많이 동일시할수록 삶에 대한 저항은 커질 수밖에 없다.

그녀는 사범대학을 나와 선생님이 되었지만 자신의 신념과 이상을 위해서 가족의 기대와 직업을 버렸다. 새로운 이상과 비전을 이루기 위해서는 자신의 작은 것들을 희생하는 것이 불가피한 선택이라고 생각했다. 지난날 그녀는 그 단체가 내건 비전을 이루기 위해 열심이었고, 그 결과 스승으로부터 인정을 받았으며, 단체의 내부 핵심 부서에서 스승의 뜻과 단체의 비전을 성취하려고 더욱 열심히 노력했다고 한다.

그녀는 지구의 환경과 미래를 걱정했고, 스승의 비전을 공유한 더 많은 사람들이 암흑에 싸인 지구를 구해야 한다는 소명감을 피력했다. 그러면서 현재 몸이 약해져서 마음까지 머뭇거리고 있는 자신을 어쩌면 신이 시험하고 있는지도 모른다고 하면서, 그 단체의 스승에 대한 죄송함과 동료들에게 죄책감과 죄의식을 느끼고 있었다.

어떤 형식으로든 보상은 아주 만족스러운 일이다. 특히 현실의 명예나 물질적인 부에 무관심한 사람들은 이른바 정신적인 성취와 인정에 집착하기 쉽다. 그리고 현실에서 원하는 성공과 성취를 가지지 못해 열등감과 박탈감을 느끼는 사람들이 때때로 특정한 종교나 영적 단체에 소속되어 그들만이 선택받았다는 특별의식과 우월의식에 빠지는 것은 나름 보상과 만족감을 준다. 나 또한 젊은 시절 특정 종교와 명상 단체에 소속되어 큰 대의를 위해서 일한다는 우월감에 나의 헌신과 복종이 정신적인 성장으로 보상받길 바란 적이 있었다. 하지만 지금 생각해 보면 이런 나의 선택은 현실에 대한 두려움을 회피하려던 자기합리화였으며, 정신적 진보라는 우쭐함을 가지고 자기만족을 추구한 이기적인 행동에 지나지 않았다.

그녀는 마음에 알 수 없는 불안감과 의욕상실을 해소하여 스승과 단체의 비전을 향해 더욱 열심히 달려가고 싶다고 했다. 그리고 최근에 단체와 스승을 떠나 있었기에 스승이 꿈에 자주 나타난다고 했다. 그녀는 그 단체에서 나름 열심히 수행하며 살아왔지만 정작 자기 자신에 대한 이해는 많이 부족해 보였다. 그녀는 자신이 세운 이상과 비전이 어쩌면 스스로 만든 욕망의 투영인지, 내면의 열등감에 대한 보상을 위함인지는 보지 않은 채 단체와 스승의 비전을 이상화시켜 그것을 자신과 동일시하고 있었다.

상담을 진행하면서 그동안 그녀가 단체의 일과 수행을 하면서 느꼈던 감정들과 느낌들에 초점을 맞추면서 스스로 무엇을 갈등하고 무엇을 힘들어했는지를 알아 나갔다. 그녀는 단체에서 일하는 중에 누군가를 좋아하게 되었고 사랑에 빠졌는데, 그 단체는 그것을 용납하지 않았다. 전체의 비전을 위해 일하지 않고 개인적인 연애 감정에 빠졌다는 이유로 단체는 그녀에게 제재를 내린 적이 있었다. 그때의 경험을 상담과 최면으로 기억에서 끄집어냈을 때 그녀는 많은 두려움과 죄책감을 느꼈다. 두려움은 그런 그녀의 행동이 들켜서 공론화되는 과정에 혹시나 버림받지는 않을까 하는 마음이었으며, 죄책감은 스승과 비전을 위해 모든 것을 희생하겠다고 다짐했던 마음이 연애라는 사소한 감정에 빠져 스승과 단체를 배신했다는 마음 때문이었다.

그녀가 느꼈던 그 감정들을 가지고 내면무의식의 어릴 적 억압된 감정들로 다시금 돌아갔다. 그녀는 너무나 어린 나이에 아들을 원하는 부모님에게서 딸로 태어난 자신이 부모님으로부터 버려질까 봐 누구보다도 일찍 철이 들어야만 했던 자신을 보았다. 그래서 딸이지만 아들보다 더 나은 자식이 되고자 끝없이 인정에 목말랐던 내면의 아이를 보았다. 그녀는 증명하고 싶었고 인정받고 싶었다. 언제나 있는 그대로의 자신으로 받아들여지길 원했지만, 버림받는 것이 두려웠기에 자신의 감정들과 원함을 드러낼 수가 없었다.

그녀는 오열했으며, 자신 안의 아이가 너무나 불쌍하고 애처로워 견딜 수 없다면서 소리 내어 울었다. 갑자기 공항상태에 빠지는 것 같았다. 지나온 모든 삶이 한순간에 스쳐가며, 자기의 인생이지만 정작 자신은 한 번도 없었던, 그래서 너무나 초라하고 작아져 있던 그녀의 영혼을 보았다. 어릴 적에는 부모님과 남들에게 공부와 성취로 인정받았으며, 명상 단체에 들어가서는 이상과 비전의 성취를 위해 최선을 다해 달려왔지만, 언제나 가슴 한구석에 텅 비어 있던 공허감과 내면의 처절한 외로움이 눈앞에 한꺼번에 밀려왔다.

묻어 두고 보지 않으려던 진실이 갑자기 들이닥칠 때면 누구나 혼란스러울 수밖에 없다. 하지만 명상과 치유는 자신의 진실을 있는 그대로 직면하고 이해하는 것이다. 우리는 내면의 진실을 외부의 성공이나 성취, 명예나 지식의 추구, 때로는 종교나 영적인 수행을 통해서 도피하고자 한다. 하지만 성취의 만족감은 잠깐이며, 지식의 추구는 실제 삶과 현실에 아무 힘이 없으며, 종교나 영적인 수행은 교리와 신앙이 만든 믿음에 의존되어 현실의 진실한 자신을 올바로 이해하고 알기보다는 진실에 대한 회피의 수단이 되어 버리기 쉽다.

그녀는 그동안 이상과 비전을 붙들고 그것들과 자신을 동일시하며 살아왔지만 정작 그곳에는 조금의 편안함도 행복도 없음을 보았다. 그곳에는 단지 공허감과 외로움만이 있었다. 이상과 비전은 단지 그녀의 인정받고자 하는 욕망이 만든 투영이었으며, 버림받지 않으려는 두려움이었다. 이 모든 추구가 결국 인정에 목말라하던 마음이 만든 최면임을 보았다.

우리는 때로 외부적으로 거창한 목표와 이상을 추구한다. 하지만 우리의 내부가 빈약하면 할수록 더욱 외부의 그것에 집착하고 동일시하는 경향이 강해진다. 그녀는 스스로 자신조차 사랑하지 못하고, 그녀 내면의 초라함조차 받아들이지 못하면서, 그동안 거창한 이상과 비전을 떠들었고 그것을 이룬다는 명목으로 남들에게 얼마나 많은 우월감과 특별함을 내세웠는지 자신을 알게 되면서 스스로 부끄럽다고 했다.

심한 혼란과 내면의 갈등이 지나고 나자 그녀는 갑자기 세상이 다르게 보인다고 했다. 하늘과 햇살이 너무나 맑고, 나뭇잎과 사물들이 이제껏 한 번도 느껴 보지 못한 아름다움들로 빛나고 있다고 했다. 어쩌면 우리는 삶의 두려움과 공허감들을 느끼지 않으려고 스스로 최면에 빠지기를 원하고 있는지도 모른다. 이런 최면이 때로는 성공이나 돈, 명예의 추구, 술과 섹스, 도박과 쇼핑, 인터넷 등과 같은 중독에 빠뜨려 삶 자체가 무감각해지기를 원하고 있는지도 모른다.

명상은 명확한 자기이해와 자기인식을 위한 것이 되어야지, 단순히 방법과 수단에 집중된다면 정작 중요한 자신을 놓쳐 버리는 우를 범하기 쉽다. 명상이란 내면의 어둠과 욕망의 다발들이 스스로를 어떻게 분열시키고 갈등하게 만드는지 자신의 마음을 정직하게 노출하고 이해하는 과정이다. 하지만 명상이 자기 욕망을 투영한 목적과 방법에 고정되어 그것을 이루거나 성취하기 위한 집중과 반복의 방법 자체가 될 때 마음은 더욱 무디고 무겁게 되어 현실도피가 되기 쉽다.

어쩌면 우리의 내면은 언제나 혼돈과 갈등 속에 있기 때문에 우리는 불안과 두려움들을 잠재워 줄 안전하고 확실한 이상이나 의지할 단체, 의존할 선생을 찾고 있는지도 모른다. 우리는 외부적으로 사랑과 진리를 찾는다고 표현하지만 실제로는 불안한 마음을 위로 받으며 자신을 안전하게 해 줄 단체와 선생을 구하고 있는지도 모른다. 그리고 우리는 스스로 자유로운 존재가 되기보다는 단체의 구세주나 지도자들에 의해서 지배되고 의존하고 싶은지도 모른다. 왜냐하면 그것이 우리를 안전하다고 느끼게 만들고 삶과 내면의 혼란으로부터 도피처가 될 수 있기 때문이다.

상담을 진행하면서 그녀는 진정한 자유란 외부적인 성취나 이상의 이룸에서 오는 것이 아니라, 진정으로 자신을 받아들이고 이해하는 마음이 만드는 존재 그 자체의 향기임을 알았다고 했다. 그리고 그녀는 단체와 스승 앞에서 그녀의 진실한 감정이나 느낌들을 무시한 채 관념이 만든 사고에 함몰되어 자신이 얼마나 감정적으로 힘들었는지 이제는 이해가 된다고 했다.

그녀가 느꼈던 우울감과 무력감은 그녀 스스로 열심히 노력하지 않았기 때문이 아니라, 그녀의 머리는 성취와 인정을 향해 스스로를 끝없이 채찍질했지만, 그녀의 가슴과 영혼은 그것이 진실이 아님을 스스로 알았기 때문이었다. 그녀는 이런 머리와 가슴의 분리와 혼란이 우울의 원인이었음을 이제는 이해가 된다고 했다. 그녀는 단체를 그만두고 새롭게 교직으로 복직했으며, 이제는 학생들과의 만남이 좋고 그녀의 삶이 가볍고 행복하다고 했다. 그리고 얼마 후에는 사랑하는 사람과 결혼을 한다고 했다.

# 인생의 경험은 지혜인가, 고통인가?

삶이란 관계이며, 관계를 통한 경험이 인생이다. 이렇게 본다면 경험은 고통도 아니고 지혜도 아닌 그냥 경험 그 자체일 뿐이다. 우리가 삶의 순간순간에 경험 그 자체에 머무를 수 있다면, 경험은 살아 있고 지금-여기에 존재할 수 있을 것이다. 하지만 우리는 과거의 경험들을 기억에 저장하여 좋은 경험은 자신과 동일시하거나 정당화하여 '나'를 강화하는 데 활용하고, 나쁜 경험은 기억에서 억압하거나 부정하여 보지 않으려 한다.

얼마 전에 두 명의 수행자가 상담센터를 방문했다. 시기적으로는 조금의 차이가 있었지만, 먼저 방문한 사람은 지리산에서 토굴을 짓고 수행하고 있는 40대의 스님이었다. 그분은 1년 전에 오랜 참선과 단식으로 생각이 없는 공(空)의 자리를 마음에서 체험했다고 한다. 그때의 경험과 체험은 그 스님에게 너무나 황홀했고, 마음의 모든 의문과 의심이 한순간에 끊어지면서 열반의 느낌 그 자체를 느꼈다고 했다. 하지만 그 체험 속에서 이 경험을 더 오랫동안 가지고 싶다는 한 생각이 일어나면서 그 체험은 사라지고 다시금 번뇌하고 있는 자신을 발견하게 되었다고 한다. 스님은 그 순간의 황홀한 체험과 느낌을 다시금 느껴 보려고 단식과 참선을 하며 여러 수행방편을 구하면서 노력을 했지만 그때의 체험을 가질 수 없었다. 스님은 마지막으로 최면을 통해 내면 무의식에 저장된 그때의 경험을 다시금 살리고 싶다고 했다.

두 번째 사람은 50대의 수행자였는데, 그는 30대 후반에 요가와 단식을 통해 명상을 하면서 어느 날 가슴이 열리고 우주와 자신이 하나 되는 체험 속으로 들어가면서 온 누리에 '옴'이라는 진동이 울리는 것을 들었다고 했다. 이런 체험은 며칠을 계속 이어 갔으며, 호흡을 하면 호흡 중에 아주 미세한 생각과 생각 사이의 빈 공간으로 들어가게 되었고, 그 공간에 들어갔다 눈을 뜨면 2시간이라는 시간이 저절로 흘러가 버렸다고 했다. 그리고는 어느 날 명상 중에 주위의 나무와 풀들, 산을 바라보는데, 갑자기 주변의 모든 형상이 꺼져 버리면서 아무것도 없는 무(無)의 세계가 펼쳐졌고, 온 누리는 분리됨이 없는 하나임을 깨달았다고 했다.

그분은 그 후 사업으로 바쁘다가 몇 년 후 다시금 그때의 체험으로 돌아가려고 시도를 해 보았지만 되지 않았다고 했다. 그때부터 그분은 그때의 느낌을 다시금 경험해 보려고 많은 스승을 찾아다녔고 수행에 정진했으며, 몇 년 전에는 미얀마까지 가서 6개월 동안 현지 스님의 지도 아래 위빠사나 수행(관법)을 했다. 하지만 다시는 그 상태와 그 경험에 이르지 못하여, 최면을 통해 그의 무의식에 저장된 그때의 경험을 다시금 느낀다면 더 쉽게 그 상태를 자신의 것으로 만들 수 있지 않을까 하는 마음으로 상담 센터를 방문하였다고 했다.

경험 자체는 지금-이 순간이지만, 경험을 해석하는 생각은 과거의 경험을 기억에서 꺼내어, 현재를 그때의 기억과 경험의 틀로 채색한다. 이때 좋은 경험은 붙잡고 나쁜 경험은 억압하면서, 삶을 있는 그대로가 아닌 과거 경험의 틀 안에서 바라보게 만든다. 이런 의미에서 본다면 경험 자체는 아무 문제가 없지만, 경험을 기억하는 생각과 관념이 우리를 무지하게 만든다.

우리는 인생을 살면서 다양한 체험을 한다. 그분들이 당시에 경험한 체험은 놀랍고 특별한 체험이었지만, 경험이란 단지 경험일 뿐이다. 어느 한때의 좋은 경험에 집착하여 그 순간을 잊지 못하고 그 느낌을 다시금 붙잡으려는 시도는 경험에 대한 중독을 만든다. 그분들은 그때의 체험에 빠져서 지금 이 순간의 현실에서 한 발짝도 나아가지 못하고 그때의 기억에 묶여 있었다. 나는 그분들에게 이제 그때의 경험을 놓아 버리고 삶이라는 살아 있는 새로움으로 나아가야 한다고 제안을 했다.

지난날 나도 이와 비슷한 경험을 한 적이 있었다. 명상과 마음을 공부하면서 어느 순간 놀라운 체험을 했다. 그때의 경험은 나를 특별하게 만들었고 내가 고생한 모든 노력이 한순간에 보상받는다는 느낌에 빠졌다. 하지만 경험의 좋은 느낌은 시간이 지나면서 사라지고, 그 느낌을 다시 붙잡으려는 마음은 지옥이 되었다. 그때의 체험이 바로 '나'라고 생각했기에 다른 '나'는 인정할 수가 없었다. 그렇게 5년 이상을 과거의 경험에 집착되어 방황을 한 적이 있었다.

우리는 경험을 통해서 살아 있는 생명과 사랑을 이해하며, 모르는 마음으로 더 겸손하게 삶의 지금-여기를 살아야 한다. 그럴 때 경험 자체는 경험자와 경험 대상을 나누지 않고 경험이라는 하나의 모습을 보게 한다. 이때의 경험을 지혜라 한다. 경험을 붙잡지 않고 순간순간 놓아 갈 때 경험은 삶이며, 생명이며, 사랑이 된다. 하지만 과거의 경험을 붙잡고, 그때의 경험과 자신을 동일시하여, 기억 속의 경험에 집착한다면, 우리는 사실과 실재를 사는 것이 아니라 과거의 기억이 만든 환상을 붙잡고 혼란과 갈등의 고통에 빠지게 된다.

우리는 삶에서 자신이나 주변 사람들을 통해서 이런 경우를 많이 본다. 군대에 갔다 온 남자들은 과거 군대의 경험을 자신과 동일시하여 확대재생산하고, 자신의 경험을 특별한 것인 양 떠들곤 한다. 어떤 사람들은 과거 한때 잘나갔던 그때의 기억을 붙잡고 현실을 받아들이지 못한다. 이런 사람들은 현재는 없고 과거의 경험만을 반복적으로 되풀이하며 했던 얘기 또 하고 또 하며 과거의 기억을 먹고 산다. 결국 경험에의 집착은 경험과 동일시시킨 자신을 놓지 않으려는 두려움이다. 두 분의 수행자 역시 과거의 경험을 자신과 동일시하여 자신이 더욱 특별해지고 우월해지려는 몸짓이었다.

삶은 순간순간의 경험이다. 하지만 경험을 축적하려는 마음은 새로운 삶과 경험들을 과거의 경험으로 한정지어 버리거나, 자신을 과거 경험의 틀 안에 묶어 버린다. 우리는 현실의 불안정과 두려움에 대처하기 위해서 많은 경험들을 안정과 확고함을 위해서 붙잡으려 한다. 어쩌면 마음 자체는 경험의 축적인지도 모른다. 결국 경험 자체는 살아 있음이며 지혜이지만, 그것을 붙잡는 마음이 경험을 독이 되게 만든다. 경험에는 좋은 경험도 나쁜 경험도 없으며, 경험 자체는 지혜도 독도 아니다. 단지 경험을 해석하고 있는 내가 있을 뿐이다. 해석을 가지고 분별을 만드는 이 '나로부터의 자유'가 진정한 자유가 아닐까?

# 진리를 향한 나의 경험

벌써 10여 년이 지난 경험이 있다. 그때의 경험은 나로 하여금 참으로 나를 돌이키게 하는 부끄러움이면서 소중한 경험이었다. 그 당시 나는 나름대로 진리를 탐구하며 열심히 심리를 공부하고 명상을 하고 있는 중이었다. 하지만 수행을 하고 탐구를 하면 할수록 나는 점점 더 나의 무지와 모름 안으로 빠져들면서, 나중에는 이제까지 수행하고 탐구한 모든 것이 무의미하고 무기력해지는 어둠 속으로 빠져들었다.

나는 그때 깊은 절망감으로 모든 노력을 멈추고 멍하니 지내다가 우연히 한 지인의 소개로 계룡산에 거주하는 한 선생을 찾아가게 되었다. 설레는 마음과 나의 문제를 혹시 해결할 수 있지 않을까 하는 기대감으로 선생의 처소를 방문했다. 선생의 처소는 계룡산 동학사 아래에 있는 작은 집이었다. 마당에는 나무와 풀들이 자라고 있었고, 마당에 있는 개는 낯선 방문자인 나를 보고 짖어댔다.

그분이 나와 나를 거실로 안내한 뒤, 한 잔의 차를 건네면서 나에게 물었다.

"무엇을 찾아서 여기까지 방문하였는지요?"

나는 갑자기 할 말이 떠오르지 않았다.

그냥 눈에서 눈물이 흐르면서 "하나를 모르니 둘을 모르고 다른 어떤 것도 알 수가 없습니다. 나는 하나를 알고 싶습니다."라고 대답하였다.

그 순간 그분과 나는 그냥 말없이 한참을 앉아 있었다.

시간이 지나고 그분은 다시 한 잔의 차를 권하면서 내가 지나온 삶에 대해서 질문을 했다. 나는 내가 그동안 얼마나 열심히 공부했고 얼마나 진리를 향해 열심히 살아왔는지, 나를 알리고 싶은 욕심에 내가 여태까지 경험하고 배우고 터득한 것들에 대해서 풀어 놓기 시작했다. 그동안 공부하고 수행하며 경험한 다양한 체험과 나의 철학, 삶의 진실들에 대해 내가 읽고 듣고 배웠던 모든 것들, 오직 진리를 알고자 달려 온 나의 열정과 노력들에 대해서 마치 입에 거품을 물듯이 얘기했다. 나는 나를 알리는 일에 신이 났던 것 같다. 하지만 그분은 단지 고개를 끄덕이며 아무 말 없이 조용히 듣고만 있었다.

나는 나의 말이 그분에게 내가 괜찮은 사람이라는 인상을 주고, 나의 가치와 수행의 깊이에 대해 어느 정도 깊은 인상을 주었을 것이라고 확신하며 그분의 대답을 기다렸다. 하지만 그분은 나의 말에 아무런 반응도 없었으며, 다시금 나에게 한 잔의 차를 권하며, 여기까지 오느라 고생이 많았다며 오늘 하루는 쉬었다 가라면서 나를 거실에 내버려두고 밖으로 나갔다. 거실에 혼자 앉아 차를 마시면서 나는 나 자신이 완전히 빈털터리가 된 느낌과 너무나 초라하고 빈껍데기가 된 기분이 들었다.

나는 그 순간 내 마음을 보게 되었다. 내가 여태까지 그렇게 소중히 간직해 온, 보고 듣고 경험했던 많은 것들이 사실은 내 마음이 만든 무지의 산물이었으며, 내가 나라고 떠들었던 내가 가진 경험과 지식들은 포장이었고, 나를 속이는 껍데기였음이 너무나 선명하게 보였다. 나는 갑자기 내가 불쌍하고 초라하고 부끄러워서 견딜 수가 없었다.

나는 눈물이 났다. 나는 그냥 소리 내어 울었다. 울음은 점점 커져서 통곡이 되었다.

나는 그동안 어떤 관념과 사상과 방법과 이미지들을 붙잡고 마치 그것을 대단한 보물이라도 가진 듯이 끊임없이 그것들을 되풀이하면서 나를 포장하고 한정시켜 왔음이 너무나도 선명하게 보이기 시작하였다. 나는 사회적으로 인정받지 못한 나 자신을 수행이라는 이름으로 얼마나 그럴듯하게 포장하고 합리화하고 스스로를 속여 왔는지를 보았다. 나는 현실의 성공과 인정이라는 욕심을 어쩌면 진리라는 이름으로, 수행이라는 이름으로 포장했으며, 남들에게는 큰 이상과 고고함으로 속여 왔는지도 모른다는 생각이 들었다.


그때의 초라함과 부끄러움은 그동안 내가 살면서 느꼈던 그런 부끄러움이 아니라 '나'라는 존재 자체가 무너지는 듯한 그런 부끄러움이었다. 나는 울음과 함께 올라오는 그 부끄러움을 그냥 그대로 내버려두었다. 그 순간 나는 눈앞에 별빛과 함께 우주의 어느 저 아득한 곳으로 한없이 추락되어 가는 빛을 보았다. 빛은 한없이 달려갔지만 그곳에는 어떤 움직임도 태어남도 사라짐도 없었다. 생명의 본래 모습은 하나일 뿐이며, 분리란 없었으며, 거대한 침묵 속의 순간이 바로 영원이었다.

어느 틈에 왔는지 선생님은 나의 침묵을 깨면서 "이제 그 태어나지 않은 마음을 본질로 삼아 그대 자신을 탐구해 보라."고 하였다. 나는 그때 살아오면서 내가 만든 온갖 생각과 관념과 상처와 두려움들이 내 안의 무의식 깊은 곳에서 하나씩 떠오르는 것을 보았다. 때로는 그것을 비난으로, 때로는 회피로, 때로는 남의 탓으로, 때로는 저항하면서 나의 마음을 포장하고 최면 걸면서 나 스스로 만든 마음의 굴레와 짐들을 무지라는 감옥 안에다 차곡차곡 쌓아왔음을 보았다.

이때의 체험과 경험은 그 후에 외부가 아닌 내면으로 나 자신을 탐구하는 데 중요한 전환점이 되었다. 외부의 모든 환경과 경험들은 내부의 마음을 보여 주는 거울이다. 자신의 마음 안에서 일체의 미혹과 이미지의 그림자를 보지 못한다면, 우리는 마음이 만든 자기한정의 덧없는 그림자가 만든 짐들을 지면서 삶을 누리기보다는 끝없는 부담 속에 삶에 끌려 다니는 노예가 될 수밖에 없다.

## 2부
# 치유로 가는 길

그러기에 삶에 저항하고 투쟁함이 아니라 받아들이고 수용한다면
그만큼 내 마음의 그릇은 커지고
내면의 쉴 수 있는 공간은 넓어진다.
내 안에 되려는 마음과 이루고자 하는 마음을
모두 내려놓았을 때 비로소 우리는
존재 자체의 기쁨이 무엇인지를 알게 된다.

# 받아들이는 마음과 되려는 마음

어떤 청년이 언제나 행복을 주는 천국을 찾아서 길을 떠났다. 산을 넘고 물을 건너며 먼 길을 걸어가는 그의 발걸음은 언제나 외롭고 혼자였다. 어느 날 어떤 개 한 마리가 그를 따라왔다. 둘은 좋은 친구가 되었다. 수많은 고비를 넘기며 둘은 마침내 천국의 문 앞에 도착했다. 그때 천국을 지키는 문지기가 소리쳤다. "천국에는 사람만이 갈 수 있고 개는 들어갈 수 없으니 자네만 들어오게." 청년은 대답했다. "안 됩니다. 이 개는 먼 길을 함께 한 친구입니다. 만일 이 개를 들여보내 주지 않는다면 비록 천국이라 할지라도 나는 들어가지 않으렵니다." 바로 그 순간 천국의 문과 문지기는 사라지고 그는 개와 함께 천국 안에 들어와 있었다.

천국은 언제나 어디에나 열려 있다. 우리의 욕망과 '되고자 하는' 마음의 기준과 가치가 내려진다면 천국은 언제나 그곳에 있다. 내가 내는 마음이 욕심으로 물들어 있고 아집으로 가득 차 있는 한 천국은 보이지 않는다. 그러나 작은 곳에 정성과 사랑이 살아 있다면 그곳은 언제나 있는 그대로 천국이다.

젊은 시절 나는 성취와 완벽으로 '나'를 강하고 멋지게 포장하여 사람들에게 인정받고, 영향력 있고, 성공하는 삶을 바랐다. 때로는 모범생으로, 때로는 착하고, 일처리를 잘해서 사회적 인정과 성공을 향해 무언가 되고자 나를 채찍질하고 몰아붙였다. 하지만 현실은 내 뜻대로 되지 않았다. 심리적 방황과 현실적 갈등으로 힘들어지자, 나는 명상과 영적 세계로 눈을 돌려 또 다른 성취와 깨달음으로 인정받고자 했다.

나의 삶은 언제나 현실의 내가 부족했기에 다른 무엇이 되려고 새로운 목표를 세우고, 나를 통제하고 몰아세우며 투쟁하고 갈등했다. 나의 인생에는 과정은 없고 목표 달성을 위한 결과만 있었다. 나는 내가 어디에 서 있으며 어디로 달려가는지도 모르는 길 위에서 단지 내 앞에 앞서가는 사람보다 더 빨리, 더 멀리 달려가려 했다.

어느 날 나는 '되려는 마음'과 이루려는 집착들이 내 안의 불안과 외로움, 불만과 공허감을 회피하려는 수단이었음을 보았다. 나는 게으른 내가 되면 남들보다 뒤처질까 두려웠고, 열심히 노력하지 않는 나를 볼 때면 남들이 비난할까 봐 불안했다. 그래서 새로운 의지와 노력으로 내가 괜찮은 사람임을 보여 주려 했다. 끝없이 무언가를 추구하여 남들보다 더 빨리 목표와 꿈을 이루고자 했다. 그렇지만 원하는 꿈을 향해 달려갈수록 그렇게 되지 못하는 내 마음은 스스로에 대한 부정적인 평가와 비난으로 나를 혼란스럽게 했다.

우리의 인생은 끊임없이 '되고 싶은 나'와 '현재의 나' 사이에 일어나는 대립과 투쟁의 연속이다. 현재의 자신을 있는 그대로 받아들이지 못하고, 그것을 부정하고 다른 무엇이 되려는 마음은 현재의 삶을 온전히 누리지 못하게 한다. 되려는 마음은 자기만족을 위한 욕망의 투영이지만, 받아들이는 마음은 자기수용을 통한 자기이해를 가져다준다. 되려는 마음의 내면에는 부족감과 두려움이 깔려 있기에 그것을 추구할수록 여유와 행복이 줄어들고 쫓기는 마음은 커진다. 하지만 자신과 현실을 있는 그대로 받아들이는 마음의 밑바탕에는 열린 사랑이 있다. 되려는 마음은 부족감과 두려움 때문에 더욱 집착하고 소유하려 하지만, 받아들이는 마음은 열린 마음으로 나누려 한다.

서울의 명문대를 졸업한 28세의 선영 씨는 심각한 조울증과 불안, 죄책감으로 센터를 방문하였다. 그녀의 인생은 항상 뭔가 되려고 하는 마음으로 야심이 컸었다. 그녀는 인정받고 싶었고 대단한 사람이라고 알려지고 싶었다. 그녀가 자신에 대한 기대치를 높일수록 더 높은 목표는 그녀의 삶을 옥죄고 압박했다. 그녀는 언제나 다른 사람보다 높은 목표를 세우고 노력했지만 현실은 언제나 그들보다 낮은 곳에 있는 자신을 이해할 수 없었다. 그녀는 괴로웠지만 앞으로 달려가는 몸과 마음을 멈출 수 없었다.

그녀는 어릴 적 가난에 대한 원망과, 돈이 없다고 무시하는 친척이나 세상에 대한 원망으로 사랑을 믿지 못했다. 부유한 친구들 속에서 느꼈던 초라함과 결핍감은 돈이 해결해 줄 것 같았다. 성취만이 그녀의 모든 것이었기에 그녀는 앞길만을 생각하며 그녀를 방해하는 모든 사람을 적대시했고, 힘들수록 새로운 목표를 세워 자신을 채찍질했다. 서울 명문대를 우수한 성적으로 들어갔지만 학과에 만족하지 못하고 치의대를 다시 준비하다 여의치 못하자 대기업에 취직했지만, 그도 만족할 수 없어 그만두었다. 그리고 고시라는 새로운 목표로 자신을 몰아붙였지만 결국 서울의 어느 고시원의 골방에서 그녀는 무너졌다.

어느 날 그녀는 사방이 벽으로 막혀 아무것도 할 수 없는 공황 상태에 빠졌다. 고통스런 감정들이 한꺼번에 휘몰아치며 쿵덕이는 가슴을 잠재울 수 없었다. 그녀는 자신의 인생이 이제 완전히 망했다는 실패감과 좌절감에 빠졌다. 그녀는 탈진했다. 무너진 자신이 쓸모없고 가치 없다고 느껴졌고, 그녀는 세상에 더 이상 내놓을 것이 없는 자신의 존재가 수치스러웠다. 부모님조차 그녀를 이해하지 못하고 세상 사람들이 그녀를 손가락질할 것 같은 느낌에 그녀는 세상에 홀로 서 있는 듯한 느낌이 들었다. 아무도 없는 고시원의 좁은 방에서 그녀는 눈을 감으며 영원히 잠들었으면 좋겠다고, 내일이 오지 않았으면 좋겠다고 생각했다.

그렇게 성취만을 바라보며 쉬지 않고 달려온 그녀 삶의 종착지는 주변에 아무도 없는 처절한 외로움과 패배감이었다. 좁은 고시원의 어둠 속에 고통으로 움츠린 그녀의 입에서, 그녀도 모르게 내면 깊은 곳에서 나온 한마디는 "사랑받고 싶어."였다. 여태까지 사랑 따윈 필요 없다며 그렇게 성취에 매달려 왔는데 그 모든 이유가 단지 사랑을 받고 싶었기 때문이라니……

꽃은 봄에 피는 개나리와 진달래가 있고, 신록이 푸르른 5월에 피는 장미와 아카시아가 있으며, 가을에 피는 국화와 코스모스가 있다. 개나리는 개나리대로, 장미는 장미대로, 국화는 국화대로의 아름다움과 향기가 있다. 개나리가 국화가 피는 가을에 피려 하고, 국화가 개나리나 장미가 되려 한다면, 자기의 꽃을 피우지 못할 것이다. 우리는 자신의 꽃이 무엇인지 알지 못한 채 남들이 피운 꽃을 보며 그 화려함과 향기로움을 흉내 내려 하거나 따르려 한다. 되려는 마음이 자기의 진실로부터 도피하여 다른 무엇을 추구하는 의지의 행위라면, 받아들이는 마음은 자기 존재의 온전함을 신뢰하는 마음이다.

철학에는 행위론과 존재론이 있다. 행위의 철학은 되려는 마음이며, 존재의 철학은 받아들이는 마음이다. 우리는 그동안 행위의 철학에 너무나 깊게 함몰되어 자신의 진실한 가치인 존재 그 자체로서의 진실을 잊고 있다. 되려는 마음을 욕망, 욕심이라고 한다. 치유의 길은 행위의 길이 아니라 존재의 길이다. 상처와 고통은 스스로 원하는 것(욕망)이 되려고 했지만 뜻대로 되지 못하고, 자신의 감정과 모습을 있는 그대로 받아들이지 못하고 저항한 결과이다. 긍정 심리학이나 방법을 통해 무언가로 바꾸고 변화하려는 노력들은 결국 문제 자체를 이해하기보다는 스스로의 문제를 외면하는 결과를 가져오기 쉽다. 되려고 노력할수록 마음은 갈등과 혼란을 조장할 뿐이다.

마음이라는 보따리 안에는 온갖 것들이 담겨 있다. 선과 악, 어둠과 밝음, 게으름과 성실함, 당당함과 부끄러움, 정직함과 야비

함, 용기와 두려움, 질투와 집착, 미움과 원망 등등. 마음은 둘로 나누고 좋은 것과 나쁜 것으로 분별하는 이원론의 사고에 따라 움직인다. 마음이 이쪽에서 저쪽으로 가려는 욕심이 우리네 삶을 고통으로 만든다. 하지만 치유는 그냥 자신을 있는 그대로 이해하고 받아들이는 길이다. 내 안의 모든 것은 극복해야 하는 대상이 아니라 이해하고 수용되어야 할 소중한 것들이다. 게을러도, 부끄러워도, 질투가 많아도 괜찮다. 밤이 없는 낮이 없듯이 게으름은 편안함의 다른 모습이며 질투는 사랑의 또 다른 모습일 뿐이다. 그러기에 삶에 저항하고 투쟁함이 아니라 받아들이고 수용한다면 그만큼 내 마음의 그릇은 커지고 내면의 쉴 수 있는 공간은 넓어진다. 내 안에 되려는 마음과 이루고자 하는 마음을 모두 내려놓았을 때 비로소 우리는 존재 자체의 기쁨이 무엇인지를 알게 된다.

# 2

# 인생의 여행과 치유의 연금술

한 나그네가 광야를 떠돌며 여행을 하고 있었다. 여행길은 새로움에 대한 기대감과 열정으로 가득 차 있었다. 어느 날 나그네는 들판을 걷다가 저쪽에 사자가 웅크리고 있는 것을 보게 되었다. 나그네는 살금살금 걸으며 조심했지만 사자는 그를 발견하고 쏜살같이 달려들었다. 나그네는 너무나 두렵고 겁이 나서 잽싸게 도망치다가 마침 옆에 있는 마른 우물을 발견하고 그 우물 속으로 몸을 날렸다. 하지만 우물 속은 매우 크고 깊었다. 우물 속으로 떨어지며 나그네는 우물 안에 늘어뜨려져 있던 나뭇가지를 가까스로 붙잡았다.

나뭇가지는 비록 작았지만 다행히 그의 몸을 지탱할 만했다. 우물의 위쪽에는 사자가 이빨을 드러내고 으르릉거리며 계속 그를 노려보았다. 잠시 후 그는 우물 밑을 내려다보았다. 아래에는 온갖 뱀들과 무서운 독사가 우글거리고 있었다. 나그네는 식은땀이 났다. 나뭇가지에 걸터앉아 어떻게 할까 생각하는데 마침 나무에 벌집이 있었고 그곳에서 꿀이 한 방울씩 떨어지고 있었다. 나그네는 배가 고파 사자도 뱀도 잊고 꿀을 맛있게 받아먹고 있었다. 하지만 그때 흰 쥐와 검은 쥐 두 마리가 나뭇가지 밑동을 갉아먹고 있었다. 그 순간 나그네는 정신이 번쩍 들면서 어떻게 해야 할지 몰라 당황하기 시작했다. 위에서는 사자가 으르렁거리고, 아래에는 독사가 있고, 나뭇가지는 점점 쥐들이 갉아먹고…….

이 이야기는 우리의 인생을 표현한다. 나그네는 우리들이며, 광야는 인생이다. 사자는 인생에서 만나는 두려움과 고통이며, 마른 우물은 두려움을 피할 안전한 직업이나 가정이다. 우물 아래에 있는 뱀은 죽음이며, 꿀은 인생에서 만나는 쾌락이다. 흰 쥐와 검은 쥐는 낮과 밤이며, 선과 악이며, 상처와 욕망을 드러내는 우리가 가진 이원성과 분별심이다.

우리네 인생은 즐거운 여행이지만, 때로 여행길에는 우리가 알 수 없는 위험이 도사리고 있다. 알지 못하는 위험은 우리를 불안하게 하고 걱정스럽게 한다. 이때 우리는 두려움으로부터 안전을 추구하며 직업과 가정이라는 오래되고 익숙한 곳으로 피난하려 한다. 하지만 그곳에는 언제나 죽음이 기다리고 있다. 때로 우리는 위쪽의 사자가 주는 고통이 두려워 그냥 아래로 떨어져 죽음을 선택하기도 한다. 자살을 선택하는 것이다. 우리는 안전한 우물 안에서 꿀이라는 잠깐의 쾌락(중독)에 취해 고통과 죽음의 두려움을 잠시 잊어버리기도 한다. 하지만 분별심과 이원성은 우리를 언제든지 죽음의 나락으로 떨어뜨리려 한다.

인생의 여행길에서 고통과 두려움이라는 사자를 만난다면 우리는 용기 있게 그것에 맞설 수는 없을까? 사자는 배부른 사자일 수도 있고, 병든 사자일 수도 있으며, 잘못된 허상을 보고 착각했을 수도 있다. 하지만 내 안의 두려움은 사자를 살피려 하지 않는다. 그냥 달아나려고만 한다. 인생의 들판에서 사자를 만난다면 우리는 도망칠 곳이 없다. 고통이라는 두려운 사자를 피하지 않고 스스로 내면에서 도전하고 맞설 때 두려움은 물러나고 새로운 가능성이 꽃피어 난다. 사자는 내 안의 두려워하는 마음이다. 진정한 용기란 비록 두렵지만 다른 곳으로 회피하지 않고 두려움을 향해 한걸음 앞으로 나아가는 마음이다.

인생에는 각자가 만나야만 하는 두려움이 있다. 그것은 그 사람만의 몫이기 때문에 누구도 그것의 무게를 판단할 수는 없다. 행복은 고통이 없는 곳에 있는 것이 아니라 두려움을 뚫고 나간 자리의 뒷면에 있다. 상담은 사람들이 들고 있는 고통과 두려움에 대한 직면이며 나눔이다. 두려움은 외부에 있지 않다. 그것은 내 마음의 작용이다. 하지만 사람들은 고통을 통해 자신을 이해하고 사랑하는 마음을 가꾸기보다는 두려움 자체를 없애거나 안 보려고 한다. 이런 마음을 삼독(三毒), 즉 탐, 진, 치에 집착하는 '나'라고 말한다. 고통은 스스로 붙들고 있는 탐, 진, 치를 보지 않고 모든 것을 자기 뜻대로 하고자 하는 마음에서 일어난다.

탐(탐욕)의 마음은 무엇에 집착하고 무언가 되려고 하는 마음이다. 우리는 자신을 남들과 비교하며 남들보다 더 나은 자신과 더

만족스러운 자신, 더 인정받는 자신이 되고자 하며, 그렇게 되지 못할 때 힘들어한다. 자신에게 즐거움과 쾌락을 주는 것에는 집착하고, 불편과 수고로움을 주는 것들에는 저항하며 거부한다.

진(분노)의 마음은 자기 뜻대로 되지 않아 화나는 마음, 남과 비교해서 열등감을 느끼는 마음, 질투하는 마음, 그래서 남을 헐뜯고 시기하는 마음을 말한다. 우리는 부글부글 끓어오르는 분노의 용암을 가슴에 담고 있으면서도 아닌 척, 고고한 척, 관심이 없는 척하려 하지만 우리의 내면은 자신이 피해자라는 의식으로 분노에 가득 차 있다. 우울은 내면의 분노를 억압하거나 스스로 인정하지 않고 보려 하지 않는 마음에서 만들어진다.

치(어리석음)의 마음은 이런 자신의 마음을 보려 하지 않고 이해하려 하지 않는 마음이다. 어리석음은 문제와 고통이 자신이 아닌 외부의 환경이나 다른 사람 때문이라고 생각하면서 또다시 새로운 기준과 목표에 집착하여 자신의 진실로부터 멀어져 간다. 스스로 만든 무지의 어둠은 보지 않은 채 기준과 가치의 색안경을 끼고 세상을 어둠이라 판단하고 비난하며 누워서 자기 얼굴에 침 뱉는 행동이 치의 마음이다.

우리는 자신 안의 탐진치를 바로 이해하고 그것으로부터 벗어나려 하기보다는 자신의 그런 마음에 더욱 집착하고 합리화하려 한다. 자기로부터의 도피는 문제와 고통을 반복하게 할 뿐이다. 자기로부터 도피하는 사람은 자신을 이해하기보다는 자기의 문제를 없앨 해결책과 수단만을 찾는다. 하지만 방법과 수단은 자신을 잊는 잠깐의 최면 작용은 되지만 시간이 지나도 상황은 변하지 않고 언제나 그대로 반복된다.

심리 상담은 고통에 대한 올바른 이해이며 직면이다. 고통을 회피하려는 모든 시도는 결국 심리적, 정신적 문제를 일으키는 근본적인 원인이 된다. 문제는 피할수록 더 나빠지게 마련이다. 내 뜻대로 되지 않는 고통의 뒷면에는 겸손과 비워지는 마음이 있으며, 화나고 분노하고 시기하는 마음의 뒷면에는 상대와 함께 하고자 하는 진실한 나눔의 마음이 자리하고 있다. 그리고 어리석음을 어리석음으로 받아들이는 마음이 지혜로 가는 지름길이다.

그런 의미에서 심리 상담은 자신의 마음이 작용하는 구조를 이해하는 과정이어야 한다. 자신에 대한 자각과 이해가 없는 곳에는 무지가 만든 어리석은 믿음과 신념들이 난무한다. 또한 심리 상담은 우리가 들고 있는 탐진치를 만족시켜 주는 수단이 아니다. 우리는 누구나 탐진치를 가지고 있다. 물론 탐진치 자체가 잘못은 아니다. 탐진치가 있기에 인간은 생존하고 문명을 만들고 지구의 주인이 되었다. 하지만 탐진치는 우리에게 약간의 만족과 안전감을 주지만 진정한 행복과 사랑을 주지는 못한다. 사랑과 행복은 내면의 탐진치가 놓여나는 자리의 뒷면에 있다. 그러기에 내 안의 탐진치를 잘 이해하고 그것의 마음 작용을 올바로 보는 것이 치유로 가는 길이다. 고통에 대한 이해와 수용은 행복과 사랑을 느끼고 깨닫게 하는 치유의 연금술이다.

# 두 개의 가방

어느 날 나는 꿈속에서 해외로 여행을 떠났다. 새로운 경험에 대한 기대감으로 마음은 설레었고 너무나 즐겁고 행복했다. 하지만 오랜만에 떠나는 여행인지라 준비를 많이 했다. 양손에 큰 가방 두 개를 들고 차를 타고 내리며 이곳저곳을 체험하고 구경하려니 여간 거추장스러운 게 아니었다. 남들은 여행을 자주 다녀서인지 다들 가방들이 작고 가벼워 보였는데 내 가방들만 유독 크고 무거워서 잡다한 것을 너무 많이 넣은 것이 후회가 되었다.

양손으로 가방을 챙기면서 그때그때 필요한 물건들을 꺼내 썼으며, 나중에 가족들에게 줄 선물들도 여러 개 챙기면서 가방은 점점 무거워져 힘들었지만 소중하게 잘 챙겼다. 하지만 어느 날 나는 그만 내가 지녔던 두 개의 가방을 잃어버렸다. 가방 안에는 여행 중에 필요한 모든 물건과 선물들이며 중요한 물건들이 들어 있었기에 나는 가방을 찾으려고 이곳저곳 모든 곳을 찾아 분주히 움직였다. 하지만 아무리 찾아도 가방은 보이지 않고 마음은 점점 걱정과 불안감에 빠지면서 즐겁고 행복했던 여행은 점차 악몽으로 변했다. 꿈속에서 나는 소리쳐 울었다. 그때 아들이 나를 깨우며 "아빠, 이제 일어날 시간이야."라고 했다. 그리고 나는 꿈에서 깨어났다.

인생의 여행길에 우리는 욕망과 상처라는 두개의 가방을 들고 다닌다. 한쪽 가방에는 수많은 종류의 상처받은 기억들과 그로 인해 해소되지 못한 감정들의 찌꺼기들이 뒤섞여 있으며, 다른 한쪽 가방에는 앞으로 되어야 하고 이루고자 하는 목표와 결과들의 목록들이 가득 들어 있다. 상처는 우리의 과거이며, 욕망은 우리의 미래이다. 우리는 과거와 미래라는 무거운 가방을 들고서 인생을 여행하려 한다. 여행에서 즐겁고 재미난 경험들을 많이 체험하고 싶지만 무거운 가방은 우리에게 불편한 짐이 된다. 그러면서 우리는 점점 여행보다는 가방을 챙기느라 여행의 즐거움에 함께 하지 못한다.

어느 순간 가방을 잃어버리면 여행의 즐거움은 한순간 걱정과 불안이 되어 버린다. 우리는 이것이 한순간의 꿈임을 알지 못한 채 꿈에서 가방을 찾으려 분주하게 움직인다. 한 손에 든 상처의 가방도 우리가 기억 속에 저장한 한순간의 꿈이며, 되고자 하고 이루고자 하는 미래의 욕망이 든 가방도 내 마음이 투영한 한순간의 꿈이다.

삶은 여행이다. 그래서 옛날 마음공부의 길을 간 성인들은 각자의 여행길에서 체험하고 깨달은 바를 道(길도)라고 했다. 여행을 떠나는 사람들이 지켜야 할 첫 번째 수칙은 여행을 편하게 다니려면 짐을 적게 가져가는 것이다. 인생의 여행 또한 마찬가지일 것이다. 물질을 많이 소유하고 인연과 관계의 끈이 많을수록 새롭게 여행을 떠나기는 쉽지가 않다. 집착과 소유는 결국 떠나는 마음을 포기하게 한다.

여행이란 원래가 끊임없는 떠남이기에, 떠나려 하지 않는 마음은 한곳에 정착하는 머무름이 된다. 머물려는 여행자는 현실의 불안과 불만족 때문에 안전과 만족을 찾아 떠났던 사람들이다. 그들은 어느 곳에 가든지 안전한 도피처를 찾고 욕망이 충족되면 떠나려 하지 않는다. 반면, 머무름이 없이 나아가는 여행자는 언제나 새롭게 살아 있는 생명과 진리의 길을 탐험한다.


때때로 상담과 치료에서 우리는 과거의 상처에 '트라우마'라는 이름을 붙여 그것에 집착하고 해결하려 한다. 하지만 트라우마를 붙들고 해결하려 하거나 없애려고 할수록 트라우마는 없어지기는커녕 점점 더 고착화된다. 치유는 상처받은 마음을 없애거나 상처가 없던 과거의 마음으로 돌아가는 것이 아니라, 상처를 생산하는 자신의 마음과 습관적 반응을 이해하는 것이다. 그러기에 치유는 지나간 상처를 없애거나 바꾸는 방법과 수단을 찾는 것이 아니라, 자신의 마음에서 상처를 생산하는 심리적 구조를 이해해야 한다.

상처는 두 개의 마음에서 생긴다. 하나는 자신이 원하는 욕구가 충족되지 않아서 스스로 붙들고 있는 기대감이 채워지지 않을 때이다. 세상은 내 뜻대로 되지 않으며, 내가 상대와 세상에 기대를 가지는 만큼 실망하고 상처받게 된다. 그때 우리는 자신이 붙들고 있는 욕구와 기대는 보지 않고 뜻대로 되지 않는 세상을 탓하며 상처를 받는다.

상처를 받는 또 하나의 마음은 우리가 외부에서 일어난 사건과 도전에 대해 스스로 그것을 소화하지 못하고 받아들이지 못할 때 일어난다. 현실에서 일어난 상황들을 내가 받아들이지 못하고 저항하면 그것을 거부하고 저항하는 만큼 상처는 가중된다. 받아들일 수 있으면 그것은 더 이상 상처가 아니다.

치유는 과거로 회귀하는 것이 아니다. 현재에 정확히 바로 서서 과거를 돌아보며 기억 속의 자신에 대한 잘못된 오해들을 새롭게 재해석하는 과정이다. 현재에 서서 자신의 마음 구조와 습관적 패턴을 이해하지 않고 단순히 과거의 기억과 상처에 집착하는 치료 방법들은 대부분 자기연민을 키우거나 자신의 무책임을 정당화하는 수단이 되기 쉽다.

우리는 과거를 바꿀 수 없다. 단지 현재에 서서 과거를 재해석할 수 있을 뿐이다. 우리가 역사를 공부하는 것은 단순히 역사적 사건을 알려고 하는 것도 있지만, 그보다는 역사에서 일어난 사건을 현재의 시점에서 재해석하고 새로운 관점에서 바라보고 이해하려는 것이다. 역사적 사건이 그렇듯 우리 자신의 과거 또한 현재의 시점에서 내가 어떻게 재해석하고 어떤 관점에서 바라보느냐에 따라 새로움으로 나아갈 수 있다. 이런 과정을 치유라고 한다. 현재에는 우리의 모든 과거 경험과 마음들이 들어 있다. 상처받은 경험과 기억은 그것을 없애거나 바꾸는 것이 아니라 그것을 바라보고 해석하는 현재의 자신을 이해하고 받아들이면 된다.

그러면 모든 과거는 저절로 치유된다. 치유는 단지 지금 이 순간 스스로를 사랑하면 된다. 현재가 괜찮고 잘나가면 우리는 아무 문제가 없다. 하지만 현재가 불만족할 때 우리는 그것을 과거의 탓으로 돌리거나 미래를 걱정하고 염려하기도 한다.

우리는 한 손에 과거의 상처받은 기억이 만든 가방을 들고, 다른 한 손에 미래에 무언가 되려는 욕망의 가방을 들고 있다. 여행에서 가방은 거추장스러운 것이지만, 우리는 가방 안에 든 것들이 마치 우리의 안전을 보장해 줄 것처럼 애지중지한다. 가방은 소유와 집착을 드러낸다. 더 많이 가지면 안전할 것 같고, 상대를 내 소유물로 만들면 안전해질 것이라고 우리는 착각한다. 하지만 더 많이 가질수록 근심과 걱정은 늘어나고, 집착할수록 고통은 커진다.

심리적인 불안은 현실을 받아들이지 못하고 무언가 되려고 할수록 커진다. 욕망에는 언제나 실패와 실망에 대한 불안이 내재되어 있다. 하나의 욕망이 싫증나면 우리는 자동적으로 다른 욕망 속에서 만족을 채우려 한다. 그러기에 우리는 자신이 가진 욕망을 올바르게 이해해야만 한다.

꿈에서 깨면 욕망과 상처라는 가방은 원래 여행하기에 거추장스럽고 짐이 될 뿐이다. 그러기에 우리가 그것을 붙잡고 들고 다닐 필요는 없다. 우리가 가방을 애지중지하고, 그 안에 욕망들을 채우려 하고, 상처를 붙들고 놓지 않으려 하는 한, 우리는 꿈속에서 깨어날 수 없다. 그것은 모두 꿈속의 일이며, 지금 이 순간에는 아무런 일도 없다. 지금 여기가 바로 진실이며 사랑이며 행복이다.

# 놓는 마음과 버리는 마음

옛날 태어날 때부터 눈이 먼 봉사가 산길을 걷다가 길 옆의 낭떠러지로 미끄러졌다. 다행히 봉사는 낭떠러지 옆에 난 나뭇가지를 붙들고 안도하며 살려 달라고 소리쳤다. 마침 길을 가던 나그네가 그 광경을 보고 얼른 길 위로 달려와서 아래를 내려다보았다. 봉사는 나뭇가지를 붙들고 길에서 30센티의 높이에 매달려 있었다. 나그네는 봉사에게 소리쳤다. "놓아도 괜찮으니 놓으세요." 하지만 봉사는 화가 났다. 자신을 구해 주지는 않고 놓으라고 하니 나그네를 믿지 못하겠고 자신을 죽이려 하거나 장난친다고 생각했다.

나그네가 아무리 놓으라고 소리쳤지만 봉사는 놓을 수가 없었다. 시간이 지나 나그네는 지쳐서 자신의 길을 떠났다. 그러자 봉사는 이제 신을 찾기 시작했다. 간절히 기도하며 그를 구해 줄 것을 외쳤다. 그러자 하늘에서 소리가 들렸다. "놓아라." "놓으면 살리라." 봉사는 또다시 화가 났다. 자신을 구해 주지는 않고 두려움에 빠진 그를 더욱 두렵게 하는 신이 원망스러웠다. 그래서 그는 다시 외쳤다. "거기 신 말고 누구 없소?"

　두려움 앞에서 자신이 붙들고 있는 나뭇가지를 놓는 것은 쉽지가 않다. 스스로 어찌될지 알 수 없기에 자신이 움켜쥔 것을 불안 때문에 놓을 수 없다. 우리는 남들이 집착하는 것을 보면서는 쉽게 놓으라고 할 수 있지만, 막상 자신이 가진 것을 놓으려고 하면 쉽지가 않다. 심리서적과 마음을 공부하면서 우리는 자유와 행복을 위해서는 때로는 가진 것을 버리고 놓아야 한다는 말을 많이 보거나 듣게 된다. 하지만 이 말의 진정한 의미를 바르게 이해하면서 실제 자신의 삶에 적용하는 사람은 그렇게 많지 않다.

　사람들은 무언가를 놓으라 하면 마치 그것을 빼앗기거나 다시는 가질 수 없는 것으로 착각하여 더욱 붙드는 경향이 있다. 하지만 놓는다는 것은 아무것도 가지지 않거나 빈털터리가 되라는 말이 아니다. 예를 들어 욕심을 놓으라는 말은 욕심을 가지지 말라는 말이 아니라, 욕심으로부터 자유로워지라는 말이다. 스스로 집착하던 욕심을 내릴 수 있을 때 우리는 때로는 욕심을 들기도 하고 때로는 욕심을 놓기도 하면서 상황에 따라 욕심을 자유롭게 쓸 수 있는 사람이 된다. 그때 그는 욕심에 구속된 사람이 아니라 욕심으로부터 자유로운 사람이 되는 것이다.

　놓음과 버림을 잘못 이해해서 놓음과 버림이 또 다른 구속이 되고, 놓지 못하는 자신을 탓하거나 비난하는 기준이 되어서는 안 된다. 사람들은 스스로 무엇을 버리고 무엇을 놓아야 하는지 알지 못한 채 지키고 보호해야 할 것은 놓으려 하고, 놓아야만 할 것은 집착하면서 힘들어한다. 버림과 놓음에는 몇 개의 단계가 있다. 물론 놓음과 버림에 실제로 단계가 있는 것은 아니지만 이해를 돕기 위해 편의상 3단계로 나누어 보았다.

### 1단계 : 객관을 버리고 주관을 갖는 단계

먼저 버리기 위해서는 자신만의 것을 가져야 한다. 이 단계는 자신의 것이 아닌 타인의 생각과 감정과 욕구를 의식하며 눈치보고 맞추려 하는 마음을 놓는 것이다. 우리는 대부분 자신의 것(자기의 감정, 생각, 느낌, 욕구 등등)이 무엇인지 알지 못한 채 사회가 정한 기준과 관념에 자신을 맞추어 왔다. 자신만의 것을 가져 보지도 못한 채 우리는 주위로부터 이기적이고 자기중심적이라는 말을 들을까 두려워하여 자기 것을 쉽게 포기하는 경향이 있다.

신경증을 가진 많은 내담자들의 특징은 대체로 자신의 것에 대한 정체성이 취약하여 자아존중감이 낮다는 것이다. 이들은 주관이 약해서 다른 사람의 의견이나 생각에 쉽게 흔들리고 외부를 향해 자신의 감정이나 의견들을 드러내지 못한다. 이런 태도는 대인관계에서 상대에게 맞추어 어느 정도 안정되고 편할지 모르지만, 시간이 지날수록 자신에 대한 회의와 무력감에 빠지게 된다. 이런 무의식화된 패턴은 오랜 세월 동안 우리 사회의 교육과 문화가 자기 것을 주장하는 것은 이기적이고 잘못된 것이라는 죄의식과 죄책감을 심어 주었기 때문일 것이다.

하지만 외부의 평가에 의존하고 인정받고자 하는 마음에서 자기의 것을 무시하는 마음은 스스로 혼란과 자기부정을 키운다. 자기의 욕구와 감정을 포기한 채, 즉 자기중심을 포기한 채 성인들의 말씀이나 책에 있는 좋은 글귀들로 자신을 합리화하거나 외형적으로 좋은 사람으로 보이려고 할수록, 마음의 내면에는 고통과 분노를 억압하여 피해의식을 키우게 된다.

과거에 나 역시 "자신을 버려라."는 말을 듣고 나의 욕구나 감정과 생각들을 모두 포기한 채 다른 사람의 의견에 충실하게 따라야 한다고 오해한 적이 있었다. 하지만 그럴수록 나는 중심을 잃고 열등감과 갈등 속에서 괴로웠다. 건강한 자신이 되려면 우선 자신을 버리고 놓기 이전에 자신만의 주관을 먼저 세워야 한다.

그러기에 놓음과 버림은 먼저 다른 사람들이 어떻게 보든 객관적인 것을 제쳐두고 자신만의 감정과 욕구의 색깔이 분명해야 한다. 이 단계에서 놓는다는 것은 자기 것을 주장하고 지키기 위해서, 자신과 다른 생각과 감정들에 맞서 싸우면서 자신의 경계를 지키는 것을 말한다. 이런 마음이 진정으로 자신을 사랑하는 마음의 시작이 된다.

### 2단계 : 내 것만이 옳다는 마음을 놓는 단계

타인의 생각과 감정을 우선시하던 객관을 버리고 자신의 주관을 바로 세운 사람들은 자기의 것이 무엇인지를 알게 된다. 그리고 이 단계를 지나면 자신이 가진 색깔과 특징이 단지 자기만의 것이듯 다른 사람들 또한 그들만의 색깔과 특징을 가지고 있음을 받아들이고 인정하게 된다. 이때 버림과 놓음은 '내 것' 즉 주관 자체를 버리고 놓는 것이 아니라, "오직 내 것(주관)만이 옳다"는 생각을 놓는 것이다.

이 단계에서 놓음과 버림이 생활화되면 상대와 세상과의 관계에서 '내 것은 내 것이고, 네 것은 네 것'이기에 자신의 것은 자신이 책임을 지고 상대의 것은 상대가 책임지게 놓아두는 마음이 생긴다. 하지만 이 단계에서 자신의 주장과 감정과 견해만이 정도이고 옳은 것이라고 고집하게 되면, 상대가 가진 견해와 감정을 잘못된 것으로 바라보면서 상대에게 자신의 것을 강요하는 폭력을 행사하기 쉽다. 이렇게 되면 우리는 상대와 만날 수 없게 되고 상대를 자신의 주장과 다르다고 배격하거나 교류의 문을 닫아 버리게 된다.

사물과 관계에 대해 갖는 자신의 생각과 감정과 의도와 욕구를 '이미지, 기준'이라 한다면, 나에게 기준이 있듯이 상대 또한 자신만의 기준이 있음을 인정하고 수용하고 받아들여야 한다. 그럴 때 우리는 '너와 나'의 다름 속에서 새로운 만남으로 나아갈 수 있다. 하지만 자신의 생각이나 기준에 갇혀 자신의 것만 주장한다면 주위 상황의 흐름을 놓쳐 버리기 쉽다.

### 3단계 : '내 것'이라고 주장하는 주관 자체를 버리고 놓는 단계

'네 것'과 '내 것'에 대한 구별과 다름을 인정하게 되면 '내 것'과 '네 것'을 모두 이해하고 배려하는, 전체를 보는 시각이 열리게 된다. 내 것의 주장과 기준은 단지 나의 경험이 만든 생각과 이미지의 집착일 뿐이다. 고착화된 내 것에 대한 주장은 결국 습관화된 성격 구조나 성향을 만든다. 이렇게 되면 초점이 '나'라는 작은 기준에 갇히게 된다. 이런 자기만의 좁은 시야를 인식하고 벗어나면 마음은 전체로 열리면서 상황에 따라 내 것을 내 것이라 주장하기도 하고 내 것을 상대에게 맞추기도 한다. 이때의 놓음과 버림은, 견해는 견해일 뿐 모든 것은 상대적인 경험의 차이임을 알기에 스스로를 주장하는 주관 자체를 버리고 전체를 보게 된다.

나는 경험을 통해 각각의 상황에 대한 내 마음이 어떤 상태인지 이해하지 못하면서 막연히 버리고 놓으라고 하는 말들과 글들 때문에 많은 시행착오를 겪었다. 그러기에 명상과 심리를 공부하는 사람들은 모름지기 놓음과 버림에 있어서 자신이 스스로 어떤 단계와 상태에 있는지를 먼저 알고 이에 맞추어 자신의 마음을 점검해야 한다.

# 5

# 자기탐구는 자기이해의 길이다

어떤 선생이 제자에게 말했다.

"절대적인 확신을 갖지 마라. 그건 바보나 하는 짓이다."

제자가 물었다.

"선생님은 그것을 절대적으로 확신하십니까?"

선생이 대답했다.

"그럼!"

우리가 심리학이나 명상으로 자신을 이해하고 탐구하려면 먼저 자신이 무엇을 원하는지에 대한 이해가 분명해야 한다. 올바른 자기이해를 위해서는 첫째, 원하는 목표가 분명해야 한다. 둘째는 그 목표로 가기 위한 방향을 제대로 잡아야 하며, 마지막으로 목표를 이루기 위한 올바른 수단과 방법을 선택해야 한다.

목표  행복, 자유, 사랑 등

방향  외부가 아닌 나에게로

방법과 수단  어떤 것이든 그때의 상황과 조건에 따라


우리는 때로 행복하고 싶다는 목표를 세우고는 행복이 아닌 성공과 성취를 향해 달려간다. 하지만 행복과 성공은 서로 반대의 갈림길에 놓여 있다. 행복은 조건이 없지만, 성공에는 조건이 있다. 행복은 지금 현재에 있지만, 성공은 목표가 이루어진 미래에 있다. 행복은 행복 그 자체가 목적이지만, 성공은 목표를 이루었을 때 일어나는 만족감과 충족감이 중요하다. 행복은 욕심이 없는 마음이라면, 성공은 내가 가진 욕심이 더욱 확장되고 커지는 마음이다. 그러기에 자신을 이해하려면 먼저 자신이 무엇을 원하는지, 자신의 목표가 무엇인지 분명히 아는 것이 첫째이다.

둘째, 행복이라는 목표를 바르게 잡았다면 그 방향을 바르게 잡아야 한다. 대구에서 서울로 가려는 목표를 잡았으면 방향을 위쪽으로 잡아야지, 아래의 부산을 향해 방향을 잡으면 다시금 대구로 돌아와서 새롭게 출발해야 한다. 행복의 방향은 바깥이 아니라 우리의 내면이 되어야 한다. 하지만 성공은 내면이 아니라 바깥의 성취에 있다.

지난날 나는 행복을 내 안이 아니라 바깥에서 찾으려 했다. 나를 이해하고 탐구하기보다는 정신적 지도자나 스승, 종교와 수행 방법을 통해서 행복을 얻고자 했다. 종교의 교리와 수행의 성취, 스승의 가르침을 따라 올바로 행동하면 행복해질 것이라고 착각했다. 바깥의 모양과 형태에 집착하면서 정작 내 안의 상처받은 감정들이나 내 마음에 들끓는 욕망을 보지 못했고, 사람과 사물을 보며 판단하고 분별하는 내 안의 관념과 기준들을 이해하지 못했다.

방향을 자신에게 돌린다는 것은 불안이 일어날 때 그 불안의 한가운데로 들어가며, 두려움이 강박관념이 되어 어떤 생각이나 개념으로 도망가려 할 때 도망가지 않으며, 고통이 일어날 때 고통과 더불어 함께 함을 말한다. 나는 이제 비로소 나에게로 돌아가는 중이다. 자신에 대한 올바른 인식과 자각이 없이는 어떤 신이나 이상도 관념이 되어 자기로부터 도피하는 수단이 된다. 자기이해 없이 무엇을 찾는 것은 올바른 방향성을 상실하여 욕망과 관념의 노예가 되거나 이상과 동일화하여 내면에 혼란과 갈등을 키우는 원인이 되기 쉽다.

셋째, 목표와 방향을 잡았으면 이제 그곳으로 가기 위한 수단과 방법들이 필요하다. 서울이라는 목표와 방향을 올바르게 잡았다면 수단은 버스나 기차, 비행기나 자가용, 자전거나 도보 등 어떤 것을 선택하든 늦고 빠르고의 차이는 있지만 어떻게든 서울에 도착할 것이다. 그러기에 수단과 방법은 그렇게 중요하지 않다. 하지만 우리는 때로 수단과 방법만을 중요시하여 목표와 방향성을 잃어버리는 경향이 많다.

자기이해가 없는 수행 방법이나 심리적 포기, 훈련과 노력, 초연함과 지적인 추구, 사랑과 봉사의 실천 등은 그것이 아무리 고상하고 멋있어도 결국 관념이 되거나 자기회피의 수단이 되기 쉽다. 그리고 자신에 대한 탐구 없이 다른 사람의 견해나 지식, 정보, 유명한 심리학자나 정신적 지도자의 얘기로 자신을 치유할 수는 없다. 왜냐하면 그들의 안내는 단지 안내이지 내 인생의 경험과 다르며 내 것이 될 수 없기 때문이다. 인생에서 행복과 자유란 어쩌면 자기만의 어떤 것이다. 남들이 가진 무언가를 얻으려는 마음은 혼란과 분열을 조장한다. 자기인식과 자기이해는 스스로 붙들고 있는 생각과 관념들의 껍질을 깨고, 그것들을 내려놓음으로써 우리를 자유롭게 한다.

우리가 찾아 헤매던 그 무엇은 멀리 떨어져 있는 어떤 것이 아니라 우리 가까이에 있는 모든 것이며, 삶의 아름다움과 자유는 추구하는 저쪽에 있는 것이 아니라 바로 지금 여기에 있다. 목표와 방향성을 바로잡고 자신에게 맞는 수단과 방법은 우리를 진정 자유케 하는 지름길이다.

# 6

# 심리와 명상의 다른 점

어떤 사람이 죽어서 저승을 방문했다. 마침 식사 시간이었다. 그곳엔 식탁이 두 개 있었다. 왼쪽에 앉은 사람들과 오른쪽에 앉은 사람들의 옷차림이나 식사 메뉴는 차이가 없었다. 그 사람은 의아하게 생각했다. 저승에서 천국과 지옥의 차이가 단지 그들의 가슴에 달고 있는 명찰에 지옥이라는 명찰과 천국이라는 명찰에 붙은 이름의 차이뿐이었기 때문이다. 잠시 후 식사 시작을 알리는 종이 울리자 제각기 밥을 먹는데 그들 모두는 팔이 굽혀지지 않았다. 지옥이라는 명찰을 단 사람들은 굽혀지지 않는 팔로 자기 혼자 먹으려고 발버둥 치다가 결국 한 숟갈도 입에 떠 넣지 못했다. 그러나 천국의 명찰을 단 사람들도 팔이 굽혀지지는 않았지만 서로 다른 사람의 입에 밥을 떠먹이고 있었다.

대부분의 사람들은 육체적 즐거움이나 여러 가지 심리적인 만족을 추구한다. 그런 것들이 두려움이나 결핍감에서 우리들을 해방시키고 행복하게 해 줄 것이라고 믿기 때문이다. 하지만 삶이 우리가 원하는 대로 되지 않고 문제와 갈등이 자꾸만 늘어나는 현실을 마주하게 될 때 우리는 인생이 고통이라고 느끼게 된다. 이때 심리와 명상은 이런 우리의 혼란과 갈등을 이해하고 해소시키는 안내자가 된다. 특히 요즘은 심리의 영역에 명상의 방법들과 이론들이 많이 접목되면서 그 어떤 세대보다도 마음의 문제에 대한 치유 수단들이 다양하게 넘쳐난다. 하지만 심리와 명상에 대한 올바른 이해 없이 두 가지 방법을 혼용하여 치유에 적용하게 되면 상담자뿐만 아니라 내담자들도 혼란을 겪을 수 있다. 그러기에 마음의 문제에 대한 실제적인 접근에서는 상황과 여건에 따라 명상과 심리적 기법들을 조화롭게 적용할 필요가 있다.

심리의 영역이 '나'의 현실적인 안전을 확대하고 자기만족을 추구하는 데 도움이 된다면, 명상의 영역은 영성의 관점에서 내가 만든 욕망과 집착으로부터의 자유를 추구한다. 심리가 우리에게 성취와 만족을 위한 긍정적인 방향성과 자기만의 확고한 믿음과 자신감을 심어 준다면, 명상은 성취와 만족을 추구하는 '나'라는 욕망이 만든 갈등과 투쟁으로부터의 자유에 초점을 둔다.

자기심리에 대한 올바른 이해는 현실적인 안전을 보장하고 용기를 북돋아 욕망과 목표를 더욱 확고하게 하여 현실에서 흔들리지 않게 해 준다. 심리는 우리에게 자신만의 경계 영역(생각, 감정, 몸)이 무엇인지 확실히 알게 하여 관계 안에서 자신의 영역을 지키게 해 주며, 억압된 감정들을 해소하고, 내면의 욕망들을 현실적으로 표현하고 성취하도록 돕는다. 결국 심리는 허약한 자아를 더욱 강화하고, 혼란스러운 마음의 내적 갈등과 투쟁을 약화시켜 현실적으로 원하는 목표와 성취의 삶을 이루도록 돕는다.

하지만 명상은 내가 '나'라고 동일시하고 있는 자신만의 기준과 틀들을 강화하는 것이 아니라 내려놓게 한다. 예를 들어, 우리는 과거의 경험과 기억이 만든 생각들을 붙들고, 생각 안에서 하나 또는 여러 개의 이미지를 만든다. 이런 이미지는 과거에 일어난 사건이나 상처받은 경험으로부터 자신을 지키고 보호하기 위해 만든 환상이다. 하지만 우리는 이런 이미지를 '나'와 동일시한다. 심리에서는 이런 이미지가 흔들리지 않도록 더욱 강한 신념과 자아에 대한 긍정적인 암시를 가지게 하는 데 초점을 둔다면, 명상은 '나'라는 이미지 자체가 환영임을 깨닫게 한다.

명상은 우리로 하여금 사람과 사물을 순수하고 '있는 그대로' 대하는 마음을 길러 준다. 우리의 몸과 마음은 그 자체로 스스로 고통과 상처를 정화하고 치유할 수 있는 힘과 생명력을 지니고 있다. 하지만 우리가 잘못된 견해나 왜곡된 사고의 습관을 가진다면 생명의 흐름 또한 왜곡될 수밖에 없다. 명상은 잘못된 사고와 의도를 비워 내고 그 속에 신선한 생명력과 순수한 마음을 가지게 한다. 명상은 문제와 고통의 초점을 외부가 아닌 자신의 내면으로 돌이켜 자기 안의 욕망과 집착과 무지를 바르게 알게 함으로써 새롭게 자신을 발견해 가는 과정이다.

명상은 남을 원망하는 마음과 비난하는 마음 때문에 관계가 힘들고 고통스러울 때, 자기의 내면으로 마음을 돌이켜 자기 안의 욕망과 기준과 기대를 보게 하고, 문제와 고통이 자신의 마음 작용에서 일어남을 깨닫게 한다. 모든 선입견과 이미 알고 있다는 마음은 삶의 흐름과 살아 있는 생명을 가두고 틀 짓게 한다. 명상은 사고가 아닌 느끼고 맡김으로써 우리 안의 두려움을 깨고 행동하는 힘을 길러 준다.

그러므로 상담에서 자신의 중심이 허약한 사람에게는 심리의 기법을 적용하여 자신에 대한 부정적인 이미지나 잘못된 신념과 억압된 감정들을 풀어 주어야 한다. 하지만 이런 사람들에게 명상적인 방법을 적용하여 자신을 내리고 이미지를 깨라고 하면, 안 그래도 자아가 허약하여 의존적이고 현실적 문제를 회피하고 싶은 사람에게 명상은 매력적인 도피 수단이 되기 쉽다. 반면에 자기중심성과 자기 신념이 강하여 관계에서 문제를 일으키는 사람들에게는 명상적인 방법이 그가 지닌 기준과 이미지의 틀들을 놓게 하는 데 도움이 될 것이다.

심리는 가장 합리적이고 이성적으로 자신의 문제를 보게 하며 '나'를 강화하고 안정시켜 준다. 심리를 통해 자기중심이 바로 서게 된 사람들은 명상과 영성의 영역에 들어서면 진실에 빠르게 접근할 수 있다. 하지만 자기 내면의 심리적인 이해와 중심을 바로 세우지 않고 명상과 영성에 접근하는 사람들은 교리에 대한 잘못된 믿음과 영적 지도자에 대한 맹신으로 의존에 빠지기 쉽다. 잘못된 신념은 결국 외부세계와 단절되게 하고, 지도자에 대한 지나친 맹신과 의존은 현실에 바로 서지 못하고 뜬구름 잡는 자기최면에 빠지게 한다.

과거의 행동주의 심리학이나 감정 중심의 심리학, 정신분석학이나 인지심리학, 약물 치료 등 각각의 심리적 기법들과 수단들은 인간을 영성과 심리를 가진 전체적인 관점에서 접근하기보다는,

마음의 어느 한 부분을 붙들고 마치 그 부분만 해결하면 모든 문제를 해결할 수 있다고 보는 오류를 가지고 있었다. 하지만 인생의 문제와 고통을 다룰 때는 방법과 수단이 아닌 각각의 인간 자체에 대한 이해가 우선되어야 한다. 인간을 이해하고 문제를 바르게 이해한다면, 방법과 수단은 상황과 때에 따라 적절하게 활용할 수가 있을 것이다. 그런 관점에서 심리와 명상의 만남은 인간의 문제와 고통을 이해하는 데 새로운 도움이 되고 있다.

# 불안한 현대인의 마음

어떤 선생이 제자들을 가르치고 있었다. 하지만 제자들은 꾸벅꾸벅 졸기만 할 뿐 선생의 말에 귀를 기울이지 않았다. 그래서 선생은 어려운 얘기를 해 봐야 소용이 없음을 알고 다른 얘기를 꺼내기 시작했다.

"옛날에 한 사람이 당나귀를 타고 서울로 떠났다. 그런데 중간에 돈이 떨어져 그는 마침 지나가던 부자에게 당나귀를 팔고 그 돈으로 음식을 사 먹었다. 식사를 마치고 나오니 햇볕이 쨍쨍 쏟아졌다. 남자는 자신이 팔았던 당나귀가 음식점 앞에 서 있는 것을 보고 당나귀의 그림자 속으로 들어가 더위를 피했다.

그러자 당나귀를 산 부자가 다가와 말했다. '나가시오. 당신은 내게 당나귀를 팔았잖소.'

그러자 남자는 대답했다. '난 당나귀를 팔았지 그림자는 팔지 않았소.'"

졸던 제자들이 모두 깨어서 귀를 곤두세우고 듣고 있었다.

선생은 말했다. "당나귀의 이야기는 여기서 끝났다."

졸음이 달아난 제자들은 선생에게 물었다. "이 이야기에는 어떤 가르침이 있나요?"

"이야기 자체에는 어떤 가르침도 없다."고 선생은 말했다. 그리고 선생은 배움에는 관심이 없고 재미만을 좇는 제자들의 모습에 쓸쓸해했다.


사람들은 어쩌면 실제 자신의 문제와 진실을 공부하고 알려고 하기보다는 단지 재미와 만족을 찾고 있는지도 모른다.

컴퓨터, TV, MP3, 스마트폰 등은 신기하고 편리한 문명의 이기이면서 재미난 도피 수단이다. 오늘날 우리는 거의 하루 종일 무언가를 보고, 듣고, 만지곤 한다. 할아버지, 할머니는 TV의 연속극에 집중하고, 어른들은 뉴스 안의 정치나 경제의 정보를 신속히 청취하고, 젊은 사람들은 버스나 전철 어디서나 스마트폰을 들여다보고, 아이들은 집에서 컴퓨터와 시간을 보낸다. 우리의 생활을 이렇게 문명의 이기들에 맡기거나 의존할수록 가족과 관계 속에서의 고립과 소외감은 점차 늘어날 수밖에 없다. 우리는 지금 스스로 생각할 필요성과 상대와 대화를 나눌 이유들이 점차 불필요해지는 시대에 살고 있다.

문명의 이기들은 우리에게 편리함과 재미와 신속한 정보들을 제공한다. 하지만 이것들은 우리의 마음을 중독시키거나 분열시켜 더 깊은 혼란과 감각의 노예로 만들기도 한다. 우리가 보는 연속극이나 세계의 여러 정보들, 그리고 재미난 오락이 우리의 문제와 고통을 바꾸거나 변화시킬 수는 없다. 우리는 여전히 불안해하며, 내부의 분노와 폭력의 충동은 커지고, 고통과 문제들은 줄어드는 것이 아니라 더욱 커지고 혼란스러워져 가고 있다. 그래서 우리는 좀 더 재미있고 안전한 도피처를 찾고 있는지도 모른다. 우리는 자신이 처한 현재의 문제와 고통을 직면하고 받아들이기보다 집단적으로 함께 도피함으로써 서로서로 안전하다고 착각하고 있다. TV의 오락과 컴퓨터의 게임과 정보, 손에서 만지작거리는 스마트폰은 우리를 일상의 슬픔이나 불안, 외로움과 걱정으로부터 격리시킨다. 하지만 우리의 매달림과 도피가 차단되어 버린다면 고통은 우리의 감정들을 더욱 들끓게 하기에 우리는 더 깊이 중독될 수밖에 없다. 현대를 사는 우리는 어쩌면 감각의 노예가 되어 가고 있는지도 모른다. 우리가 외양에 의존할수록 내면은 더욱 텅 비게 된다. 그리고 이런 공허감들을 새로운 문명의 이기들이 주는 감각들로 채우려 한다.

자신에 대한 이해가 없는 욕망의 추구는 확장된 감각을 통해서 더 많은 쾌락에 집착하게 한다. 우리는 현재 너무나 많은 정보와 지식들에 둘러싸여 인생을 직접 경험하는 것이 점점 불가능해져 간다. 삶의 고통과 행복은 직접적이고 개별적이지만, 우리는 유행을 좇아 선전과 광고에 의해 집단적으로 최면당한다. 우리는 자신의 얘기보다는 연예인이나 정치인의 얘기를 들으며, 나와 주위의 행동을 관찰하고 살피기보다는 다른 사람의 말과 행동을 따른다. 우리의 내부는 더욱 비워지고 공허하다. 이런 내부의 공허를 더 많은 정보와 지식, 감각적 쾌락과 공상들로 채우려 하지만 불안함은 더욱 커질 수밖에 없다.

# 먼저 문제 자체를 이해하라

삶이란 어쩌면 문제 풀이로 이어지는 연속의 과정이다. 관계의 문제, 생존의 문제, 사랑의 문제, 성취의 문제, 욕망의 문제, 부모 문제, 자식 문제 등등 문제는 나이에 따라 새로 생기기도 하고, 환경에 따라 생기거나, 직업에 따라, 때로는 남녀의 성에 따른 문제와 지위에 따른 문제, 자신이 처한 상황이나 육체적 조건에 따라서도 일어난다. 어떤 어려운 문제 하나를 해결하면 모든 것이 잘될 것 같았는데, 그 문제를 풀자마자 우리는 또 다른 새로운 문제들에 직면한다. 때로 우리는 문제에 너무 깊게 함몰되어 문제가 없는 편안한 삶을 소원하기도 한다. 하지만 인생에서 문제는 우리를 괴롭히는 고통이 아니며 신의 시험도 아니다.

학교에서는 각각의 과목에 따라 문제가 주어진다. 어떤 이는 수학 문제를 잘 풀고, 어떤 이는 영어나 언어 영역의 문제를 잘 풀며, 또 어떤 이는 인문이나 사회 영역의 문제를 잘 푸는 사람도 있다. 물론 예체능계에서 능숙한 솜씨를 발휘하는 사람도 있다. 이처럼 사람마다 능력과 특성에 따라 인생의 과목과 해결해야 할 문제가 조금씩은 차이가 나는 것이 삶이다. 문제는 처음에는 거칠고 쉬운 문제에서부터 시작하여 점차 복잡하고 섬세하며 예민한 문제로 나아간다. 그러기에 거칠고 둔탁한 마음을 가진 사람이 섬세하고 복잡한 문제를 해결하기는 쉽지 않다.

학교에서 우리가 배운 것을 시험이라는 문제 풀이로 평가받듯이, 인생 또한 자신 앞에 주어진 문제를 어떻게 해결하는가를 통하여 우리는 자신이 누구인지를 알게 된다. 우리는 때때로 학교에서 매 시기마다 치르는 시험을 싫어하듯이 인생에서 만나게 되는 문제들을 싫어한다. 그리고는 문제가 없는 삶을 원하기도 한다. 시험 문제를 회피하거나 잘 풀지 못하면 유급이나 좋지 않은 결과를 받듯이 우리의 삶 또한 자기 앞에 놓인 문제들을 잘 해결하지 못하고 회피하면 문제는 끊임없이 반복되고 고통은 연장된다.

그러기에 문제를 잘 해결하여 행복한 삶을 만들고자 한다면 우리는 먼저 문제를 대하는 우리의 태도를 점검해 볼 필요가 있다. 우리는 인생에서 어떤 문제가 생기면 문제 자체를 이해하려고 하기보다는 먼저 해답을 찾으려는 경향이 있다. 중요한 것은 문제 자체에 대한 이해이지 해답이 아니다. 어떤 해답을 구하고자 한다면 그것에 맞는 해답을 찾을 수는 있을 것이다. 하지만 문제는 계속되는 경우가 많다. 문제에 대한 해답과 방법을 찾는 사람들은 자신의 문제 자체를 이해하는 대신에 회피하려는 사람인지도 모른다.

상담을 찾는 내담자들은 문제를 가지고 있다. 그들은 문제를 해결하고자 방법을 찾고 있지만 정작 자기 자신이 문제임을 인정하지는 않는다. 그들은 문제와 자신을 분리시켜 놓고, 자신은 문제가 없는데 자신과 떨어져 있는 외부의 문제가 진짜 문제라고 생각한다. 그래서 그들은 자신은 그대로 둔 채 외부의 문제만을 바꾸고 해결하면 자신이 편안해질 것이라고 착각한다. 하지만 모든 문제를 일으키는 근원은 바로 자기 자신이기 때문에 자신에 대한 이해 없이 문제를 해결하려는 시도는 더 큰 혼란과 고통을 반복하게 할 뿐이다. 우리는 문제를 회피하고 벗어나려고만 하지 문제 자체를 직면하는 것은 원하지 않는다.

우리의 마음은 원래 문제를 먹고 산다. 문제가 없는 인생이란 있을 수 없다. 문제는 우리가 살아 있음을 느끼게 한다. 문제를 만드는 것은 우리의 마음 자체이지 외부의 환경이나 조건이 아니다. 결국 문제를 만드는 것은 우리 내면의 욕망과 두려움의 마음이다. 우리는 우리 안의 욕망을 인정하거나 보려고 하지 않고, 욕망의 뜻대로 되지 않는 현실에 화를 내거나 고통스러워한다. 우리는 내면의 두려움을 억압하고 회피하면서 외부에서 평안을 구한다. 우리는 문제를 만드는 욕망과 두려움을 억압하거나 회피하는 수단으로서 방법을 찾거나 해결책을 구한다. 하지만 문제를 일으키는 자신에 대한 이해가 수반되지 않는 방법과 해결책의 추구는 내면의 어떤 갈등과 고통도 해결할 수가 없음을 알아야 한다.

# 9

# 심리 치유에 대한 오해들

## 약물 치료의 오해

우울증, 강박증, 대인공포증, 공황장애 등 다양한 신경증으로 인한 심리적인 문제에 대면할 때 치료 방법으로 가장 쉽게 해결할 수 있는 방법이 약물 치료이다. 약물 치료는 신경증을 만드는 신경의 경화와 긴장을 이완하여 문제 자체로부터 벗어나게 하거나 문제를 강제로 통제하고 억압한다. 약물 치료는 신경증을 만드는 근본적인 마음 자체에는 별 관심이 없다. 단지 외부에 드러난 증상과 문제를 완화시키는 치유 방법일 뿐이다.

신경증은 마음의 조화가 무너지거나 균형이 깨어진 것을 증상으로 드러낸다. 하지만 약물 치료는 마음을 살피고 문제를 탐구하는 것이 아니라 증상 자체를 없애거나 약화시키는 데 초점을 두므로 증상의 뒷면에 있는 마음을 보지는 못한다.

신경증의 증상은 우리가 내면의 심리적인 문제에 귀를 기울이고 고통과 소통하기를 원하지만, 약물 치료는 마음을 치료하는 것이 아니라 신경 자체의 긴장을 풀어내는 것이 목적이다. 증상은 우리가 어디에서 길을 잃고 있으며, 어떻게 자신을 부정하고, 얼마나 자신을 받아들이지 못하고 있는지를 정직하게 드러낸다. 하지만 약물 치료는 단기적으로 힘든 상황 자체를 완화시켜 줄 수는 있어도, 때로는 고통의 근본적인 문제를 보지 못하게 하거나 문제를 오랫동안 연장하게 하여 또 다른 증상들을 만들기도 한다.

신경증이 '심리적 문제와 고통→신경의 긴장과 경화→신체적 증상'으로 나타난다면, 약물 치료는 심리적 문제와 고통 자체를 다루는 것이 아니라 신경의 긴장과 경화를 이완시키거나 완화하는 데 초점을 둔 치료 방법이다. 그러므로 약물 치료는 자신의 문제 자체를 이해하기 힘든 상태에 있거나 어느 정도 긴장을 완화하여 자신을 탐구하는 데 보조적인 수단이 될 때 좋은 치료의 도구가 된다.


## 긍정 심리학의 오해

긍정 심리학은 인간 의식의 이원성을 중심으로 부정성보다는 긍정성으로 나아가길 원하며, 어둠보다는 밝음으로 나아가길 원한다. 긍정 심리학은 성취와 이루어야 할 목표와 동기를 중시하고, 현재의 힘들고 불편함을 극복하여 미래의 진보와 성장에 초점을 둔다. 이런 마음은 우리를 효율성과 완벽함으로 열심히 달리게 한다.

하지만 무언가 되고자 하고 더 나아지려는 마음은 심리적인 강박관념이 되어 삶을 더욱 경쟁적이고 갈등에 휘말리게 하는 장본인이 되기도 한다. 나는 현재 '이것'인데 '저것'이 되고자 함은 끝없는 갈등을 양산한다. 긍정 심리학은 그 자체에 갈등과 분열을 기초로 한다. 하지만 행복과 기쁨은 갈등과 분열이 없는 곳에 있다.

긍정 심리학은 부정성을 극복하고 밝음으로 나아가려면 투쟁은 불가피하며 목표를 향해서 싸우지 않는다면 쇠퇴하거나 도태될 것이라고 얘기한다. 그들에게 삶이란 무엇이 되는 과정이다. 그들은 되고자 하는 노력과 의지를 중시한다. 하지만 내가 '저것'이 되고 나면 이번엔 또 다른 '저것'이 되려고 하고, 내가 또 다른 '저것'이 되면 그와 또 다른 '저것'이 되려는 과정은 끝이 없다. 그래서 갈등은 끝없이 계속된다.

긍정 심리학의 긍정성과 밝음의 추구는 만족을 채우려는 욕망의 투영이다. 무엇이 되려는 욕망은 겉으로는 지고하고 웅대한 계획일지 몰라도 내부적으로는 자기분열과 갈등을 조장하는 어리석음이다. 긍정 심리학은 때로 부정성을 억압하여 내면에 강박과 어둠을 더욱 확대시키기도 한다. 이들은 긍정성이라는 관념과 결론으로 자신들의 욕망을 포장한다. 긍정성이라는 기준과 판단은 "……해야 한다" "……되어야 한다"는 생각으로 많은 부담과 긴장을 강화하고 갈등을 조장한다.

우리 안에는 긍정성과 부정성이 모두 있다. 어쩌면 우리의 고통은 너무 한쪽에 치우친 결과의 불균형인지도 모른다. 밝음과 긍정성 자체는 이원성 안에서 어느 한쪽을 선택하는 것이 아니라, 양쪽의 입장을 그때그때의 상황과 여건에 따라 수용하고 받아들이는 마음이 되어야 한다.


## 다양한 심리 서적들과 치료 방법의 오해

최근에 우리 사회는 스트레스와 심리적 문제의 증가로 심리 치료에 관한 다양한 서적들과 치료 방법들이 많이 알려지고 있다. 하지만 심리 서적이나 심리 기법들이 문제 자체에 대한 자기이해가 아니라 외부적으로 무언가를 이루고자 하는 수단이 되거나, 문제를 없애거나 해결하기 위한 목적으로 이용된다면, 그것은 현실의 자신과 문제를 회피하는 또 하나의 수단이 될 수도 있다.

상담을 위해 오는 내담자들 중에는 자신의 문제를 해결하려고 다양한 치료 방법을 배우거나 심리에 관한 서적들을 많이 읽고 오는 경우가 많다. 하지만 그들은 방법과 정보를 통해서 자기 문제에 대해 어느 정도 원인과 결과, 치료 수단들을 알고는 있지만 현실적으로는 반복되는 고통 때문에 힘들어한다.

방법에 집중하면 그 방법이 얻고자 하는 목표와 경험은 얻을지 몰라도 진실한 자신과 문제 자체는 소외되어 버린다. 방법과 해결책으로 무엇을 얻고자 한다면 그 결과가 아무리 고매해도 결국은 자기 욕망의 투영이 되고, 내면의 갈등 자체로부터 벗어나기는 어렵다. 치유는 자기이해여야 한다. 문제와 고통은 자신과 분리된 어떤 것이 아니라 자신이 바로 문제이기 때문이다. 그러기에 치유의 방법들은 자신을 이해하기 위한 것이 되어야지, 문제를 없애고 회피하는 수단이 되어서는 안 된다.

때때로 심리 치료의 방법이나 수단이 자기이해가 아닌 문제의 원인을 찾는 데 집중하거나 상처받은 과거의 감정을 해소하는 데만 초점을 맞추는 경우가 있다. 이렇게 되면 문제의 원인을 자신에게서 찾는 것이 아니라 부모의 탓이나 환경의 탓이나 세상의 탓으로 돌리고, 그것에 대해 적대감이나 피해의식에 사로잡혀 문제를 더욱 힘들게 만들기도 한다.

심리 치료에서 고통의 원인을 찾고 과거 상처받은 감정들을 해소하려는 것은 더 이상 우리가 과거에 묶이지 않고 현재를 지혜롭게 선택하고자 함이다. 인생은 현재 자신이 선택한 것만이 미래에 결과로 주어진다. 심리 치료가 현재 자신이 가진 습관적 선택을 인식하지 못하고 단순히 과거의 상처에 집착하거나 억압된 감정만을 해결하려는 시도는 근본적인 치유에 도움이 되지 않는 경우가 많다.

심리 치료에서 방법은 중요한 것이 아니며, 심리 서적의 정보들이나 지식 또한 중요한 것이 아니다. 중요한 것은 문제를 만드는 자신을 바로 볼 수 있게 해 주느냐는 것이다. 방법은 단지 자신을 이해하는 수단일 뿐이다. 방법이 치료를 하는 것이 아니다.

# 치유로 가는 길에서

## 고통을 피하지 말라

어느 맑은 날 사랑과 열정이 가득 찬 어느 치유사와 그의 선생이 차를 마시며 대화를 나누고 있었다.

제자 선생님 어떻게 하면 고통 받고 있는 많은 사람들의 마음을 좀 더 깊은 사랑으로 치유하고 편안하게 할 수 있을까요?
선생 그냥 자신의 고통을 느끼고 겪게 하면 된다.

제자인 치유사는 선생의 답변에 화가 났다.

제자 아니 고통으로 힘들어하는 사람들에게 위로는 못해 줄망정 고통을 겪으라고 한다면 그들이 얼마나 실망하고 힘들어하겠습니까?

선생  더 이상 할 말이 없다. 네가 매를 맞아야만 하는 상황이라면 먼저 맞는 것이 좋다. 나중에 맞을수록 생각은 더 많은 매를 자신의 마음에 때리기 때문에 고통은 더욱 가중되고 지속된다.

삶에서 힘든 상황과 어려움들을 만나면 우리는 그것이 빨리 사라져 버리길 바라거나 없어졌으면 하는 요행을 바라게 된다. 고통은 육체적 관점에서는 힘들고 피하고 싶지만, 영적인 관점에서 본다면 때론 하늘이 우리에게 주는 성장과 배움이 되기도 한다. 하지만 대부분의 사람들은 고통을 직접 느끼거나 만나기를 싫어한다. 이런 태도는 고통에 더 큰 힘을 실어 주거나 고통을 가중시키는 원인이 된다. 삶의 문제들은 대부분 빠져나오려 하면 할수록 긴장과 저항이 가중되면서 더욱 깊게 빠져들게 마련이다.

누구나 인생에서 어떤 매를 맞아야 하는 상황이 오면 우리는 안 맞고 싶고, 도망치고 싶어 한다. 하지만 우리는 인생의 경험 자체로부터 도망칠 수는 없다. 우리로 하여금 삶을 두렵게 만들고 고통을 가중시키는 것은 현실의 실제적인 두려움과 고통 그 자체이기보다는 두려움을 느끼지 않으려 저항하는 마음 때문이다. 우리는 자신에게 일어나는 어떤 마음이라도 만날 필요가 있다. 어떤 감정이나 마음도 직접 만나면 아무 문제가 되지 않는다. 그러기에 만나지 못하고 회피하거나 저항하는 만큼 고통의 무게는 커지게 마련이다.

# 눈물

치유의 길은 눈물의 길이다. 신은 인간에게 내면의 아픔과 상처를 씻어 주려 눈물을 선물로 주셨다. 눈물은 막힌 감정을 흐르게 하고 억압되었던 슬픔을 풀어주는 귀중한 보배이다. 영혼의 진실은 머리의 생각이나 방법이 아니라 가슴에서 울리는 눈물로만 볼 수 있다. 나는 눈물이 많다. 상담하다가 내담자들의 고통스런 아픔과 오래된 감정의 응어리들이 녹을 때면 나도 모르게 눈물이 자주 흐른다.

지난날 나는 울지 않는 사람이었다. 감정을 억압하여 슬퍼도 슬픔을 느끼지 못했고 아픔이 있어도 아무렇지도 않은 양 살았다. 남자로서 눈물을 보이는 것은 부끄럽고 창피한 행동이라 생각했기에 아버님이 돌아가셨을 때조차도 나는 울지 않았다. 지난날 나는 어쩌면 심장이 얼어붙어 감정 자체를 느끼지 못하는 괴물이었는지도 모른다.

생각과 의지로 나를 완벽하게 포장하고 강한 척했지만 나의 가슴은 언제나 공허감으로 허허로웠다. 나는 머리와 가슴이 따로 놀았다. 머리로는 끊임없이 달려가려 했지만 가슴은 멈추기를 원했다. 그래서 내 마음은 언제나 갈등과 분열 속에서 편할 수 없었다.

그동안 치유의 길에서 내가 흘린 눈물들은 비로소 가슴으로 감정을 느끼고 삶을 이해와 사랑으로 볼 수 있게 하는 안내자가 되어 주었다. 눈물은 아마도 사랑의 싹을 자라게 하는 생명수였으리라. 고통스런 나의 삶에서 나를 치유하고 나를 사랑의 따뜻함으로 이끈 것은 어떤 이론이나 방법들이 아니라 내가 나를 위해서 흘렸던 눈물이었다. 눈물은 나의 가슴을 살렸고 상처받은 내 영혼을 씻어 주었다.

오늘날 우리 문화는 스스로의 존재 가치를 이해하고 자기만의 행복을 찾기보다는 남들과 비교를 통해 자신의 가치를 인정받으려는 문화에 길들여져 있다. 가족의 구성이 핵가족화 되면서 기존의 가치와 전통은 고리타분해졌다. 빠르게 변화하는 사회의 체계에 따르지 못하는 교육 제도는 아이들로 하여금 어떻게 사회에서 자신을 찾고 스스로를 실현해야 하는지에 대한 혼란을 가중시키고 있다.

우리는 점점 자신도 모르는 사이에 중독(도박, 술, 쇼핑, 게임, 성공, 스포츠, 외모 가꾸기 등등)되어 가고 있다. TV의 연예인이나 상업적인 광고는 우리로 하여금 정신적인 성숙의 방향보다는 물질적 가치로 최면시키고, 존경 받지 못하는 사회 지도층의 이기적이고 무책임한 탐욕은 젊은이들이 나아갈 방향성을 상실하게 만든다. 또한 교육과 가족에 대한 기존의 가치가 해체되면서 꿈을 상실해 가는 우리들은 점점 신경증을 부풀리는 사회적 분위기로 나아가고 있다.

물질적 성공과 성취에 중독된 삶은 감정적 공감력을 상실하여 자기중심적 자아도취에 빠지게 한다. 이런 삶은 함께 사는 사회가 아니라 자신만이 생존하면 된다는 이기적이고 고립된 문화를 만든다. 우리가 점점 관계의 친밀감과 교류의 연대감이 약해지면서 사회적 소외감은 감각적 쾌락에 빠지게 한다.

지금 우리 사회는 심리적인 혼란과 정체성의 상실이 최고조에 이르렀는지도 모른다. 아이들은 아이들대로 왕따 문제와 학업 성취와 비교로 힘들어하고, 꿈을 잃은 대학생은 나아갈 방향성을 상실하고, 결혼 문제와 이혼 문제는 벌써 사회적 이슈화가 된 지 오래이며, 이제 고령화와 다문화와 같은 실제적으로 사회가 감당해야 할 문제들이 엄습하고 있다. 문제는 커져 가고 있으며 개인의 혼란과 불안은 가중되고 있지만 우리는 우리가 지닌 문제를 바르게 이해하는 대안이나 방향성을 놓치고 있는지도 모른다.

고통과 문제는 외부에 있는 것이 아니라 외부를 보고 판단하는 우리의 마음이 일으킨다. 우리는 서로 다른 사람이기에 다른 경험을 하며 다른 인생을 살아간다. 경험 그 자체만 놓고 본다면 어떤 경험이라 하더라도 경험은 그 자체로 온전하며 완전하다. 신은 우리에게 좋은 경험과 나쁜 경험을 나누지 않으며 삶의 경험 그 자체를 있는 그대로 온전히 살라고 한다. 여름이 되면 더위를 경험하고, 겨울이 오면 추위를 경험한다. 비가 오면 비를 맞고, 바람이 불면 바람을 맞으며 햇살이 나면 햇살을 즐기면 된다.

하지만 마음은 경험을 그 자체로 온전히 받아들이기보다는 분별심으로 나누려 한다. 인생이 연극 무대와 같다면 좋은 연기자는 때로는 노숙자도 연기해 보고, 돈이 많은 재벌이나 갑부의 연기도 잘해야 한다. 노숙자의 연기란 아무나 잘할 수 있는 것이 아니다. 그 또한 최선의 연기력이 필요하다. 얼마 전 '은교'라는 영화에서 박해일이라는 연기자는 70대의 노인을 연기하기 위해 8시간의 분장을 감수하며 많은 노력을 했다는 말을 들었다. 신이 우리의 인생을 바라보는 관객이라면, 신은 우리가 어떤 배역을 맡았는가보다는 자신이 맡은 배역과 연기에 얼마나 최선을 다하느냐고 물을 것이다. 하지만 우리는 자신이 원하는 배역과 되고자 하는 역할만을 탐하면서 그렇게 되지 못한 현재의 자기 인생을 받아들이지 못하고 계속 다른 사람의 배역을 탐내곤 한다. 이런 태도는 우리의 문화가 가진 가치 체계가 비교를 통한 '되려는' 문화의 소산이기 때문일 것이다.

이런 '되려는' 마음을 욕망이라 한다. 물론 욕망이 잘못된 것은 아니다. 하지만 자신이 누구인지, 무엇인지도 모른 채 다른 무엇이 되려는 마음은 언제나 텅 빈 내면의 공허감과 신경증의 원인이 될 수밖에 없다. 신이 허락한 자신으로서의 온전한 존재를 부정하고 다른 무엇이 되려는 마음은 끝없는 행위의 중독과 과도한 성취의 갈증을 낳게 한다. 현재 있는 그대로의 자신에 대한 부정은 외적인 완벽주의와 강박적 자기통제를 만든다. 그리고 예민하고 민감한 감수성을 나약함으로 보는 사회적 인식은 자신의 진실한 감정을 부정하게 한다. 우리는 행위로 보여지기 이전에 그냥 '나'로서 존재한다. 존재의 중심에 서지 않은 모든 행위는 존재를 부정하는 자기기만이 되기 쉽다.


나의 여동생은 중학교에 들어가자마자 몸이 아프기 시작했다. 당시에는 관절이 틀어지는 류머티즘인 줄 알았는데, 나중에 현대

의학으로는 불치병인, 자기면역체계를 스스로 파괴하는 루프스라는 질병으로 판명되었다. 루프스는 20대 후반쯤에 여동생의 신장을 파괴하였다. 현재는 거의 15년 이상을 복막 투석을 하고 있으며, 몇 년 전에는 갑상선에서 암을 제거하였고, 작년에는 뇌로 루프스가 침투하여 생사가 오락가락하기도 하였다. 다행히 강력한 스테로이드제를 사용하여 루프스가 약간 가라앉았지만, 스테로이드제의 부작용은 대퇴부의 관절을 괴사시켜 인공 관절을 이식하지 않으면 다리를 거의 사용하기 힘들게 되었다. 아픈 몸으로 20대 초반에는 은행에도 잠깐 근무를 했지만 여동생의 인생 전체는 결혼도 연애도 못한, 병과의 투쟁이었다.

여동생은 이런 자신의 병을 받아들이기 힘들었기에 때로는 자신의 인생을 부정하기도 했다. 하지만 병을 겪으면서 여동생이 깨달은 인생의 지혜는 결국 자신에게 일어난 모든 것을 스스로 인정하고 받아들이는 마음이었다. 병자의 인생을 받아들이기는 쉽지 않았을 것이다. 하지만 여동생은 병을 수용함으로써 병을 통해 자신의 영혼을 이해하고 인생의 순리를 배우는 지혜로 만들었다. 여동생에게 루프스라는 불치의 병은 치유의 연금술과 같이 그녀 내면의 온전함을 이해하는 재료가 되었다.

얼마 전 괴사된 다리 수술 때문에 병원에 다시 입원한 여동생에게 물어보았다. "너는 지금 죽으면 인생이 후회스럽지 않겠니?" 여동생은 "나는 이제 모든 것을 받아들일 준비가 되었어. 결국 삶이란 나(에고)를 내리고 신의 뜻에 얼마나 온전히 맡기는가임을 알았어."라고 대답했다. 여동생은 수술 전에 초음파와 심전도 검사에서 그녀의 심장이 "쿵 쿵" 뛰는 소리를 들었다고 했다. 그리고 심장이 뛰고 있다는 사실과 살아 있음에 감사하고 감격스러워했다. 생명의 마지막 날이 언제가 될지 모르지만 한순간의 삶이라도 온전히 받아들이는 여동생의 삶을 대하는 진지함과 열린 마음은 나에게 감동이면서 또한 깊은 슬픔이었다.

나 또한 지난날 나를 있는 그대로 받아들이지 못하고 무엇인가 되어야지만 인정받을 수 있을 것이라 생각했다. 나는 특별하고 싶었고 다른 사람과 비교하여 돋보이고 싶었다. 나는 내가 가진 것을 하찮게 여겼고 다른 사람이 지닌 장점들과 능력들로 나를 포장하고 싶었다. 나는 내가 가진 것을 부끄럽게 여겼기에 거짓된 모습을 꾸며 놓고 그 모습을 유지하고자 감정을 통제하고 성취로 증명하고 인정받고 싶었다.

나의 시선은 언제나 남들을 살폈으며 그들이 조금이라도 나를 인정하지 않거나 약간만 비난해도 내 인생은 견디기 힘들 정도로 쉽게 무너졌다. 나는 나의 존재를 잊고 행위에 중독되어 있었다. 오랜 방황과 혼란을 겪은 뒤 나는 탕자가 아버지에게 돌아오듯이 행위에서 존재로 돌아왔다. 내가 가진 모든 것을 남들과 비교하지 않고 나 스스로를 인정하게 되었다. 나는 나로서 존재하게 되었다. 나는 누구에게나 "나는 나다."고 주장한다. 그러면서 그들이 그들임을 또한 잊지 않는다. 나는 나의 의지로 선택할 수 있는 것과 나의 의지대로 할 수 없는 것이 무엇인지를 알게 되었다. 나는 내 생각과 내 감정과 내 느낌으로 돌아와 내 것은 내가 책임지고, 상대의 감정과 생각과 느낌은 그들의 선택임을 존중하게 되었다.

우리는 자신을 존재 자체로서 이해하고 받아들이기보다는 행위와 비교를 통해서 자신을 인정받는 데 길들여져 왔다. 하지만 우리가 자기 존재의 내면이 원래 결점이 있고 문제라고 느낀다면 외적인 어떤 행동과 성취의 변화도 우리를 좋게 바꿀 수는 없다. 존재를 잃어버린 잘못된 성공에 대한 신화는 우리의 내면에 더 많은 공허감과 고립감을 부추긴다. 우리는 모두 외롭고 불안하다. 이런 사회의 분위기는 누구나 정신적 혼란과 신경증의 피해자일 수밖에 없다.

우리는 이제 행위 이전에 자신의 존재함 그 자체로 스스로를 인정하고 받아들일 수 있는 자기사랑이 필요하다. 자신을 이해하지 못하는 사람이 남을 이해한다는 것은 자기기만이며, 자신조차 사랑하지 못하는 사람이 남을 사랑하겠다는 것은 사랑이 아니라 남으로부터 인정받기 위한 자기만족임을 알아야 한다. 나를 받아들이는 마음은 조건이 없는 받아들임이다. 그냥 현재 있는 그대로의 자기 감정과 생각과 느낌을 받아 주는 마음이다. 그것은 어떤 기준이나 옳고 그름이 없는, 지금 이대로 받아들임이다. 받아들임은 열림의 마음이다. 스스로 어느 곳에서 길을 잃어버리고 마음을 닫아 버렸는지 알게 될 때 우리는 자신의 가슴을 좀 더 편히 열 수 있을 것이다.

신의 사랑은 언제나 열려 있고 우리의 가슴 또한 언제나 열려 있다. 단지 상처받은 아픔이 신의 사랑을 막고 우리의 가슴을 막았을 뿐이다. 가슴을 닫았던 아픔을 이해하고 받아 줄 때 응어리진 상처의 벽은 녹아내린다. 그때 본래의 사랑이 드러난다. 상처의 벽이 녹은 그 자리에는 존재의 소중함을 꽃피게 하는 사랑이 있다. 우리는 모두 정도의 차이는 있을지라도 상처를 가지고 있다. 상처는 그것을 받아들이고 수용할 수 있을 때 더 이상 상처가 되지 않는다. 받아 줄 수 있는 그 마음이 자기용서이다. 사랑은 남에 대해서가 아닌 자신을 바라보고 스스로를 용서하는 마음에서 시작해야 한다.

그대 가슴에 있는 사랑이 온전히 꽃피어 나길…….

# 마음아 행복하니?

초판 1쇄 발행일 2012년 12월 22일

**지은이** 이승현

**펴낸이** 김윤
**펴낸곳** 침묵의 향기
**출판등록** 2000년 8월 30일, 제1-2836호
**주소** 411-804 경기도 고양시 일산서구 중앙로 1542(대화동)
　　　신동아노블타워 635호
**전화** 031) 905-9425
**팩스** 031) 629-5429
**전자우편** chimmukbooks@naver.com
**블로그** http://blog.naver.com/chimmukbooks

ISBN 978-89-89590-32-3　03180